아리스토텔레스의 『형이상학』 입문

아리스토텔레스의 『형이상학』 입문

에드워드 C. 핼퍼 지음 | 이영환 옮김

서광사

이 책은 Edward C. Halper의 *Aristotle's 'Metaphysics'* (Bloomsbury Publishing Plc., 2012)를 완역한 것이다.

아리스토텔레스의 『형이상학』 입문

에드워드 C. 핼퍼 지음
이영환 옮김

펴낸이 | 이숙
펴낸곳 | 도서출판 서광사
출판등록일 | 1977. 6. 30.
출판등록번호 | 제406-2006-000010호

(10881) 경기도 파주시 회동길 77-12 (문발동)
Tel: (031) 955-4331 | Fax: (031) 955-4336
E-mail: phil6161@chol.com
http://www.seokwangsa.co.kr | http://www.seokwangsa.kr

제1판 제1쇄 펴낸날 · 2016년 4월 30일
제1판 제2쇄 펴낸날 · 2022년 4월 30일

ISBN 978-89-306-2325-4 93110

옮긴이의 말

아리스토텔레스의 『형이상학』이 철학사에서 가지는 위치는 따로 언급할 필요가 없을 것이다. 아리스토텔레스 이후의 형이상학은 많은 경우, 심지어 아리스토텔레스적 사고에 의도적으로 반기를 드는 경우에도 아리스토텔레스가 논의했던 문제를 아리스토텔레스가 고안한 철학 용어를 가지고 논의했다. 아리스토텔레스의 영향은 단지 중세나 근대 철학에 한정되는 것도 아니다. 현대 형이상학의 논의의 중심에 있는 용어들도 대부분 아리스토텔레스로부터 연원하는데, 이것은 아리스토텔레스가 철학 용어로서 처음 정립했거나 아니면 최소한 아리스토텔레스의 저작과 그 저작에 대한 주석 작업을 통해 널리 유통된 것들이다. 보편자(universal), 개별자(particular), 실체(substance), 본질(essence), 기체(substratum), 성질(property), 우연적 성질(accident/accidental property) 등등이 그렇다. 철학에 아예 관심을 안 가질 수는 있어도, 철학에 관심을 가지는 한 아리스토텔레스 형이상학에 관심을 안 가질 수는 없다.

하지만 동시에 『형이상학』은 만만히 읽을 수 있는 책이 아니다. 아리스토텔레스의 저작은 결코 읽기 쉽지 않다. 우리에게 전해지는 아리스토텔레스의 저작은 대부분 그가 뤼케이온에서 열었던 강의에 기초한 것인데, 애초에 문외한을 위해 쓴 것이 아니어서인지 출판을 위해 미려한 문장으로 다듬지 않아서인지 그의 스타일은 난해하고 불친절하다.

그중에서도 『형이상학』은 특히 어렵다. 물론 『형이상학』이 읽기 어렵다는 것은 어떤 의미에서 당연한 일이다. 다루는 주제가 추상적이고 일반적이어서 어렵게 느껴질 수 있는 철학의 여러 분야 중에서도 형이상학은 더더욱 높은 추상성과 일반성 때문에 더욱더 이해하기 어려울 것이라는 것은 쉽게 예상할 수 있는 일이다.

그런데 아리스토텔레스의 『형이상학』에는 이에 덧붙여 그 작품의 성립과 관련하여 복잡한 문제가 있다. 『형이상학』은 총 14권으로 이루어져 있는데, 그 내용을 일별해 보면 아리스토텔레스가 어떤 통일적인 구상을 가지고 처음부터 끝까지 일관되게 저술했다는 인상은 받기 힘들다. 우선 서론 격에 해당하는 책이 한 권이 아니라 두 권(A, α권)이다. 그다음 B권에서 해결하기 힘든 문제들을 언급한 후, Γ권에서야 비로소 본격적인 형이상학적 논의를 시작하는 것처럼 보이다가, 그다음 Δ권에서는 뜬금없이 다양한 철학적인 용어가 가지는 여러 가지 의미를 정리한다. 이어지는 E권에서 다시 학문에 대한 논의로 돌아와서 Z, H, Θ권에서 실체의 문제를 깊이 있게 다룬 후(하지만 결론이 무엇인지 명확하게 밝히지 않으며, 심지어는 결론이 있기는 한 건지도 명확하지 않다), 이후 권들에서는 하나임(통일성), 제일 원인과 부동의 원동자로서의 신, 그리고 수학적 존재자들에 대해 논의하는데, 그 과정에서 어떤 권은 『형이상학』 앞의 몇 권과 『자연학』의 일부에 대해 요약하기도 한다. 이러한 구성은 『형이상학』이 통일된 하나의 작품이 아니라 아리스토텔레스가 서로 다른 시기에 서로 다른 목적을 가지고 서로 다른 주제에 대해서 저술한 여러 개의 독립된 저술이 아리스토텔레스의 의도와는 상관없이 하나로 묶인 것이라는 이해를 낳았다. 어떤 학자는 『형이상학』을 "뒤범벅"(hotchpotch)이라고 부르기까지 한다. 『형이상학』이 기원전 1세기에 단지 아리스토텔레스의 저작이 편집되고 출판될 때의 순서에 따라 *ta meta ta physika*(직역하면 "자연학 작품 뒤의 것들"로, 여기에서 'metaphysics'가 유래했다)라고 불리게 되었다는 견해도 이러한 이해를 뒷받침한 것은 물론이다. 게다가 텍스트를 큰 틀에서 다루기보다는 텍스트의 특정한 일부분에 대한 자세한 논의로 집중되는 현재의 고대 철학 연구 경향도 『형이상학』의 전체 모습을 가늠하기 어렵게 하는 데에 한몫하고 있다.

이 책의 저자인 에드워드 C. 핼퍼는 이러한 경향에 정면으로 반기를 드는 학자이다. 그는 아리스토텔레스 『형이상학』을 하나의 일관된 계획 아래 쓰인 저술로 이해한다. 비록 아리스토텔레스가 하나의 책에서 다음 책으로 넘어가게 되는 이유를 친절하게 제시해 주지는 않지만, 다루는 주제의 복잡함에 걸맞은 유연한 태도로 주의 깊게 텍스트를 읽으면 『형이상학』이 주는 두서없고 심지어 비정합적으로까지 보이는 인상은 해소될 것이라는 것이 저자가 텍스트를 접근하는 태도이다. 궁극적으로 『형이상학』의 올바른 해석에 대한 이 난해한 문제가 어떻게 결론이 나든 저자의 이러한 접근이 방법론적 우위를 가진다는 것은 분명하다. 『형이상학』이 주는 여러 가지 어려움을 그저 원래 『형이상학』의 각 권이 별 상관없이 저술된 것이라거나 아리스토텔레스가 그저 저술한 시기에 따라 입장을 바꿨을 것이라고 주장함으로써 해소하는 것은 너무 쉬운 길이다. 저자가 택하는 해석에 귀를 기울일 충분한 이유가 여기에 있다.

비록 너무 늦었지만 이제 우리말로 된 원전 번역서가 둘이나 있으니 비로소 일반 대중이 외국어를 통하지 않고 아리스토텔레스의 사상을 음미할 수 있는 가능성이 열렸다. 하지만 아무런 도움 없이 『형이상학』을 직접 읽는 것은 무척 어려운 일이다. 『형이상학』이라는 험준한 산맥을 종주하기 위해서 우리는 이곳저곳에서 짐을 조금이나마 가볍게 해 주고 방향을 제시해 줄 셰르파가 필요하다. 이 번역서가 그러한 셰르파로서의 역할을 담당할 수 있을 것이다. 물론 내가 고용한 셰르파가 산맥을 종주한 것이 나의 종주 경험을 대체할 수는 없듯이, 이 책을 읽는 것이 독자가 『형이상학』이라는 산맥을 직접 올라가는 경험을 대체할 수는 없을 것이다.

차례

서문

어떤 철학책도 아리스토텔레스의 『형이상학』보다 더 중요하지 않다. 어떤 철학책도 아리스토텔레스의 『형이상학』보다 초심자와 노련한 철학자 모두에게 더 어렵지 않다. 하지만 아리스토텔레스가 제기하고 대답하는 질문들이 철학에서 핵심적 위치를 차지하기 때문에 이 어려움은 감수할 가치가 있다. 그 질문들은 "있다는 것이 무엇인가?", "실재의 본성은 무엇인가?", "만물의 제일 원리는 무엇인가?", "철학과 앎의 다른 분야와의 관계는 무엇인가?" 등등이다. 아리스토텔레스의 대답이 널리 받아들여지지 않을 수 있고 올바른 대답이 아닐 수도 있다. 하지만 그 대답은 항상 흥미롭고 또한 후대 철학자들의 작품을 이해하는 데에 항상 중요한 관점을 제공한다.

이 책의 목적은 당신이 『형이상학』을 읽는 데에, 그리고 더 중요하게는 『형이상학』이 다루는 문제들과 씨름하는 데에 도움을 주는 것이다. 아리스토텔레스 텍스트의 모든 페이지가, 사실상 거의 모든 줄이 논쟁의 여지가 있다. 그의 문체는 너무 간결하면서도 종종 까다롭다. 어떻게 하나의 논증이 전체 작품과 관련이 되는지, 얼마만큼의 작업이 완성되었고 얼마만큼이 남았는지를 독자에게 알려 주는 이정표나 요약을 아리스토텔레스는 별로 제공하지 않는다. 오랜 세월동안 독자들은 텍스트를 어떻게 읽어야 할지를 설명하는 그리스어와 라틴어로 된, 한 줄 한 줄 인용하고 설명을 다는 주석에 의존했다. 하지만 이런 주석 작품들도 나름의 선입견이 있었고 20세기에 와서 학자들은 텍스트를 직접 자세히 연구하기 위해 주석 작품들을 제쳐 두었다. 그 결과 『형이상학』 에 대한 문헌들은 종종 텍스트의 작은 부분만 다루고, 논의되는 문제가 무엇인지를 이해하려고 애쓰는 학생들에게 별 도움이 되지 못한다. 반면에 나는 독자에게 논의되는 문제들이 무엇인지, 그리고 아리스토텔레스가 그 문제들을 어떻게 형식화하고 해결하는지를 보여 주고자 했다. 나는 파르메니데스 출판사에서 발간한 3권짜리 저서 *One and Many in Aristotle's Metaphysics*에서 여기서 개괄하는 해석을 자세히 논하고 옹호했다. 나의 해석이 논쟁을 잠재운 것은 아니다. 하지만 그 논쟁의 의의를 이해하기 위해서는 문제들에 대해 어느 정도 익숙해져야 한다. 바로 그것이 여기서 내가 하고자 한 것이다. 즉 독자들에게 일종의 기준점, 즉 텍스트를 보는 일관된 하나의 방식과 함께 무엇이 문제가 되고 있는지에 대한 하나의 해석을 제공하는 것이다. 이것은 텍스트와 관련된 논쟁을 심각하게 취급하기 전에 있어야 할 것들이다. 다시 말하지만 이 책은 논의되는 문제에 대한 완결된 해답을 제공하기보다는 그 문제의 의의를 이해할 수 있는 출발점을 제공한다. 이상적으로는 독자 스스로가 텍스트 자체에 대해 반성하고 아리스토텔레스가 제기하는 철학적 문제들과 씨름하게 될 것이다.

20세기 초에 로스(W. D. Ross)가 『형이상학』에 대한 옥스포드 표준 번역을 내놓았는데, 그것은 조나단 반스(Jonathan Barnes)에 의해 개정되어 2권으로 나온 *The Complete Works of Aristotle*(Princeton University Press)에 들어 있다. 이 번역은 읽기 수월하지만 로스는 중요 단어들을 일관되게 번역하지 않았다. 그 이후 여러 다른 번역이 나왔고 각각 장점을 가지고 있다. 나는 히포크라테스 아포슬(Hippocrates Apostle)의 번역을 좋아하는데, 이 번역은 좀 더 일관적이다. 리처드

호프(Richard Hope)는 어떤 그리스어 단어가 번역되고 있는지를 독자에게 보여 주는 분석적인 인덱스를 제공한다. 휴 로슨-탠크리드(Hugh Lawson-Tancred)는 상당히 구어체적인 번역을 내놓았는데 상당히 긴 서문과 각 장에 대한 요약을 붙였다. 조 삭스(Joe Sachs)는 사뭇 다르게 접근한다. 그는 아리스토텔레스 텍스트를 번역하는 데에 널리 사용되는 라틴어에서 가져온 표준적인 어휘들을 피한다. 대신에 아리스토텔레스의 전문적 용어들을 일상 영어로 바꾸는데, 때로는 아리스토텔레스가 그러했듯이 자신만의 단어와 어구들을 만들기도 한다. 삭스의 접근법에는 장점이 많다. 아리스토텔레스의 표준적인 어휘들이 너무나 많이 일상 영어의 일부가 되었기 때문에 독자들은 종종 아리스토텔레스가 그 단어를 영어의 일상적인 용법과는 사뭇 다르게 사용하고 있는데도 아리스토텔레스가 사용하는 단어의 의미를 이해하고 있다고 착각한다. 삭스의 번역은 상당히 구체적이고 독자로 하여금 텍스트와 대면하도록 강제한다. 하지만 이 번역을 읽기 위해서는 훨씬 더 인내가 필요한 것도 사실이다. 이 번역을 종종 내 수업에서 사용하기도 하지만 학생들의 폭넓은 지지를 받지는 못했다. 이 번역의 장점이 곧 그 단점이기도 하다. 삭스는 일상 영어 단어를 사용하기 때문에 독자가 주어진 단원에서 기능하는 전문 용어를 모르고 쉽게 지나칠 수도 있다. 이 책의 목적 중 하나가 이러한 어휘들을 설명하는 것이기에 나는 텍스트를 인용할 때 할 수 없이 반스가 개정한 로스의 번역을 사용하기로 했다. 다른 번역을 사용하는 대부분의 사람도 이 인용 때문에 혼란을 겪지는 않을 것이다. 많은 번역본은 (1831년에 출간된) 베커(Bekker)의 아리스토텔레스 작품 비판본에서 기인한 쪽수와 줄수를 병기하는데, 이를 통해 원전을 읽을 수 없는 사람들은 번역본들을 비교할 수 있다. 베커의 텍스트는 커다란 2절지에 2단으로 출판되었다. 그래서 980a1은 980

쪽의 첫 단 첫 행을 가리킨다. 베커는 각 쪽 하단에 서로 다른 사본 정보를 모아 놓았다. 텍스트의 어떤 부분은 서로 다른 다양한 사본이 있고 어떤 부분은 그렇지 않아서 각 쪽에 실린 텍스트의 양은 항상 같지 않다.

『형이상학』의 각 권은 그리스어 알파벳으로 지칭하는 것이 관행이다. 그 하나의 이유는 서론 격의 책이 두 권이 있는데, 어떤 학자들은 그중 두 번째 권은 아리스토텔레스 자신의 저작이 아니라고 생각하기 때문이다. 그 이후의 책들의 순서는 두 번째 권이 포함되는가에 따라 달라지기 때문에 그리스어 알파벳을 사용하면 혼동을 줄일 수 있다. 언급한 서론 격의 두 권은 대문자 알파(A)와 소문자 알파(α)로 나타낸다.[1] 다른 아리스토텔레스 저작의 권수를 나타내는 데에는 로마 숫자를 사용했다.

때때로 "metaphysics"에서 "meta"는 "...을 넘어서서, 초월해서"가 아니라 "... 다음"을 뜻하고, 이 작품이 이 이름을 얻게 된 것은 편집자의 책장에서의 이 저작의 위치, 즉 『자연학』 "다음"의 위치 때문이라고 말하기도 한다. 이러한 생각은 우리가 함께 모아 놓은 책들이 어떤 내적인 통일성이나 일관성을 가지고 있지 못하다는 결론으로 자연스럽게 이어진다. 이것은 몇몇 학자들이 텍스트를 주의 깊게 살펴보고 피치 못할 모순들을 발견하고서 도달한 결론이다. 이미 말했듯이 여기에서 학자들의 주장들을 자세히 살펴보기는 어렵지만, 나는 『형이상학』을 어떻게 일관되게 읽을 수 있는지는 보이고자 했다. 사실 내가 여기서 제

---

1   역주: 독자의 편의를 위해 형이상학 각 권을 지칭하는 그리스 알파벳과 숫자가 어떻게 대응되는지를 아래에 표시한다.

A α B Γ Δ E Z H Θ I K Λ M N
1 2 3 4 5 6 7 8 9 10 11 12 13 14

시하는 해석은 『형이상학』이 자연적 본성을 "넘어서는" 원인을 **겨냥해
서** 주의 깊게 저술된 작품이라는 것을 보여 준다. 이러한 결론들 중 어
느 쪽을 선택하거나, 더 좋게는 자신의 결론에 도달하기 전에 독자는
텍스트를 우리에게 전승된 그대로를 주의 깊게 살펴볼 필요가 있다. 왜
냐하면 이 텍스트야말로 우리에게 주어진 원천 자료이고, 『형이상학』의
순서와 일관성에 대한 모든 주장은 이로부터 시작된 것이기 때문이다.

이 책은 학생들이 아리스토텔레스의 『형이상학』 텍스트를 읽는 법을
배우는 데에 도움을 주기 위해 쓰인 것일 뿐 텍스트를 대체할 수는 없
다. 『형이상학』에 대한, 아니 모든 위대한 철학 책에 대한 좋은 강의는
어떤 철학적 입장들을 이해하는 것을 일차적인 목표로 하지 않는다. 물
론 배우고 그 의미를 음미할 아리스토텔레스의 이론들이 있다. 하지만
중심에 있어야 할 것은 논쟁거리가 되는 문제들이다. 아리스토텔레스
는 한 권 전체(B권)를 형이상학의 문제들을 열거하는 데에 할애하고
문제를 해결하는 과정에서 항상 또 다른 문제들을 제기한다. 아리스토
텔레스의 텍스트를 이해하는 가장 좋은 방법은 이 문제들이 갖는 힘을
음미하는 것이다. 이 문제들은 단지 아리스토텔레스의 문제들이 아니
다. 형이상학에 대해 진지하게 사고하려고 하는 어느 누구라도 맞닥뜨
릴 만한 그런 문제들이다. 보통은 문제들이 가진 힘을 이해하면 아리스
토텔레스의 해결책 또한 이해가 가고 그럴듯해 보이게 된다. 지적인 훈
련을 위해 대안적인 해결책을 생각해 보고 왜 아리스토텔레스가 다른
해결책을 채택하지 않았을지 생각해 보는 것이 도움이 될 것이다.

아리스토텔레스가 『형이상학』에서 씨름하는 문제들과 그가 제시하
는 해결책들은 심오하고 큰 영향력을 가지는 것들이다. 아리스토텔레
스의 철학이 상식과 일상 언어에 가깝다는 통속적인 이해는 『형이상
학』을 제대로 판단한 것이 아니다. 왜냐하면 형이상학의 문제들은 일

상적인 문제들이 아니고 상식에 의거해서 해결되지 않기 때문이다. 대신에 아리스토텔레스는 문제들에 접근하는 새로운 방법과 새로운 학설을 제시하는데, 이 이론은 아리스토텔레스 스스로도 인정하듯이 아무리 익숙해져도 계속 어려운 것으로 남는다. 이 이론을 짧게 소개하면서 독자가 제기할 수 있는 반론을 모두 다룰 수는 없다. 하지만 이러한 한계는 독자가 자신의 반론에 대해 더 생각해 보고 아리스토텔레스의 대답은 어떠할지 탐구해 보는 기회를 갖는다면 오히려 장점이 될 것이다.

『형이상학』이건 다른 텍스트이건 텍스트의 내용을 외운다고 해서 철학 텍스트를 이해하게 되는 것은 아니다. 대신에 독자는 텍스트에 의문을 품고 도전하며 대안을 생각해 보고 텍스트의 논변과 입장에 대한 자기 자신의 논변을 만들어 볼 준비가 되어 있어야 한다. 이 모든 것이 "텍스트와 대화하기"라고 할 수 있을 것이다. 이 과정의 첫 걸음을 돕기 위해 이 책의 큰 부분은 아리스토텔레스 텍스트를 장절별로 따라가는데, 그것은 텍스트가 다루는 이슈가 무엇인지, 그 이슈를 어떻게 다루는지, 그리고 아리스토텔레스가 제시하는 해결책은 무엇인지를 설명하기 위해서이다. 텍스트를 설명한 뒤에 많은 경우 '연구를 위한 물음들'을 덧붙였다. 이 질문들은 대답하기 어려운 질문들이다. 좋은 철학적 질문에는 쉬운 답이 없으며, 『형이상학』처럼 심오하고 중요한 저작은 질문들을 통해서 접근하는 것이 가장 좋다.

『형이상학』을 이해하기 위해 꼭 알아 두어야 할 지적 맥락이 두 개가 있다. 하나는 소크라테스와 플라톤 — 아리스토텔레스의 스승이었다 — 이전에 살았기에 우리가 "소크라테스 이전 철학자"라고 부르는 선대 철학자들의 형이상학 연구의 전통이다. 또 하나는 아리스토텔레스의 과학에 대한 생각인데, 왜냐하면 다른 그리스 사상가들과 마찬가지로 아리스토텔레스도 형이상학을 과학으로 간주했기 때문이다.[1]

하지만 먼저 "과학"(science)과 "형이상학"(metaphysics)이라는 개념과 그에 대한 고대 그리스적 이해 방식에 대해 약간의 일반적인 설명이 필요하다. 영어 단어 "science"는 라틴어 *scientia*로부터 왔는데, *scientia*는 그 자체가 그리스어 *epistēmē*의 번역어이다. *epistēmē*는 영어 단어 "knowledge"로 (우리나라 말로는 '지식/앎'으로) 번역하기도 한

---

1 역주: 여기서 "과학"은 science의 번역어로, 저자가 science로 번역하는 그리스어는 바로 밑에서 저자도 설명하듯이 *epistēmē*이다. 그리스어 *epistēmē*는 보통 우리말로는 "지식" 혹은 "앎"으로 번역하고 위와 같은 맥락에서는 "학문"이라고 번역한다. "과학"이라는 번역어는 사실 불필요한 오해를 불러일으킬 수 있는 단어이다. 대학 등에서 인문과학이라는 말도 가끔 쓰기도 하지만 "과학"은 우리말에서 일차적으로 자연과학을 뜻한다. 반면에 "학문"은 과학을 포함해 인간의 모든 외적 탐구를 아우르는 말이다. 그런 의미에서 영어 번역어 science보다 우리말 번역어 "학문"이 그리스어 *epistēmē*의 더 적절한 번역이고 밑에서의 저자 설명의 주된 요지도 그것이다. 역자는 다른 맥락에서는 science를 아리스토텔레스의 본뜻을 더 잘 전달하는 "학문"으로 번역하지만, 이 부분에서는 저자가 영어 번역어인 science가 가져오는 불필요한 오해에 대해 설명하고 있으므로 여기서만 부득이하게 "학문"이 아닌 "과학"으로 번역한다.

다. 다시 말하면 같은 그리스어 단어가 "science"로도 "[branch of] knowledge"로도 번역되고, 그 결과 지식/앎의 **어느** 분야든 "과학(science)"이라고 부르게 된다. 더욱이 건축술과 같은 기술(technē)도 앎의 한 분야로 간주되므로 과학에 포함된다. 현대의 독자들에게는 "형이상학의 과학" 또는 "윤리 과학"이라는 말이 어리둥절하게 들리겠지만, "과학"(science)이라는 번역어를 쓰는 이유는 아리스토텔레스가 모름지기 앎이란 특징적인 조직과 구조를 가지고 있어야 한다고 가정하고 있다는 것을 일깨워 주기 때문이다. 플라톤과 아리스토텔레스는 둘 다 여러 가지 앎의 분야들을 (1) 앎의 대상이 되는 주제와 (2) 그 대상들을 지배하는 원리에 따라 구분한다. 물리학, 수학, 윤리학, 건축술은 서로 다른 주제를 지닌다. 이 주제 대상의 원리는 (a) 그 대상의 범위 안에 있는 다른 모든 것이 존재하거나 알려지게 만들어 주는 것(예를 들어 단위는 숫자의 원리인데, 왜냐하면 모든 수는 단위로 이루어져 있기 때문이다), (b) 행동을 일으키는 느낌, 습관, 목적(예를 들어 행복은 모든 행위의 목적이기 때문에 원리이다), (c) 장인이 만드는 생산품(예를 들어 완성된 집은 건축가의 원리인데, 왜냐하면 그것이 건축가가 집을 만들기 위해 거쳐야 하는 단계를 결정하기 때문이다)이다.

아리스토텔레스는 우리가 "형이상학"이라고 부르는 앎의 분과를 "지혜", "제일 철학", 또는 "있는 것을 있는 것으로서 다루는 학문"이라고 불렀지만, 아리스토텔레스 작품의 편집자는 그 학문을 "형이상학"이라고 불렀다. 다른 그리스 사상가들은 "제일 철학", "있는 것을 있는 것으로서 다루는 학문"이라는 표현을 사용하지는 않았지만 모두 만물의 제일 원리를 추구한다는 면에서 다른 앎과는 구별되는 앎의 개념을 가지고 있었다. 다시 말하자면 형이상학의 주제는 모든 것이고, 그 원리는 모든 것을 존재하게 하고 우리가 그 **모든** 것을 알게 해 주는 것이다. 플라톤은 이러한 학문을 지배하는 학문이라고 생각했는데, 그 이유는 이 학문이 다른 학문을 지배하기 때문이고, 또한 정치적 지배자에게 적합한 학문이기 때문이다. 아리스토텔레스는 최상위의 이론적인 앎인 형이상학을 최상위의 실천적인 앎, 즉 정치학과 구별한다. 사실 최상위 원리나 최상위 원인이 도대체 있기나 한 것인지는 명확하지 않다. 형이상학은 사실 그것들이 도대체 존재**하는지**, 그리고 만약 존재한다면 그것들이 **무엇인지**를 밝혀내야 한다. 만약 제일 원리가 존재하지 않는다면 형이상학은 존재할 수 없다. 그렇기에 제일 원리가 존재하는지를 탐구하면서 형이상학은 자신의 존재 자체를 탐구하게 된다.

그리스 철학자들은 원인은 어떤 종류의 사물이라고 가정했다. 이러한 생각은 원인을 보통 법칙으로 생각하는 현대의 사고방식과 대조된다. 아리스토텔레스는 『형이상학』 A권 3장에서 원인의 다양한 종류에 대한 유명한 이론을 개진한다. 모든 원인은 원리인데, 어떤 원리는 원인이 아니다. 어떤 독자는 이 후자의 원리들을 법칙으로 이해하지만 아리스토텔레스는 그것들도 어떤 종류의 존재자이거나 어떤 방식으로 존재자와 연관 있는 것으로 생각했다. 그리스 철학자들은 우리의 에너지 보존 법칙(에너지는 만들어지지도 않고 없어지지도 않는다)처럼 만물에 대한 원칙이면서 그 자신은 아무것도 아닌 그런 원칙을 받아들이지 않았다.

이전의 그리스 형이상학

아리스토텔레스 이전의 선대 철학자들에게 형이상학의 중심 문제는 하나와 다자의 문제(the problem of the one and the many)였다. 하나와 다자의 문제란 만물은 하나인지 아니면 다자인지 하는 질문이다. 우리는 현대 물리학에서 이 문제의 한 유형을 만날 수 있는데, 그것은 다음과 같다. 만물은 다수의 서로 다른 기본적인 입자로 이루어져 있는가, 아니면 서로 다른 입자로 보이는 것이 사실은 단일한 어떤 것의 서로 다른 상태일 뿐인가? 한때 전자, 양성자, 중성자를 가장 기본적인 입자로 생각했었지만 오늘날 대부분의 물리학자는 이것들이 보다 더 근본적인 요소들로 이루어져 있다고 생각한다. 어떤 사람은 모든 이러한 입자가 단지 에너지의 형태들일 뿐이고, 그래서 모든 것은 하나라고 주장한다. 비슷한 방식으로 고대의 사상가들은 흙, 공기, 불, 물이 사물들을 이루는 서로 다른, 환원될 수 없는 요소들인지 아니면 이 모든 것이 단지 같은 요소 — 예를 들자면 물 — 의 서로 다른 형태일 뿐인지를 문제 삼았다. 어느 쪽이든 **각각의** 요소는 그 자체로는 하나(의 것)이고 하나이기에 다양한 요소에 의해서 형성된 것보다 선행한다.

모든 것이 하나가 되는 또 다른 방식이 있다. 모든 것에 속하는 단일한 특성이 있다고 가정해 보라. (그러한 특성이 "보편자", "다수[의 것] 상의 하나[의 특성]"이라고 불린다. 유(類)는 보편자의 한 예인데, 그것이 보편자인 이유는 유가 각각의 예들에 속하기 때문이다.) 그렇다면 **존재하는** 모든 것이 그 특성을 가질 것이고, **존재하지 않는** 모든 것은 그 특성을 가지지 않을 것이다. 그래서 존재하는 모든 것은 같은 특성, 즉 존재한다는 것이 무엇인지를 나타내 주는 특성을 가질 것이고 그것이 바로 존재함의 본성이 될 것이다. 이러한 사고에서 도출되는 하나의 놀라운 귀결은 이제 거기에는 생성이 없을 것이라는 것이다. 왜냐하면 생성이란 존재하지 않는 것이 존재하게 될 때에 생기는 것인데, 존재함의 본성을 가지고 있는 것은 **이미** 있을 것이고 이 본성을 가지지 않은 것은 존재하지 않는 것, 즉 아무것도 아닌 무(無)일 것이기 때문이다. 존재하지 않는 것이 존재의 본성을 얻게 된다고 이야기하는 것은, 도대체 어떤 본성이든 얻게 된다고 이야기하는 것은 말이 안 된다. 게다가 모든 것에 공통인 어떤 본성이 있다면 모든 존재하는 것은 이 본성을 가질 것이고 모든 것은 하나가 될 것이다. 이것이 파르메니데스의 논리였다. 그리스 사상가들은 이 논변을 아주 강력한 것으로 인식해서 파르메니데스 이후의 형이상학의 중심 문제는 "도대체 어떻게 다자가 있는가?" "도대체 어떻게 (생성을 포함한) 변화가 있는가?"였다.

　이 문제에 대답을 제공한 사람들 중에는 고대 원자론자들이 있었다. 그들은 물질의 더 이상 나눌 수 없는 알갱이, 즉 원자가 있다고 제안했다. 존재하는 것은 이 원자들로 이루어져 있고 그 외는 빈 공간이다. 이 철학자들은 존재는 변화하지 않는다고 인정했다. 왜냐하면 개개의 원자는 본성이 바뀌지 않기 때문이다. 하지만 운동과 다수성은 가능하다. 왜냐하면 한 무리의 원자들이 서로에 대한 상대적인 위치를 바꾸기 때문이다.

　플라톤과 그의 학파 아카데미아는 파르메니데스에 대해서 다른 대답을 내놓는다. 플라톤의 대화편에서 이 대답에 대한 여러 암시를 볼 수 있지만, 우리의 주된 전거는 『형이상학』 A, M, N권에 있는 아리스토텔레스의 설명이다. 아리스토텔레스가 이 이론을 제시하는 것은 그것을 비판하기 위함이라는 이유로 어떤 학자는 아리스토텔레스의 기록을 믿을 수 없다고 주장하기도 한다. 어쨌든 이 이론은 이해하기가 상당히 어렵다. 그럼에도 아리스토텔레스가 파르메니데스가 제기한 문제에 대해 중요하다고 여기는 대답을 아카데미아를 대신해서 제시하고 있기 때문에 『형이상학』을 읽는 사람들은 이 대답을 음미해 보아야 한다. 아리스토텔레스에 따르면 플라톤과 아카데미아는 모든 존재하는 것에 공통적인 특성, 즉 "하나 그 자체(임)"와 그것에 대한 반대자로부터 사물을 구성하고자 한다. 하나 자체[一者]에 반대되는 것은 보통 이해하듯이 "다수"가 아니다. 왜냐하면 다수란 하나가 여럿 모인 것으로, 하나임을 반대하기보다는 전제하고 있기 때문이다. 대신에 플라톤주의자들은 하나임의 반대자가 통일성이 전혀 없는 규정되지 않은 다수라고 생각하고 그것을 "무규정적 이자(二者)"라고 부른다. 이 표현은 모호한 것으로 유명한 표현이지만 이 표현이 전달하는 아이디어는 모호하지 않다. 하나의 그룹에 속하는 일단의 사물들을 생각해 보라. 이 사물들은 그 그룹을 규정/정의해 주는 특징을 공통으로 가지면서도 각각을 서로로부터, 그리고 정의하고 있는 공통의 특징으로부터 구별해 주는 특성 또한 가질 수밖에 없을 것이다. 이 그룹을 정의해 주는 공통의 특징은 공유되는 확정성의 원천이기 때문에 각각의 것을 서로 구별해 주는 특징은 불확정적일 수밖에 없다. 따라서 각각의 개체는 정의해 주는 특징과 어떤 불확정적인 차이로 이루어져 있다. 이 차이는 하나에 참여하지 않으니 단일한 존재자일 수 없어서 아카데미아는 그것을 이자(二者)라고 생각한다. 그래서 모든 것은 확정성과 불확정성, 더 전형적인 방식으로 말하면 일자와 무규정적 이자로 모든 것이 이루어져 있다고 말할 수 있게 된다. 플라톤 학파에게는 이 둘이 만물의 원리이다. 확정성의 정도의 차이에 따라 다양한 위계의 체계를 제시하는 등 자세한 내용은 사람마다 달랐지만, 모든 아카데미아 학자는 만물이 어떤 중요한 의미에서 동일한 집합에 속한다고 생각한 듯하다.

그런 한에서 만물은 하나의 단일한 학문, 하나의 단일한 앎의 분야에 포섭된다. 반면에 플라톤주의자들은 또한 개별 학문 혹은 기술의 존재를 인정한다. 대화편 『필레보스』에서 플라톤은 철학자의 산수와 대중의 산수를 구별한다(56d). 전자에서는 모든 단위가 동일하고, 후자에서는 단위가 동물이거나 군대 혹은 동일하지 않은 다른 것들이다. 철학자는 동일한 단위로 세지만, 목동은 가축을 세고 장군은 군대를 센다. 그럼에도 모든 기술과 학문은 정도의 차이는 있지만 셈과 측정을 사용한다. 그래서 집 짓기와 음악은 수학에 많이 의존하고 군사학과 농업은 수학을 조금만 사용한다. 플라톤은 수학을 사용하는 정도에 따른 학문의 위계를 제안한다. 이 위계의 정점에 철학자의 산수가 있다. 바로 다음에 순수한 계산(순수한 단위로 계산하는 학문)과 기하학이 있고, 그 다음에는 집 짓기·음악과 같이 수학을 광범위하게 사용하되 순수하지 않게 사용하는 기술들이 있으며, 마지막으로 수학을 별로 사용하지 않는 기술들이 있다. 이로부터 철학자의 산수를 아는 사람은 이 모든 기술의 기반을 알고 있다는 사실이 도출된다. 만약 일자와 무규정적 이자가 순수한 수의 원리들이라면, 이 원리들을 아는 사람은 모든 기술과 학문을 아는 것이다. 거꾸로 어떤 개별 학문을 아는 것은 수와 측정에 대한 어떤 앎을 필요로 하고, 후자는 다시 만물의 제일 원리들에 대한 어떤 앎을 필요로 한다. 제일 원리들을 앎으로써 만물을 아는 하나의 학문(형이상학)과 더 제한된 주제의 원리들을 아는 개별 학문들 사이의 관계에 대한 이론이 『필레보스』에 암시되어 있다.

다른 대화편에서 플라톤은 소크라테스로 하여금 제일 학문과 부속되는 학문들 간의 관계에 대한 질문을 형이상학에 대한 반론의 일환으로 제기하게끔 한다. 두 종류의 반론이 있다. (1) 만약 각각의 주제가 어떤 개별 학문에 의해 알려진다면 최상의 학문이 알도록 남겨진 주제는 없을 것인데, 자신의 고유한 주제가 없는 학문은 없다. (2) 만약 각각의 학문이 성과물을 가진다면 (집 짓기의 성과물은 집이고, 제화술의 성과물은 신발이다) 성과물을 만드는 학문보다 그 성과물을 사용하는 학문이 더 상위의 학문일 텐데, 그렇다면 최상위의 학문은 성과물을 가질 수 없다. (만약 성과물을 가진다면 그 성과물을 사용하는 학문이 더 상위일 텐데, 성과물을 사용하는 이 학문에 대해서도 같은 질문 — 성과물을 가지는지 — 을 해야 할 것이고 이 과정은 무한히 반복된다.) 하지만 아무런 성과물이 없는 학문은 어떤 목적에도 봉사하지 못하므로 쓸모없을 것이다.

플라톤은 이 문제를 최상위의 학문을 위한 구별된 **주제**, 즉 형상이 있음을 밝힘으로써 이 문제를 해결한다. 그가 논하듯이 모든 것은 이 형상들을 흉내 내기 때문에 형상들을 아는 사람은 만물에 대해 아는 사람이다. 그는 형상들을 흉내 내는 것들을 **산출**할 수 있을 것이다. 국가나 훌륭한 영혼이나 심지어는 사물들까지도 말이다. 다시 말하자면, 모든 것의 원리들(즉 형상들)을 앎으로써 만물을 아는 단일한 유(類)적 학문이 있고 만물의 어떤 종을 각각 아는 다수의 종(種)적 학문이 있다.

아리스토텔레스는 하나와 다수의 학문에 대한 이 이론에 반론을 펼치고 『형이상학』에서 자신의 이론을 제시한다. 하지만 아리스토텔레스가 이 문제가 가지는 힘을 인정하고 있다는 것을 아는 것은 중요하다. 만약 만물에 대한 하나의 지배적인 학문이 있다면 그것은 어떻게든 자신의 고유한 주제를 가져야 할 것이고 또한 다른 학문들을 어떻게든 지배해야 할 것이다. 형이상학의 문제는 그러한 학문이 정말로 있는가 하는 것이다. 따라서 형이상학의 문제는 내적으로 어떻게 다른 학문들 위에 군림하는 하나의 학문이 있는가 하는 것이다. 형이상학은 자신의 존재와 씨름하는 유일한 학문이고, 그것이 존재하는지 아닌지는 다른 모든 것 위에 군림하는 어떤 단일한 것 혹은 단일한 유형의 것을 찾을 수 있는지 없는지에, 그래서 다른 모든 학문 위에 서 있는 어떤 하나의 학문을 찾을 수 있는지 없는지에 달려 있다. 형이상학은 아리스토텔레스의 선대 철학자들이 다룬 하나와 다자의 문제에 밀접하게 연결되어 있다.

아리스토텔레스의 학문

영어 단어 "science"는 요즘은 강력한 증거가 있는 체계화된 일군의 지식이라는 의미로 느슨하게 이해된다. 더 구체적으로는 자연과 수학적 존재자에 대한 지식이다. 아리스토텔레스는 이 단어를 더 넓은 범위의 대상에 대해서 사용하지만 그 적용에는 좀 더 좁은 기준을 가지고 있다. 학문은 (마찬가지로 "앎의 분야"는) (1) 불변하는 대상에 대한 앎이며, (2) 그 원인을 통해 이해되는 것이다. 어떻게 아리스토텔레스가 이 기준들을 충족시키는지를 이해하기 위해서는 논변의 표준적인 형식인 삼단논법을 이해해야 한다. "Barbara"라고 부르기도 하는 대표적인 삼단논법은 다음과 같은 형식을 지닌다.

모든 M은 P이다.
모든 S는 M이다.
그러므로 모든 S는 P이다.

여기서 M은 매개념이다. 모든 S가 P임을 우리가 아는 것은 M을 통해서라고 말할 수 있다. 그래서 M은 여기서 S가 P임의 원인 역할을 하고 있는 것이다. **학문적인** 표준적 삼단논법은 표준적 삼단논법에 대한 특수한 하나의 해석이다. 여기서 S는 주어 역할을 하는 유이고, P는 본질적인 속성이다. M은 그 유가 본질적으로 가지는 본성이다. 따라서 이 삼단논법은 본질적 속성이 유의 본성 때문에 그 유에 속한다는 것을 보여 준다. 유는 같은 본질적 본성을 가지는 것들의 집합이다. 하나의 속성이 하나의 유에 속한다는 것은 유의 각각의 구성원이 그 속성을 가진다는 것이다. 예를 들어 모든 이성적 동물은 배우는 데에 쓸 시간을 가질 수 있도록 음식을 내부에 충분히 긴 시간을 저장할 수 있는 동물이다. 모든 인간은 이성적 동물이다. 그러므로 모든 인간은 배우는 데에 쓸 시간을 가질 수 있도록 음식을 내부에 충분히 긴 시간을 저장할 수 있는 동물이다. 우리가 음식을 저장하는 내부 기관이 길다란 창자이므로, 이 삼단논법은 왜 우리의 창자가 긴지에 대한 아리스토텔레스의 설명의 일부가 된다.

종종 아리스토텔레스가 자연학과 생물학 저작에서 정작 자신의 학문적 방법을 따르지 않는다고 말해지기도 한다. 하지만 이런 말은 아리스토텔레스가 어떻게 삼단논법을 이용하는지를 오해하고 있는 것이다. 이런 이해는 아리스토텔레스가 학문을 연역적인 작업으로 구상하고 있다고 가정한다. 마치 본질적 속성이 어떻게든 유적 본성으로부터 도출될 수 있을 것처럼 말이다. 대신에 아리스토텔레스는 학문적 연구는 매개념, M을 추구한다고 말한다. 다시 말하자면 아리스토텔레스는 전제로부터 출발해서 결론에 도달하기 위해 삼단논법을 사용하는 것이 아니라 오히려 그 반대라는 것이다. 아리스토텔레스의 학문은 다양한 속성이 어떤 유에 속한다는 경험 관찰에서 출발한다. 즉 학문은 삼단논법의 **결론**으로부터 시작한다. 그리고 그 속성이 그 유에 속하게 되는 원인을 찾고자 하는데, 이 원인이 그 유의 본질적 본성이다. 일반적으로 학문적 연구는 연구의 대상이 되는 유를 규정하는 본질적 본성, M을 찾는다. 삼단논법은 무엇을 찾아야 하는지를 보여 줌으로써 연구에 방향을 제시한다. 때때로 아리스토텔레스는 학문적 연구는 "우리에게 먼저인 것"에서 시작해서 "본성상 먼저인 것"을 찾는다고 말한다. 삼단논법의 결론은 우리에게 먼저인데, 그 이유는 그것이 관찰할 수 있는 것이기 때문이다. 반면에 삼단논법의 매개념은 본성상 먼저이다. 이 매개념은 지성을 통해 파악된다. 앞 단락의 예로 돌아가자면, 아리스토텔레스는 모든 인간은 길다란 창자를 가지고 있다는 관찰된 사실로부터 시작해서 이 사실을 설명해 주는 원인, M을 찾으려고 하는 것이다. 이 원인은 바로 우리의 이성적 본성인데, 왜냐하면 이성을 사용하기 위해서는 먹는 데에 사용하지 않는 긴 시간이 필요하고, 그러려면 음식을 저장할 내부 기관이 필요하기 때문이다.

아리스토텔레스의 학문 이해는 현대의 이해보다 더 엄격한데, 그 이유는 그가 지각될 수 있는 것들에 대해서는 알 수 없다는 플라톤의 주장에 대답하려고 하기 때문이다. 두 철학자는 모두 (a) 앎의 대상은 불변하며, (b) 지각될 수 있는 것들은 끊임없이 변화한다고 생각한다. 이 두 전제로부터 플라톤은 지각될 수 있는 것들은 앎의 대상이 될 수 없다고 결론 내리게 되었다. 아리스토텔레스는 지각될 수 있는 것들이 불변하는 본질적 본성과 이 본성 때문에 그것에 필연적으로 속하는 속성들을 가진다고 주장함으로써 이 결론을 피한다. 그래서 개별적인, 지각될 수 있는 것들은 변하지만 그 유는 변하지 않는다. (나중에 우리는 지각될 수 있는 것들은 본질적 본성을 가진다는 아리스토텔레스의 주장을 살펴볼 것이다.) 다시 말하면 아리스토텔레스가 학문에 부가하는 삼단논법적 구조는 변화하는 지각될 수 있는 것들이 그들의 불변하는 본성, 속성, 유에 의해 알려질 수 있도록 한다.

형이상학은 최상위의 원인을 추구하므로 또한 **모든** 것의 본질적 성질의 원인인 본질적 본성, M을 추구할 거라고 생각할 수 있을 것이다. 하지만 나중에 보겠지만 모든 사물을 아우르는 유는 없다. 그리고 그런 유가 설사 있다 하더라도 그 본질적 속성은 최상위 원인이 아니라 최하위 원인이 될 것이다. 왜 그런지 보기 위해 동물류를 생각해 보라. 동물의 유적 본성은 지각 능력이다. 이 특징은 유의 각 일원에게 속하고 또한 모든 동물이 감각기관을 가진다는 것과 어쩌면 자신 스스로 돌아다

닐 수 있다는 사실까지 설명해 준다. 하지만 동물 각각의 종은 자신 고유의 감각기관과 특정한 운동 방식을 가진다. 동물의 유적 본성은 모든 동물에게 공통적인 특징을 설명하는 반면, 예를 들어 포유동물의 종적인 본성은 이 종을 특징짓는 털, 눈썹 등과 더불어 포유동물에 독특한 감각기관을 설명해 준다. 각각의 포유동물은 그것이 포유동물이기 때문에 이 후자의 본질적 속성을 가진다. 포유동물은 동물이기도 하므로 다른, 보다 더 일반적인 속성도 가진다. 각각의 포유동물은 동물이기도 하기 때문에 그것이 포유동물이 되는 원인은 그것이 동물이 되는 원인이기도 하다. 그래서 포유동물의 본질적 본성은 포유동물에 고유한 본질적 속성의 원인일 뿐 아니라 모든 동물에 속하는 유적 속성의 원인이기도 하다. 포유동물의 본질적 속성이 동물의 본질적 속성에 의해서도 야기되는 그런 속성을 야기하는 한, 포유동물의 본질적 속성이 (동물의 본질적 속성보다) 더 상위의 원인이다. 이 논점은 중요하다. 더 좁은 보편자의 원인이 더 상위의 원인이다. 종의 원인이 유의 원인보다 더 상위이다. 이제 모든 존재를 아우르는 유가 있어 그 자신의 유적 본성이 있다고 가정해 보자. 이 유는 가장 넓은 집합이므로 그 유적 본성은 **최하위** 원인일 것이다. 반면에 좁은 종의 본질적 본성이 최상위 원인이 될 것이다. 이 원인은 이 종에 본질적인 속성을 설명할 뿐 아니라 그것이 가지는 더 일반적인 속성도 설명하지만, 존재 일반의 속성은 설명할 수 없을 것이다.

　형이상학이라는 학문은 아리스토텔레스가 보통 생각하는 표준적인 종류의 학문은 될 수 없다는 것이 이로부터 따라 나온다. 첫째로, **모든** 존재에 대한 학문이 된다는 것은 **최상위** 원인에 대한 학문이 된다는 것과 상충한다. 둘째로, 아리스토텔레스가 생각하기에 (a) 각각의 학문에는 그것이 대상으로 삼는 고유한 유가 있고 또한 (b) 존재는 유가 아니므로, 모든 존재를 대상으로 삼는 학문은 있을 수 없다는 것이 따라 나온다. 형이상학이 대상으로 다루는 모든 존재는 하나의 단일한 학문의 대상이 될 수 없는 것으로 보인다. 이로부터 형이상학은 아리스토텔레스의 학문으로서 존재하지 않는다는 것이 따라 나온다. 만약 형이상학이 어떻게든 학문으로서 존재한다면 표준적인 아리스토텔레스의 학문이 갖는 동일한 구조는 가질 수 없다.

"형이상학이 성립하는가?"라는 질문과 만약 그렇다면 "어떻게 성립하는가?"라는 질문은 『형이상학』이 다루는 현안들이다. 앞에서 밝혔듯이 형이상학은 그 자신의 존재를 다루는 유일한 학문이다. 다른 학문들은 자신이 대상으로 삼는 유와 그 본질적 속성의 존재를 단지 가정할 뿐이다. 아리스토텔레스는 모든 존재가 하나의 유를 구성하지 않더라도 형이상학이 어떻게든 모든 존재를 다룰 수 있다는 사실을 보여야 한다. 더욱이 그는 모든 존재가 가지는 본질적 속성은 아니더라도 그것에 대한 원인 혹은 원리로 작용하는 무언가가 있음을 보여야 한다. 이 원인은 추상화나 공식화된 어떤 것이 아닌 사물이며, 지각될 수 있는 것들을 포함한 다른 모든 사물이 이 최상위 원인들을 통해 알려지는 것이다. 이 두 문제, 즉 대상과 원리들이 형이상학적 탐구의 핵심에 놓여 있다.

연구를 위한 물음들

1. 아리스토텔레스의 "원인"이 어떻게 공식, 법칙, 설명과 다른가?
2. 아리스토텔레스의 학문에 대한 이해가 현대의 학문 이해와 어떻게 다른가?

형이상학이라는 학문은 세 가지 과업을 성취해야 한다. 『형이상학』은 깔끔하게 세 부분으로 나뉘는데, 각 부분은 독창적인 형이상학적 이론을 도입함으로써 세 가지 과업 중 하나씩을 완수한다. 하지만 아리스토텔레스는 이 과업이 무엇인지 밝히지도, 과업에 착수했거나 과업을 완수했다는 것을 나타내지도 않는다. 텍스트가 어떻게 구성되는지에 대해 아리스토텔레스는 독자들에게 거의 아무런 안내도 제공하지 않는다. 전체 작품의 구조와 균형은 오직 세심한 연구와 숙고를 통해서만 파악될 수 있다. 그의 작품의 개별 단락은 종종 주위 단락과는 별 관계가 없어 보이고 그 자체로는 이해하기 까다롭다. 작품의 전체 개괄을 통해 독자는 맥락을 알게 될 것이고, 이는 그 개별 단락을 이해하는 데에 도움이 될 것이다. 그렇더라도 독자는 상당한 노력 없이 텍스트의 상세한 부분을 이해할 수 있을 것이라고 기대해서는 안 된다. 한편 이 개괄을 이해하는 것은 또 다른 방식으로 노력을 요구하는 일이다. 아리스토텔레스가 학문을 어떻게 이해하고 있는지에 따라 형이상학이 성취해야 하는 과업들이 무엇인지 규정되므로, 그 과업이 무엇인지를 파악하고 그 의의를 이해하는 것은 쉽지 않다. 이 장의 목적은 아리스토텔레스가 형이상학에 부여하는 과업 뒤에 어떤 항구적인 문제가 있는지를 보이고, 그에 대한 아리스토텔레스의 해결 방안에 대해 대략적인 밑그림을 제공하는 것이다. 이 과정에서 아리스토텔레스의 용어를 몇 개

더 설명할 것이다. 이 장을 다음 장보다 앞서 읽는 것이 좋겠지만 동시에 다음 장을 세심하게 숙독한 후에야 이 장이 더 잘 이해될 것이라는 것도 미리 밝힌다.

철학의 세 가지 과업

형이상학의 첫 번째 과업은 형이상학이 학문으로서 존재한다는 것을 보여 주는 것이다. 앞 장에서 보았듯이 형이상학은 아리스토텔레스적 학문이 되기 위해서 자신의 고유한 주제 대상과 이 주제 대상을 파악하게 해 주는 원리(원인)가 필요하며 또한 이 주제 대상이 그 원인들로 인해 가지게 되는 속성들을 보여 줄 수 있어야 한다. 형이상학이 최상위의 학문이고 따라서 최상위의 원인, 즉 모든 있는 것[1]의 원인을 알아야 하는 만큼, 형이상학은 모든 있는 것을 주제 대상으로 삼아야 한다. 문제는 모든 존재는 하나의 유(類), 즉 공통의 본성을 가지는 단일한 집합을 구성하지 않는데, 아리스토텔레스는 하나의 학문의 주제 대상은 하나의 유라고 전제하고 있다는 것이다. 더욱이 하나의 학문 안에 특수한 존재자들을 함께 포함한다는 것에 대한 부가적인 반론이 존재한다. 모든 원인이, 모든 실체가, 그리고 같은 방식으로 모든 속성과 증명의 원칙들이 하나의 학문에 속한다고 생각하지 않을 이유가 있다. 만약 이 모든 것이 하나의 학문에 의해 다루어질 수 **없다**면 형이상학이라는 하나의 학문은 없을 것이다. 다시 말하면 형이상학이 존재하는지 아

---

1   역주: 여기서 "있는 것"은 영어 being의 번역이고, 영어 "being"은 그리스어 το ον 의 번역이다. 보통 "있는 것" "있음"으로 번역하겠지만 때때로 문맥에 따라 더 자연스러운 경우에는 "존재자" "존재"로 번역하겠다.

닌지는 그러한 학문이 다루는 대상이 하나의 학문의 주제 대상을 구성할 수 있는지에 따라 달라진다. 칸트와 마찬가지로 아리스토텔레스는 사실상 형이상학이 어떻게 가능한지를 탐구한 것인데, 이 문제는 그에게 이 세상에 대한 선험적 지식이 어떻게 가능한지가 아니고 어떻게 모든 것이 하나의 학문의 주제 대상이 될 수 있는지이다. 하나의 학문에 의해 알려지기 위해서는 모든 있는 것이 여하튼 하나의 본성을 나누어 가져야만 한다. 그래서 형이상학이 첫 번째 해야 할 일은 모든 것에 공통된 어떤 본성이 있다는 것을 보이는 것이다.

형이상학의 두 번째 과업은 주제 대상의 본성, 즉 "존재란 무엇인가?"를 캐묻는 일이다. 모든 존재에 속하는 하나의 본성은 없으므로 이 질문을 묻는다는 것은 사물들이 그것을 **통해** 존재한다고 말해지는 바, 그 본성, 즉 일차적인 존재를 찾는 것이다. 이 일차적인 존재는 존재들의 집합에서 "실체"라고 불리는데, 실체란 곧 자족적인 존재의 집합이다. "실체"라는 단어는 존재의 부류에 술어로 붙는 한에서 "범주"의 하나라고 말하기도 한다. 그 부류는 유(類)이고, 사실 가장 포괄적인 유 중의 하나이다. 다른 유, 즉 "범주적 유"는 질, 양, 관계 등이다. 이 후자의 개별적인 예들이 실체의 속성으로 존재하므로 그들은 실체를 통해서 알려지는 것이다. 하지만 이러한 실체들, 지각될 수 있는 실체들이 복합체이므로 그것들 안에서 무엇이 일차적인지 물어야만 한다. 즉 그 각각의 실체 안에서 그것을 실체로 만들어 주는 것은 무엇인가? 그러므로 "존재가 무엇인가?" 묻는 것은 궁극적으로 실체 안에서 실체를 실체로 만들어 주는 것을 찾는 것이다. 왜냐하면 이것이 실체들 사이에서 일차적이고, 그로 인해 모든 존재하는 것 사이에서 일차적이기 때문이다. 다시 말하면 "존재가 무엇인가?"라는 질문은 "실체가 존재한다는 것이 무엇인가?"라는 질문이고, 간접적으로 "도대체 어떤 존재든 존재한다는 것은 무엇인가?"를 묻는 것이다. 실체들 사이에서 무엇이 일차적인지를 찾는 동시에 아리스토텔레스는 어떤 것이 실체인지도 함께 물어야만 한다.

형이상학의 세 번째 과업은 어떤 실체가 일차적인지를 결정하는 것이다. 두 번째 과업이 "실체들 **중** 일차적인" 것을 발견했지만 이것은 지각될 수 있는 실체의 내부적 요소인데, 앞으로 보겠지만 다른 요소 없이는 존재하지 않는 것이다. 반면에 "제일 실체"는 존재하기 위해 다른 어떤 것도 필요로 하지 않는 존재자이다. 후자가 영원하리라는 것은 명백한데, 그것은 만약 그것이 생성되었다면 그것의 존재가 다른 어떤 원인에 의존할 것이기 때문이다. 일차적 실체의 여러 후보가 있는데, 각각은 영원하기 때문에 어느 정도 정통성을 주장할 수 있는 것들이다. 아리스토텔레스는 그중 어떤 것이 제일 실체가 되기에 가장 적당한지를 결정해야 하고, 또한 어떻게 다른 후보들이 제일 실체(들)에 의존하는지를 보여야 한다. 선이나 면 같은 수학적 존재자들은 제일 실체의 그럴듯한 후보인데, 왜냐하면 그것들은 물리적 실체를 결정하는 한계를 형성하면서도 물리적 실체로부터 독립적으로 존재하는 것처럼 보이기 때문이다. 또한 수의 원리인 하나[一者]는 더욱 강력한 후보이다. 양자 모두 상당한 주목을 받지만 결국 제일 실체가 아닌 것으로 드러난다. 요약하면 세 번째 과업은 모든 실체의 최상위 원인인 실체, 결국 모든 있는 것의 최상위 원인인 실체를 찾는 것이다.

형이상학이 그 세 가지 과업을 완수하는 방법

형이상학이라는 학문이 무엇을 해야 하는지에 대한 이 간단한 밑그림를 가지고 우리는『형이상학』이 이 과업을 실제로 어떻게 성취하는지 윤곽을 그려 볼 수 있다.『형이상학』은 제일 먼저 사물의 원인을 알고자 하는 다분히 인간적인 충동에 대해 논의하면서 시작하는데, 이 충동은 최상위 원인으로 우리를 이끄는 충동이다(A권 1장). 그다음으로는 이 최상위 원인들을 이해하는 사람들이 가지는 지혜의 성격을 논의한다(A권 2장). A권의 나머지에서는 원인의 네 가지 일반적인 유형을 묘사하고(3장), 다른 철학자들이 제안한 모든 원인은 이 네 가지 중 하나라는 것을 보임으로써 원인의 유형이 이것밖에 없다고 논증하며(3-7장), 어떤 사람들이 제안한 원인, 특별히 플라톤과 아카데미아 학자들이 제안한 원인은 부적절하다는 것을 보인다(8-9장).『형이상학』의 두 번째 책 α권은 원인의 계열이 무한할 수 없음을 논증한다. 원인에 네 가지 유형이 있고 각각의 유형에서 무한한 계열이 있을 수 없으니 제일 원인(들)이 있을 것이다. A권과 α권 모두 **모든** 원인을 탐구한다. 이 원인들 가운데 만물에 대한 최상위 원인이 있다. 따라서 원인 전체에 대한 연구는 만물의 원인에 대한 연구이기도 하다. 아리스토텔레스는 이 후자를 "지혜"라고 부르고, 아리스토텔레스 저작을 편집한 사람은 "형이상학"이라고 부른다. 이 첫 두 권의 저술은 형이상학적 탐구를 보여 줌으로써 형이상학이라는 학문이 존재함을 보여 주는 데에 일조한다. 이것은 중요한데, 왜냐하면 형이상학의 존재에 대한 모든 반론은 재반박될 수 있다는 것을 뜻하기 때문이다. 물론 이 반론들은 명확히 진술되고 조사되어야만 하며 아리스토텔레스는 이 반론들의 힘을 어떻게 약화시킬지를 보여 주어야만 한다. 하지만 형이상학이라는 학문이 존재한다는 것 명백하다.

『형이상학』B권은 일련의 딜레마로 이루어져 있다. 이 문제들이 사고를 명확히 할 수 없게 만들기 때문에 "아포리아"(*aporiai*)라고 부르는데, 이 말은 나갈 길이 없음을 뜻한다. 이 아포리아는 깔끔하게 세 그룹으로 나뉜다. 첫 번째 그룹은 학문의 존재에 대한 것이다. 두 번째 그룹은 학문의 원리의 성격에 대한 것인데, 학문의 원리들이 서로 다른지 또는 어떤 의미에서 하나인지를 다룬다. 세 번째 그룹은 제일 원리를 둘러싼 문제들과 씨름한다. 일차적인 존재라고 할 수도 있을 만한 특수한 존재자가 실제로 일차적인지 하는 문제도 그중 하나이다. 다시 말하면 이 아포리아들은 형이상학이 완수해야 할 세 가지 과업에 어려움을 초래하는 세 그룹으로 나뉜다는 것이다. 『형이상학』 나머지 부분에서 아리스토텔레스는 이 어려움을 제거해서 아포리아들을 해결한다.

첫 번째 그룹의 아포리아를 아리스토텔레스는 『형이상학』 Γ-Δ권에서 해결하고 그렇게 함으로써 형이상학이 존재함을 보인다. 형이상학의 존재는 Γ권의 첫 문장에서 선언된다: "있는 것을 있는 것으로서 그리고 그것에 그 자체로 속하는 것이 무엇인지를 연구하는 학문이 있다." 이 문장은 결론이다. 아리스토텔레스는 연이어지는 논증에서 어떻게 하나의 학문이 형이상학이 다룬 주제들을 다룰 수 있는지를 보임으로써 이 결론을 뒷받침한다. 다시 말하면 형이상학의 존재를 부정하는 이유는 서로 다른 종류의 존재는 일견 서로 다른 학문에 의해 다루어져야 하기 때문인데, 이들이 어떻게 **하나의** 학문에 의해 다루어질 수 있는지를 보임으로써 아리스토텔레스는 형이상학의 존재를 부정하는 근거를 없애버리는 것이다. 그는 형이상학의 주제가 되는 대상이 하나의 학문에 의해 다루어질 만큼 통일성을 가지고 있음을 보임으로써 형이상학이 존재함을 보이는 것이다. 이 논증들은 텍스트에 명확히 드러나 있지만 보통 독자들은 이 논증들을 지나치는데, 그 이유는 이 논증의 결론이 어떤 주제 대상을 가지는 **하나의** 학문이 있다고 주장하기 때문이다. 아리스토텔레스가 그 학문이 하나라는 것을 보이는 이유는 그 학문이 **존재한다**는 것을 보이기 위함이고, 그 학문이 하나인 것은 여타 반론에도 불구하고 그 학문의 주제가 되는 대상이 하나이기 때문이다.

그 주제 대상이 하나라는 것을 알기 위해서는 그 주제 대상이 알 수 있는 것이어야만 한다. 그리고 알 수 있는 것이기 위해서는 앎의 최고 원리인 무(無)모순율[2]의 지배 아래 있어야만 한다. 무모순율은 가장 단순하게 말하자면, 동일한 것이 존재하면서 동시에 동일한 방식으로 존재하지 않을 수는 없다는 것이다. Γ권 3-8장을 글자 그대로 읽으면 아리스토텔레스가 무모순율을 위해 논증하고 있는 것으로 보이는데, 무모순율을 논증하는 어떤 논증도 무모순율을 전제하고 있을 수밖에 없다는 사실 또한 보인다. 따라서 이 부분은 무모순율을 증명하기 위한 논증이라기보다는 이 원칙이 성립한다는 가정 위에서의 사태에 대한 분석으로 이해해야 한다. 만약 만물 각각이 존재하면서 동시에 동일한 방식으로 존재하지 않을 수는 없다면 만물은 어떤 본성을 가져야만 하는가? 무모순율을 논증하는 것처럼 말하면서 아리스토텔레스는 이 원칙이 성립한다는 것을 보이기 위해서는 하나의 단어가 하나의 본성을 의미한다고 가정할 수밖에 없다고 주장한다. 그래서 "인간"은 두 발 달린 동물 또는 그런 종류의 어떤 것을 의미할 수밖에 없다. 만약 "인간"이 그 모순을, 즉 두 발 달린 동물이 **아닌** 것을 의미하기도 한다면, 이 단어가 이 둘 중 하나를 다른 하나보다 더 의미한다고 할 수 없을 것이다. 그로부터 인간에 대해 이야기되는 어떤 것이든지 인간 아닌 것에 대해서도 똑같이 이야기될 수 있으며, 하나에 적용되는 주장은 다른 것에도 똑같이 적용된다는 것이 따라 나온다. 이 경우 명백히 인간에 대

---

2   역주: principle of non-contradiction. 예전에는 이 원칙을 "모순에 관한 원칙"이라는 의미에서 "모순율"이라고 부르기도 했지만, 이 원칙은 기본적으로 "모순은 없다"라는 원칙이므로 "무모순율"로 부르는 것이 더 적절하다.

한 어떠한 앎도 가능하지 않다. 반면에 "인간"이 오직 하나의 본성만을 의미한다면 그것은 그와 모순되는 것을 동시에 의미할 수는 없다. 이 경우 인간의 본성을 아는 것은 가능하게 된다. 암묵적인 결론은 무모순율의 지배를 받으려면, 그리고 앎의 대상이 될 수 있으려면 존재하는 것은 본성을 가져야 한다는 것이다.

놀랍게도 아리스토텔레스는 이 원칙이 **만물**에 적용된다고 주장한다. 그러므로 모든 것은 본성을 가지고 앎의 대상이 될 수 있다. (이 결론은 지각될 수 있는 것들이 그 자체로는 본성이 없고 결국 앎의 대상이 될 수도 없다는 플라톤의 주장과 정면으로 배치된다.) 자신의 본성을 가지는 한 각각의 존재자는 일종의 실체이다. 본성을 가지면 그것은 명확히 존재하게 되는 것이다.

따라서 본성을 가진다는 것은 모든 존재에 공통적인 특징이 된다. 이 특징은 인간이나 3처럼 규정된 본성은 아니다. 존재의 유(類) 중 하나에 포섭되는 본성이 아니다. 그럼에도 모든 존재가 자신의 본성을 가지는 한 모든 것은 똑같이 함께 취급될 수 있다. 더욱이 어떤 성질은 단지 각각의 존재가 본성을 가지기 때문에 그것에 속한다. 즉 통일성, 동일성, 관계, 선차성과 후차성, 그리고 아리스토텔레스가 『형이상학』 Δ권에서 탐구하는 다른 성질들처럼 말이다. 모든 존재는 존재가 본질로서 작용하는 특징과 이 본질 때문에 속하는 속성들을 가지기 때문에 하나의 학문, 즉 형이상학에 의해 다루어질 수 있다. 아리스토텔레스는 존재를 "*pros hen*"이라고 말하는데, 이 말은 직역하면 "하나와 관련된"(related to one)이라는 뜻이다. 이 그리스어 표현은 때로는 "초점 의미"(focal meaning)라는 말로 번역되기도 하는데, 학자들은 보통 모든 존재가 그로부터 의미를 얻는 그 "하나"가 실체의 범주적 유라고 이해한다. 아리스토텔레스가 『형이상학』에서 "*pros hen*"이란 말을 이렇게 사용하기는 하지만, 여기 Γ권에서 아리스토텔레스가 하고자 하는 말은 모든 존재는 **각각**이 본성을 가지는 한 어떤 공통점을 가진다는 것이다.

요약하면 아리스토텔레스는 형이상학의 대상인 모든 존재가 하나의 유(類)를 구성하고, 그래서 하나의 학문에 포섭된다는 것을 보임으로써 형이상학이 존재한다는 것을 보이는 것이다. 그는 사실상 존재에는 알려질 수 있는 본성이 있기 때문에 존재가 있음을 보이는 것이다. 형이상학의 두 번째 과업은 이 본성이 무엇인지, 즉 존재가 **무엇인지**를 결정하는 것이다. 즉 존재하는 것을 존재하는 것이 되게 하는 것은 무엇인가? 『분석론 후서』(*Posterior Analytics*)(2권 2장)는 두 개의 학문적 질문, "그것이 있는가?"라는 질문과 "그것이 무엇인가?"라는 질문을 구별한다. 일반적으로 이 질문들에 대한 대답은 그 학문이 대상으로 삼는 종(種)의 모든 개별 예들이 나누어 가지는 본성을 찾음으로써 한번에 하게 된다. 어떤 공통 본성의 존재는 그 종이 있음을 증명하고 이 본성이 또한 그 종의 **무엇임**이 된다. 대부분의 학문은 주제로 삼는 종을 전제로 하여 시작하고 그다음에 이 종의 각각의 개별 예들이 나누어 가지는 하나의 본성을 발견함을 통해 그것이 **있음**과 그것이 **무엇인지**를 보인다. 예를 들어 동물학은 동물이라는 종을 전제로 하고 그다음에 그 종에 속한 각각의 것들을 동물로 만드는 하나의 본성을 찾는다.

하지만 형이상학에서는 "그것이 존재하는가?"라는 질문에 대한 대답은 "그것이 무엇인가?"에 대한 대답과 독립적으로 주어진다. 『형이상학』 Γ-Δ권은 모든 존재의 집합은 형이상학이 주제로 삼는 종(種)으로 기능한다는 것을 보인다. E-Θ권은 존재가 **무엇인지**를 결정한다. 앞의 질문이 모든 존재에 공통적인 것, 즉 본성을 가진다는 것에 초점을 맞추는 반면, 뒤의 질문에 대한 대답은 존재의 본성인 여러 다양한 것을 탐구한다. "'존재'는 다양한 방식으로 말해진다"라고 아리스토텔레스는 Δ권 7장에서 말한다. 그가 뜻하는 바는 다양한 종류의 것들이 존재한다고 말해진다는 것이다. (1) 서로 다른 종류의 존재의 결합도 존재하는 것으로 치기도 하지만, 보통 그것들은 우연적인 존재들이다. (2) 진리들, (3) 범주들, (4) 현실태/가능태도 본질적으로 존재이다. 아리스토텔레스는 이 네 가지 "존재 방식"을 각각 (1) E권 2-3장, (2) E권 4장과 Θ권 10장, (3) Z-H권, (4) Θ권 1-9장에서 탐구한다.

우연적인 존재에 대해서는 앎이 존재하지 않는다. 그래서 그런 존재 방식은 제쳐 둔다. 각각의 존재 방식에서 아리스토텔레스는 일차적인 존재를 찾고자 한다. 일차적인 존재란 다른 것들을 동일한 방식으로 존재하게 만드는 것이다. 그래서 존재의 범주들 중에서도 아리스토텔레스는 일차적인 존재를, 즉 다른 범주에 속하는 존재자가 존재한다고 말할 수 있도록 해 주는 그런 범주의 존재를 찾는다. 마찬가지로 진리 중에서도 아리스토텔레스는 일차적인 존재를 찾고, 현실태와 가능태 사이에도 일차적인 존재를 찾는다.

사고에서의 진리와 말에서의 진리는 사태에서의 진리에 의존하고 그에 따라 아리스토텔레스는 사태에서의 진리가 논의될 때까지(E권 4장) 앞의 둘은 보류한다. 존재의 범주에 대한 논의는 복잡하지만 우선 다른 모든 범주의 본성은 실체의 본성에 의존하고, 따라서 실체의 본성을 포함한다는 것은 명확하다. 다시금 실체는 여러 다양한 측면에서 존재한다고 말해진다. 아리스토텔레스의 전략은 널리 실체로 인정되는 것들(Z권 2장)과 그것들이 실체라고 이야기되는 면들(Z권 3장)이 어떤 것인지 펼쳐 놓는 것이다. 그는 뒤엣것들을 하나하나 자세히 살펴보면서 어떤 것은 제외하고 나머지는 서로 같은 것임을 보인다. 어떤 특성이 그 자체로 하나이고 사물을 하나로 만드는지를 고려함으로써 그는 어떤 것이 실체가 되도록 하는 원인인 특성을 확정할 수 있는 것이다. 이 특성은 실체의 본성이고, 따라서 존재의 본성이다. 그것은 사물의 본질 혹은 똑같이 그 형상이다. 그리고 형상은 현실태라고 아리스토텔레스는 논증한다. (다음 장에서 설명하듯이, "현실태"란 사물의 기능과 비슷한 어떤 것이다.) 다시 말하면 어떤 것을 실체가 되게 하는 것은 그것의 형상이고, 그것의 형상은 그것의 현실태이다.

이 결론은 아리스토텔레스가 존재의 다른 두 방식을 다루는 방식과 잘 맞는다. 어떤 것은 현실태의 측면에서는 가능태이면서도 다른 것이 현실태가 되게 해 주는 현실태, 즉 실체의 현실태가 있다. 이것은 실체의 형상이다. 마찬가지로 사태가 실체와 그 본질적 속성이 합치되는 그런 방식으로 합치된다면 참이다. 가장 참인 것은 단순한 것들이고 한꺼번에 파악되며 거짓을 용납하지 않는다. 이 단순체는 물론 현실태이다.

이로부터 각각의 본질적으로 존재하는 방식들 가운데 일차적인 본성은 실체의 형상 또는 현실태라는 것이 따라 나온다. 모든 존재는 이 형상과 관련해서 자기 자신이기 때문에 형상이 존재의 본성이다. 최소한 이것이 **지각될 수 있는** 존재의 본성인데, 아리스토텔레스가 E-Θ권에서 논의하는 존재하는 방식은 모두 지각될 수 있는 것들이 존재한다고 말해지는 방식들이다.

이러한 관찰은 형이상학의 세 번째 과업, 즉 제일 원리를 찾는다는 것이 무엇인지를 설명하는 데에 도움이 된다. 왜냐하면 지각될 수 있는 어떤 것도 제일 원리가 될 수 없기 때문이다. 지각될 수 있는 것 각각은 질료를 가지고 있다. 앞으로 보겠지만 질료를 가지고 있는 모든 것은 그것의 형상이 질료 안에 깃들게 하기 위해서건 아니면 그 질료를 움직이게 하기 위해서건 무언가 다른 것을 필요로 한다. 어느 쪽이건 간에 지각될 수 있는 존재는 제일 원리도 제일 원인도 아니다. 아리스토텔레스는 잘 알려져 있다시피 제일 원리가 부동의 원동자라고 결정하기 전에 몇몇 후보들을 검토한다. 그 후보들이 제일 원리로 그럴듯해 보이는 이유의 하나는 제일 원리로 생각되는 다른 것들은 운동의 원인이 아닌 반면에 그것들은 운동의 원인이기 때문이다. 이 다른 원리들도 어쨌든 원리들이긴 하다. 특히 그것들은 학문의 원리(즉 앎의 원리)이고 수의 원리이다. 부동의 원동자들이 진정코 제일 앞서려면 그들은 어떻게든 다른 제일 원리의 후보들의 원리로 작용해야만 한다. 그렇기 때문에 아리스토텔레스는 『형이상학』의 마지막 삼분의 일을 I을 포함한, 수와 도형의 원리들에 대해 논의하는 데에 할애한다. 그는 부동의 원동자가 지각될 수 있는 실체의 원리일 뿐 아니라 숫자들, 플라톤의 형상, 그리고 제일 원리의 다른 후보들의 원리라는 것도 보여야 한다.

I권은 파르메니데스가 원리로 제시한 그런 종류의 하나[一者] 자체가 존재하지 않는다는 것과 하나는 일종의 유비로서 존재하고 그래서 다른 종류의 존재의 본성에 의존한다는 것을 보인다. K권은 제일 원인에 대한 탐구를 재해석하는 것을 돕는다. 형이상학의 중심 권[3]들이 원인을 자족적인 존재가 아닌 지각될 수 있는 실체들 안에 놓은 반면, I권은 Λ권 1-5장과 함께 제일 원리가 운동의 자족적인 원인이어야 함을 보인다. Λ권 6-10장은 그런 원인 또는 나중에 밝혀지듯이 그런 원인들의 본성에 대해 논증하고 설명한다. 그것들은 아리스토텔레스 자신의 제일 원리, 즉 부동의 원동자들이다. M권 1-3장은 기하학적 대상은 제일 원리가 될 수 없다는 것과 그것들이 존재하는 방식을 보인다. M권 4-5장은 플라톤의 형상이 제일 원리라는 것에 대해 반론을 펼치고, M권 10장은 이 형상들이 지각될 수 있는 것 안에 가능적으로 존재

---

3   역주: 보통 아리스토텔레스 연구자들이 "형이상학의 중심 권"(central books)이라고 부르는 것은 Z, H권인데, 저자는 더 넓게 E, Z, H, Θ권을 말한다.

하는 보편자라는 것들을 보인다. M권 6–9장은 형상 수 — 아카데미아와 어쩌면 플라톤 자신에 의해 제안된 플라톤의 형상에 대한 설명 중 하나 — 가 제일 원리라는 주장에 대해 반론을 펼친다. N권은 일자와 무규정적 이자 — 역시 아카데미아에 의해 제안된 원리인데 — 가 수를 비롯한 다른 모든 것이 그것들로부터 파생되는 원리라는 주장을 반박하고, 어떻게 수가 지각될 수 있는 것들 안에 존재하는지를 보인다.

우리는 아리스토텔레스의 제일 원리들이 그로부터 지각될 수 있는 실체들이 생산되거나 파생되는 원인일 거라고 기대할 수 있다. 이것이 사실이라면 지각될 수 있는 실체의 본성을 그 원인의 본성으로부터 도출하는 것이 가능할 것이다. 그런데 아리스토텔레스는 그런 도출이 가능하다고 생각하지 않는다. 대신에 그의 부동의 원동자들은 영속적으로 반복되는 운동의 원인이다. 그들은 천구가 그 궤도에서 — 아리스토텔레스 생각에는 영원토록 — 움직이도록 천구를 움직인다. 이 구체들이 계절과 동식물 성장의 꾸준한 반복을 일으키는 것이다. 부동의 원동자들은 목적인이다. 그들은 천구가 운동을 통해 부단히 흉내 내려고 노력하는 지향점이다. 항상 원운동을 함으로써 천구는 어떤 면에서 항상 동일하므로 전혀 운동하지 않는 존재를 흉내 내고, 지구 상에 있는 동식물의 삶의 순환 또한 바로 천구들을 흉내 내는 것이다. 하지만 우리는 어떤 지각될 수 있는 존재의 본성도 제일 원인으로부터 확정할 수 없다. 이 원리의 본성과 이 원리가 지배하는 그것의 본성 사이에는 넘을 수 없는 간격이 있다. 이 원리는 사물들이 왜 계속해서 자신을 유지하려고 하는지를 설명해 주지만 왜 특정한 본성을 가지는지는 설명해 주지 않는다.

따라서 이 세상에는 아리스토텔레스의 생각에 통합될 수 없는 근본적인 다양성이 있다. 결과적으로 만물의 원리에 대한 형이상학적 지식은 개별 학문에 중요한 원리들에 대한 지식이 아니다. 이 사실은 특수 학문으로부터 독립적이면서, 개별 학문에 직접적으로 공헌하지 않는 형이상학의 역할이 있다는 것을 의미한다.

세 개의 중심 주장

형이상학의 세 가지 과업은 각각의 과업에 하나씩 세 개의 중심 주장에 의해 완수된다. 이 절에서는 그 주장들을 대략적으로 나타내고 어떻게 그 주장들이 주어진 과업을 완수하는 데에 공헌하는지를 언급하겠다.

첫 번째 주장은 존재는 *pros hen*이라는 생각이다. 때로 "초점 의미"라고 불리기도 하는 이 주장은 어떤 특수한 유형의 대상과 그와 관련 있는 모든 것이 일종의 집합을 형성해서 결과적으로 같은 이름으로 불린다는 것이다. 이를 설명하기 위해 아리스토텔레스가 드는 예는 "건강"이다. "건강"은 다양한 것이 다양한 방식으로 그것과 관련되어 있는 하나의 핵심이다. 식이요법이 건강에 도움이 될 수도 있고 피부색이 건강의 표징이 되기도 하며 육체는 건강을 소유한다. 이 건강과 관련된 다양한 관계 사이에는 건강과 관련 있다는 것 말고는 아무런 공통점도 없지만 이 모든 것은 어떻게든 건강을 통해서 이해된다. 건강과 관련한 것들의 집합은 "건강하다"라고 불린다. 다시 말하지만 이 집합은 동물류(類)의 각각의 예들이 동물의 본질적 본성을 가지고 있듯이 이 집합에 속하는 것 각각이 가지고 있는 하나의 특성을 통해서 이해될 수는 없다. 대신에 하나의 본성과 연관되어 있는 것으로서 이해된다.

이 이론의 의미는 *pros hen* 집합이 아리스토텔레스적 학문에 의해 취급될 수 있다는 것이다. 아리스토텔레스는 하나의 학문이 하나의 유를 다룬다고 반복적으로 주장하고 우리는 그 이유를 앞에서 보았다. 하지만 아리스토텔레스는 의학이 건강에만 국한되지는 않는다고 덧붙인다. 의학은 건강과 관련된 모든 것, 즉 건강한 것 모두를 다룬다. 그는 만약 이 *pros hen*이 학문의 주제가 될 수 있다면 어떤 *pros hen*도 학문의 주제가 될 수 있다고 추론한다. 엄밀한 의미에서 "유"는 동물과 같이 각각의 개별 동물이 하나의 본질적 본성을 나누어 갖는 집합이지만, 아리스토텔레스는 또한 이 단어를 *pros hen* 집합을 가리키는 넓은 의미로도 이해한다. "유"가 이제 엄밀한 의미와 넓은 의미 모두를 가지므로 이 단어를 확장된 의미로 사용함으로써 아리스토텔레스는 계속해서 하나의 학문이 하나의 유를 다룬다고 단언한다.

앞에서 밝혔듯이 모든 존재에 공통적인 본성이란 없다. 하지만 존재가 *pros hen*이라면 하나의 학문의 대상이 될 수 있다. 우리가 『형이상학』 A, α권에서 보듯이 형이상학이라는 학문이 존재하고 형이상학이 모든 존재의 최상위 원인을 알기 위해서는 모든 존재를 어떻게든 알아야 하므로 어떤 방식으로든 모든 존재를 아우르는 학문이 있어야 한다. 존재가 *pros hen*인 경우에만 모든 존재를 아우르는 학문이 있을 수 있어 보이니 존재는 *pros hen*이어야만 한다. 사실상 *pros hen* 이론은 형이상학이라는 학문이 존재하기 위해 필요한 넓은 주제 대상이 있을 수 있게끔 하는 것이다. 『형이상학』 Γ권에서의 아리스토텔레스의 요점은 각각의 존재가 가지는 결정된 본성이 없다 하더라도 모든 존재는 하나의 학문에 의해 다루어질 수 있을 만큼 충분히 통일된 집합을 이룬다는 것이다. 나중에 『형이상학』의 중심 권들인 E–Θ권에서 존재의 본성을 탐구할 때 아리스토텔레스는 모든 존재의 집합의 통일성에서 다른 존재들이 관련되어 있는 본성으로 관심을 바꾼다.

두 번째 핵심 주장은 형상은 현실태라는 주장이다. 하나의 사물을 그

것으로 만드는 것은 무엇인가? 그것에 대해 무슨 말을 하더라도, (개개의) 사물은 하나이다. 그 물질적 부분들은 하나의 존재자를 구성한다. 존재자를 하나로 만드는 이 원인은 무엇인가? 무엇이든 간에 다양한 부분을 하나로 만드는(통일하는) 무엇이다. 이 통일자는 또 다른 물질적 구성요소일 수는 없다. 왜냐하면 그 경우에는 **모든** 물질적 구성요소, 즉 이것 하나와 다른 모든 것을 통합해 주는 것이 무엇인가라는 똑같은 문제가 다시 발생할 것이기 때문이다. 무한퇴행을 피하기 위해서는 통일자가 형상처럼 물질적이지 않은 어떤 것이어야만 한다. 땅 위에 쌓아 놓은 집의 부분들과 제대로 지은 집은 재료의 면에서는 다르지 않다. 둘의 차이는 제대로 지은 집의 경우에는 재료가 체계적으로 짜맞추어져 있고 집으로써 기능할 수 있다는 것이다. 집의 형상은 질료(재료) 안에 있다. 물론 집의 부분들이 땅 위에 쌓여 있을 때도 그것들은 집의 형상은 아니지만 어떤 형상을 가지고 있다. 차이는 부분들이 체계적으로 짜맞추어져서 집이 될 때 그것들은 주거를 제공하는 집의 기능을 수행할 수 있다는 것이다. 이렇듯 어떤 것을 그것으로 만드는 것은 특유의 기능을 수행할 수 있는 능력이라는 것이 명백하다. 집은 인공물이고 실체는 아니다. 그것의 기능은 사용자를 위한 것이다. 실체의 경우에는 기능이 곧 그 자신의 목적**이다**. 그래서 식물의 부분은 함께 작동하는 한 통일되어 있고, 함께 작동하는 것이 바로 그 식물의 목적이다. 이러한 유형의 기능을 아리스토텔레스는 "현실태"라고 부른다.

세 번째 핵심 주장은 현실태의 본성이다. 기능이 현실태이므로 현대의 독자는 현실태를 일종의 운동으로 생각하기 쉽다. 하지만 아리스토텔레스는 이 둘을 극명하게 구별한다. 운동은 자신이 아닌 다른 어떤 것에 목적을 가진다. 이 목적에 도달했을 때 운동은 멈춘다. 그래서 집 짓는 운동의 목적은 지어진 집에 있고 집이 완성될 때 이 운동은 멈춘다. 하늘의 영원한 원운동의 경우처럼 다른 어떤 것에 의해 유지되지 않는 한 모든 운동은 끝난다. 반면에 현실태는 자기 자신의 목적이다. 그래서 질료 안에 더 이상 있지 않더라도 결코 약해지거나 멈추는 일이 없다. 어떤 시점에는 현실태는 질료 안에 있게 되고 거기서 멈추어야 하지만, 그렇게 하면서 스스로 변하지는 않는다. 질료와 함께 존재하게 되는 현실태는 원인을 필요로 한다. 그래서 그것은 제일 원인일 수는 없다.

질료 없이 존재하는 현실태는 다른 원인을 필요로 하지 않는다. 그래서 그것보다 더 앞선 원인이 있을 필요가 없다. 더욱이 그러한 순수한 현실태는 목적이고, 사물은 그것을 흉내 내는 불변성을 성취하기 위해 움직인다. 그래서 질료 안에 존재하지 않는 현실태는 제일 원인일 수 있다. 이제 그런 현실태가 제일 원인의 다른 후보들도 설명할 수 있음을 보여 주는 일이 남았다. 아리스토텔레스는 순수한 현실태가 존재한다는 것을 증명해야만 한다. 다루어야 할 여러 문제가 있다는 것은 명백하지만 최소한 제일 원인을 생각해 보는 것은 가능하다.

제일 원인은 지각될 수 있는 본성들의 운동을 설명하지만 그 본성들이 가지는 특성을 설명하지는 않는다. 사물의 본성은 그 사물에 속하고 그것의 부분들이 하나가 되도록(통합되도록) 만든다. 하나의 본성이 그 질료 안에 있기 위해서 일어나야 하는 운동은 궁극적으로 제일 원인에 의존하지만 그 본성이 무엇인지는 제일 원인에 의존하지 않는다. 따라서 제일 원인에 대한 설명은 더 하위의 원인에 대한 설명을 불필요하게 만들지 않는다. 그렇더라도 이 하위의 원인에 대해서는 서로 다른 두 설명이 있다. 하위 원인에 대한 형이상학적 설명은 형상과 질료의 통합에 초점을 맞추는데, 이것은 형상과 질료의 통합이 복합체를 존재하게 해 주는 것이기 때문이다. 하지만 형상과 질료는 단지 "어떤 면에서"만 하나이다. 다른 면에서는 형상과 질료는 별개이다. 운동을 설명하기 위해 아리스토텔레스에게는 이 차이가 필요한데, 그 이유는 형상이 그것과는 별개인 질료 안에 있게 될 때 운동이 일어나기 때문이다. 그래서 하위의 원인에 대한 형이상학적 설명은 형상과 질료가 하나라는 데에 의존하는 반면, 자연학적 설명은 그들이 하나가 아니기 때문에 가능하다. 결국 형이상학은 앎의 한 분야로서 담당할 역할이 있지만 다른 학문의 토대를 침식하지 않는다. 형이상학은 자신의 존재를 정당화하는 것에 덧붙여 다른 학문이 가능하다는 것도 보여야만 한다. 형이상학은 다른 학문들이 구별된 학문으로서 가지는 본래의 모습을 무너뜨리지 않고서 이 학문들에 공헌한다.

A권 1장

『형이상학』의 첫 문장은 "모든 사람은 본성적으로 알고 싶어 한다"이다. 이 작품의 많은 다른 장의 첫 문장과 마찬가지로 이 문장도 결론이다. A권 1장의 나머지 부분에서 아리스토텔레스는 이 결론을 위한 세 개의 논증을 제시한다. (1) 우리는 감각을, 그중에서도 시각을 중요시한다. 감각은 본성상 우리에게 속하는 것으로 앎의 근원이다. 따라서 우리는 본성상 앎을 중요시한다. (2) 경험을 통해 어떤 것을 할 줄 알게 된 사람이 이론을 통달함을 통해 배운 사람보다 더 잘 하는 경우도 종종 있다. 하지만 우리는 그런 경우에도 후자를 전자보다 더 존경하는데, 그것은 그의 지식 때문이다. (아리스토텔레스는 병을 치료하는 경험을 가지고는 있지만 병의 원인을 알고 있지는 못한 사람과 대비해서 의사를 예로 든다.) 따라서 우리는 지식/앎을 중요시한다. (3) 이집트의 사제들은 꼭 필요한 것들과 즐거움을 제공하는 기술들을 발전시킨 후에 수학을 발전시켰다. 그들의 육체적인 필요가 충족되었으니 그들은 앎을 자유롭게 추구할 수 있었다. 자신의 시간을 마음대로 사용할 수 있는 사람들은 이집트의 사제들처럼 앎을 추구한다. 따라서 사람은 본성상 알기를 원한다.

첫 번째 논증은 가장 하위의 앎, 즉 감각으로부터의 앎에 대한 것이다. 이 논증에 따르면 축구 경기를 보거나 소방차를 따라다니는 것도 알고자 하는 욕망이 발현된 것이다. 두 번째 논증은 하위의 앎, 즉 감각과 경험으로부터의 앎을 상위의 앎, 즉 기술·학문과 대비시킨다. 흥미롭게도 우리가 앎 그 자체에 관심이 있다는 것을 보여 주는 것으로 아리스토텔레스가 간주하는 것은 상위의 앎에 실용적인 이익이 **없다**는 사실이다. 세 번째 논증도 아리스토텔레스가 실용적인 가치가 없다고 생각하는 이론적 앎/지식을 강조한다.

대부분의 독자는 앎에 대한 우리의 관심이 실용적인 관심이 아니라는 아리스토텔레스의 생각을 거부할 것이다. 과학과 수학은 인간의 삶을 엄청나게 향상시켰다. 사실 다른 설명에 의하면 고대 이집트인은 매년 반복되는 나일강의 범람 후에 생기는 토지 분쟁을 해결하기 위해 기하학을 발전시켰다. 하지만 아리스토텔레스가 지식이 유용**할 수 있다**는 것을 부정하는 것은 아니다. 그가 말하는 바는, 별 쓸모가 없지만 그럼에도 높이 평가되는 그런 지식이 있다는 것이다. 중국 고대사, 문학 이론, 천체 이론, 물리학 등의 난해한 분야를 통달한 사람에게 주어지는 존경이 적절한 예가 될 것이다. 우리가 유용한 지식을 가치 있게 여긴다는 것은 쉽게 이해되지만, 도대체 왜 우리는 별 유용성이 없는 지식도 높이 평가하는 것일까? 우리가 앎을 그 자체로 중요시한다는 것 외에는 별다른 설명이 있을 법하지 않다. 앎에 대한 우리의 존경에 다른 어떤 이유가 없으니 아리스토텔레스는 그것이 인간의 본성에 의한 것이라고 보는 것이다.

우리가 어떤 다른 목적을 위해 알기를 원한다면 일단 그 목적을 달성한 후에는 더 이상 앎을 추구할 이유가 없다. 반면에 우리의 알고자 하는 욕망이 인간 본성에서 나오는 것이라면 우리의 앎의 추구에는 아무런 한계도 없을 것이다. 우리가 어떤 이유를 발견한다면 우리는 그 이

유에 대한 또 다른 이유를 계속해서 물을 수 있다. 그래서 우리의 앎에의 욕망이 본성에 의한 것이라면 우리는 최상위의 지식, 제일 원인에 대한 지식을 추구하게 된다. 이것이 형이상학이다.

모든 사람이 능동적으로 형이상학의 앎을 추구하지는 않는다는 것은 우리와 마찬가지로 아리스토텔레스에게도 명백한 일이다. 독자는 아무런 지식에도 관심이 없어 보이는 친구를 쉽게 떠올릴 수 있을 것이고, 그렇다면 아리스토텔레스의 논증에서 "우리"는 누구를 가리키는 것인지 물을 수 있을 것이다. 아리스토텔레스는 뻔히 보이는 반례들에 별 신경을 쓰지 않을 것이다. 우선 앎을 추구할 시간적 여유와 제일 원인을 발견할 능력을 가지고 있는 사람은 그렇게 많지 않다. 게다가 아리스토텔레스는 모든 사람이 알기를 원한다고 말했지 배우기를 원한다고 말하지는 않았다. 배움이란 종종 힘든 일이다. 대부분의 사람은 원인을 찾는 작업에 쉽게 지쳐서 상대적으로 쉽게 얻을 수 있는 감각으로부터의 앎에 만족한다. 다시 말하지만 아리스토텔레스는 어느 축구팀이 이겼는지 묻는 모든 사람의 경우가 자신의 주장을 뒷받침한다고 여길 것이다. 물론 묻는 사람이 그 경기에 돈을 걸지 않았다고 가정하고서 말이다. 종종 학생들은 실용적인 이익 때문에 대학에 왔다고 말하지만, 많은 학생이 철학을 공부하고 또 전혀 실용적이지 않은 지식을 가진 저명한 학자가 엄청난 존경을 받는다. 만약 아리스토텔레스의 논증이 올바르다면 우리의 본성은 현실적인 이익 때문에 앎을 원하는 것이 아니라 앎을 추구할 여유를 가지기 위해 현실적인 이익을 원하는 것이다. 이집트의 사제들처럼 말이다. 아리스토텔레스는 대부분의 사람에게 인간의 삶에 대한 심오한 재평가를 제안하고 있는 것이다.

연구를 위한 물음들

1. 지식은 그 자체로 가치 있는가? 지식이 항상 다른 어떤 것을 위해 가치 있는 것이라면 그 어떤 것은 또 무엇을 위해 가치 있을까? 그건 다시금 또 무엇을 위해 가치 있을까? 우리는 다른 어떤 것을 위해서가 아니라 그 자체로 가치 있는 어떤 것에 도대체 도달할 수 있을까?

2. 아리스토텔레스는 앎에 대한 우리의 본성적 욕망은 오직 궁극의 지식, 최초의 원인에 대한 지식에 의해서만 충족될 수 있다고 암시하고 있다. 그런데 아리스토텔레스는 그런 원인이 있다는 것을 보였나?

A권 2장

아리스토텔레스는 "공통 의견"(endoxa), 즉 널리 받아들여지는 의견과 그중에서도 특별히 지혜롭다고 여겨지는 사람들의 의견은 일반적으로 옳다고 생각한다. 종종 그 의견들이 다듬어질 필요는 있더라도 말이다. 형이상학 — 여기서는 "지혜"라고 부르고 있는데 — 의 본성을 이해하기 위한 한 방법으로 아리스토텔레스는 이 인식을 가지고 있는 사람에 대한 공통 의견을 열거한다. 특히 이 장은 지혜로운 사람과 지혜에 속하는 것으로 이야기되는 특징 여섯 가지를 논한다: (1) 현자(賢者, 지혜로운 자)는 가능한 한 모든 것을 안다; (2) 그의 지식은 얻기 어렵다; (3) 그의 지식은 더 정확하다; (4) 그는 원인을 가르치는 능력이 더 뛰어나다; (5) 그의 지식은 그것에서 나온 결과 때문이라기보다 그 자체로 원할 만한 것이다; (6) 그의 지식은 다른 종류의 지식보다 우월하고 다른 지식에 대해 지시를 내린다.

기준 (1)은 지식의 대상이 가장 보편적인 경우, 즉 존재처럼 다른 모든 것을 포함하는 상위 분류일 때 충족된다. 대상이 더 많은 것을 포함할수록 그래서 더 보편적일수록 감각으로부터는 더 멀어지고 이해하기 더 어려워지는데, 이것이 기준 (2)이다. 반면에 (3) 가장 정확하고 (4) 가르칠 수 있는 지식은 가장 단순한 원인들에 대한 지식이다. 이 기준은 개별자나 가장 덜 포괄적인 "인간"과 같은 종— 더 포괄적인 종인 동물과 대비해서— 을 앎으로써 충족되는 것으로 생각할 수도 있다. 예를 들어 산수는 기하학보다 단순하고 그래서 더 선차적이다. 하지만 모든 것을 포괄하는 보편자인 "존재"와 같은 보편자는 다른 보편자들로 이루어지지 않았다는 면에서 단순하다. 존재를 구성할 수 있는 더 보편적인 것은 없다. 반면에 "인간"과 같은 하위의 보편자는 단순하지 **않은데**, 그 이유는 인간이 다른 두 보편자, 즉 동물과 이성적임으로 이루어져 있기 때문이다. 그 지식을 가지게 되면 다른 학문을 다스리게 되는 그런 학문은 유용할 것인 반면, 그 자체로 가치 있는 앎은 실용적이지 않기 때문에 기준 (5)와 (6)은 서로 잘 안 맞는 것처럼 보인다. 하지만 아리스토텔레스는 제일 원리/원인들에 대한 앎은 그것들이 그 자체로 가장 잘 알 수 있는 것이기 때문에 그 자체로 가치 있고, 반면에 다른 원리들에 대한 앎은 더 작은 원리들을 앎으로써 우리가 이 원리들에 기반을 제공하는 제일 원리들을 알게 되므로 (오직) 그 자체로만 가치 있는 것은 **아니라고** 주장한다. 더욱이 제일 원리/원인들이 만물의 목적인 한 그것들을 아는 사람은 다른 종류의 지식이 가지는 종속적인 가치를 제대로 이해할 수 있다. 그래서 아리스토텔레스는 하나의 학문, 즉 제일 원리/원인에 대한 앎을 가지는 학문이 지혜의 모든 기준을 만족시킬 수 있다고 결론 내린다. 그는 이 후자가 가장 높은 정도로 보편적인 것이라는 것을 당연시한다.

아리스토텔레스가 철학은 놀라움으로부터 시작한다는 유명한 말을
한 것은 바로 이 지점이다. 우리는 하나의 선분이 다른 선분(즉 등변
직삼각형의 빗변과 다른 변)과 숫자의 비율로 표현될 수 없을 때, 혹은
인형이 스스로 움직이는 것처럼 보일 때 놀라게 된다. 하지만 우리가
그 원인, 즉 빗변이 불가 공약적인 이유와 실이 인형을 움직이고 있음
을 이해하게 되면 우리의 놀라움은 사라진다. 여기서 암시되는 바는 형
이상학을 생기게 하는 놀라움도 최상위 원인들이 발견되면 없어져 버
릴 것이라는 것이다. 하지만 나중에 아리스토텔레스는 존재의 문제는
항상 당혹스럽다고 한다(Z권 1장 1028b2-4). 궁극적으로 그는 우리가
그것을 이해한 다음에도 놀라운 것으로 남는 제일 원인에 도달하게 되
는데, 그 이유는 이 제일 원인의 영원성이 우리가 경험하는 어떤 것과
도 비슷하지 않기 때문이다(Λ권 7장 1072b24-26).

만물의 최상위 원인을 알기 때문에 다른 학문을 지배한다는 아리스
토텔레스의 학문을 "지배적인 앎"이라고 부를 만한 다른 견해와 비교
해 보는 것이 도움이 될 것이다. 많은 사람은 인간의 경험이 지식의 궁
극적인 기준이라고 생각하는데, 그 말은 지식은 유용한 한에서 가치 있
다는 것이다. 하지만 어떤 것은 다른 목적에 봉사하는 한에서만 가치
있고 그 목적은 다시금 다른 목적에 봉사하는 한에서만 가치 있다면 우
리는 무한 소급에 빠지고 만다. 그렇기에 한 학문은 그것이 일종의 자
체로서의 목적이 아니라면 "지배하는" 지식이 될 수 없다. 19세기에 많
은 철학자는 다른 모든 지식에 선행하는 지식이 인간에 대한 지식, 즉
인간 본성에 대한 지식이라고 생각했다. 다른 철학자들은, 특별히 중세
에는, 계시된 신학이 다른 모든 종류의 지식에 선행한다고 주장했다.

연구를 위한 물음들

1. 아리스토텔레스가 하나의 학문이 다른 학문들을 지배하고 명령을 내린다고 말할 때 그 말은 무슨 뜻일까? 여기서 아리스토텔레스가 말하는 것을 『니코마코스 윤리학』 1권 1-2장, 플라톤의 『국가』 428b-d, 442c, 540a-b, 『에우튀데모스』 291c-292e에 등장하는 지배적인 지식과 비교해 보라. 『니코마코스 윤리학』에서의 지배적인 지식이 형이상학인가?

2. 지혜로운 사람들에 대한 공통 의견이 다른 철학자들에 의해 제안된 "지배적인" 지식의 유형과 양립 가능한가?

원인들

A권 3-7장

형이상학이 제일 원인을 추구한다는 것을 알고 나서 당연히 묻게 되는 질문은 "원인이란 무엇인가?"이다. 아리스토텔레스는 이 질문에 대답하는 데에 A권의 나머지 대부분을 할애한다. 그는 예를 들어 설명한다. 현대 철학에서 "원인"이란 말은 보통 운동의 원천을 지칭하는데, 당구공을 움직이게 한 또 하나의 당구공, 그 공을 움직이게 한 사람 또는 그 공을 만든 사람이 그러한 원인이다. 이러한 원인은 아리스토텔레스가 말하는 원인들 중 하나로 "움직이게 하는 원인"이라는 의미에서 "운동인"(efficient cause)이다. 아리스토텔레스에게는 또 다른 원인의 종류 세 가지가 있다. 사물의 재료, 사물의 형상 혹은 본질, 그리고 목적이 그것이다.

우리가 운동인 말고 다른 원인을 이해하는 제일 좋은 방식은 설명되어야 할 것들의 종류를 생각해 보는 것이다. 만약 누군가가 "동상이 왜 무겁지?"라고 묻는다면 우리는 그것의 재료를 통해 대답할 수 있을 것이다: "왜냐하면 청동으로 만들어졌거든." 여기에는 암묵적인 추론이 존재한다. 재료인 청동은 매개념으로 기능하고 소개념과 대개념은 동상과 무거움이다. 이것은 1장 25쪽에서 우리가 논의한 Barbara 논증의 한 예이다: 동상은 청동으로 만들어졌다; 청동은 무겁다; 따라서 동상은 무겁다. (추론은 집합의 관계를 표현하므로 여기서 "그 동상"은 구성원이 하나인 집합을 뜻하는 것으로 이해해야 한다.) 반면에 만약 누군가가 "왜 저 동상은 키 크고 말랐지?"라고 묻는다면, 대답은 예를 들어 "저 동상은 에이브러햄 링컨을 모사한 거거든"일 것이다. 이 대답은 그 동상의 형상을 지시하는 것이고 여기서 형상이 암묵적인 추론의 매개념 역할을 한다. 만약 질문이 "왜 저 동상이 존재하게 되었지?"라면, "지나가는 사람들에게 숭고한 행위를 일깨우기 위해"라고 대답할 수 있을 텐데, 이것은 목적, 즉 목적인이다.

데카르트나 스피노자와 같은 근대 철학자들은 목적은 사건이 일어난 후에만 존재하기 때문에 그 사건을 불러일으키는 데에 아무런 역할도 하지 못한다는 점을 들어 목적인에 반대했다. 하지만 아리스토텔레스의 학문에서는 목적인은 종종 가장 중요한 원인인데, 그 이유는 목적인이 예를 들어 동물이 왜 각각의 기관을 가지고 있는지를 설명해 주기 때문이다. 만약 예를 들어 어떤 동물의 본질이 비행이거나 비행을 포함한다면 그 동물은 날개나 혹은 그러한 다른 기관을 가지고 있어야만 하고 쉬는 동안에 날개를 지탱할 수 있는 기관과 이러한 기관들에 양분을 공급할 수 있는 기관도 가지고 있어야만 한다. 일반적으로 동물의 기관들은 그 본질적인 본성을 위해 존재한다. 본성은 단지 그 동물의 목적인일 뿐 아니라 형상인이자 그 운동인이기도 한데, 그 이유는 동물이 자신의 형상을 부모로부터 물려받았기 때문이다(『자연학』(*Physics*) 2권 7장을 보라).

아리스토텔레스의 질료(재료)의 개념은 현대의 개념과는 다르다. 그는 동물의 기관을 그 동물의 질료로 간주하는데, 이 용어는 무언가를 구성하는 부분에는 어떤 경우에나 다 적용된다. 대리석은 조각될 수 있는 잠재력이 있으므로 질료인데, 그것은 이 잠재력이 현실화되지 않더라도 마찬가지이다. 추론의 전제는 결론을 위한 질료이다. 근대 (17세기) 철학에서 "질료"란 말은 특정한 종류의 사물, 즉 공간적인 크기를 가진 것이나 성질이 내속하는 물질을 가리켰다. 하지만 아리스토텔레스는 특정한 물질을 가리키기 위해 "질료"라는 말을 사용하지 않는다. 그는 이 용어를 관계적으로 사용한다. 어떤 것은 그것이 입는 형상과의 관계에서거나 어떤 전체의 부분으로서 질료이다. 그렇기에 심지어 유(類)나 선분 같은 비물질적 존재자도 질료인이 될 수 있다. 반면에 형상은 질료 안에 존재한다 하더라도 비물질적인 것으로 아리스토텔레스는 간주한다.

아리스토텔레스는 다른 철학자들이 제안한 모든 원인이 위 네 가지 중 하나로 포섭된다는 것을 근거로 원인에는 오직 네 가지 종류밖에 없다고 논증한다. 헤라클레이토스의 불이나 파르메니데스의 일자(一者)처럼 어떤 원인은 깔끔하게 한 종류의 원인으로 분류되지 않는다. 하지만 아리스토텔레스는 그 이유를 단지 이 철학자들이 명확하게 사고하지 않았기 때문이라고 생각했다. 아리스토텔레스가 논의하는 다른 철학자들의 작품들은 우리에게 전해지지 않는다. 사실 선대 철학자들에 대해 논의하는 아리스토텔레스의 『형이상학』 A권과 이 문제에 대한 고대의 주석서는 우리에게 소위 "소크라테스 이전 철학자"들에 대해 알려 주는 중요한 원천 자료이다. 학자들은 소크라테스 이전 철학자들이 심오한 사상가였고, 아리스토텔레스의 언급은 그들의 사상을 충분히 정확하게 전달하지 못한다는 데에 동의한다. 하지만 아리스토텔레스는 여기서 단지 그의 네 가지 원인과는 다른 종류의 원인을 제안하는 사람이 있는지에만 집중하고 있을 뿐이다.

한 종류의 원인이 그 종류에 속하는 특정한 원인과 동일한 것이 아니라는 것을 이해하는 것은 중요하다. 물과 공기는 서로 다른 특정한 원인이지만 둘 다 한 종류, 즉 질료적 원인에 속한다. "원인이 하나인가 다수인가?"라는 질문은 두 가지로 이해할 수 있다. "원인이 한 **종류**인가 아니면 여러 **종류**인가?" 또는 "하나의 **특정한** 원인이 있는가 아니면 다수의 특정한 원인이 있는가?" 아리스토텔레스의 관심은 양쪽 모두이다. 아리스토텔레스는 탈레스처럼 하나의 질료인을 제시하는 철학자와 다수의 질료인을 제시하는 철학자 — 엠페도클레스는 4개를 제시한다 — 를 구분한다. 어떤 철학자는 한 쌍의 운동인을 제시하고 다른 철학자는 다수의 쌍을 제시한다. 그리고 하나의 형상인이 있다고 하는 철학자가 있는 반면에 다수의 형상인이 있다고 하는 사람도 있다.

아리스토텔레스는 또한 원인의 **종류**의 개수를 결정하고자 한다. 아리스토텔레스는 여러 사상가가 서로 다른 종류의 원인을 인정했을 뿐 아니라 이 종류들에 대해 역사적인 순서가 있다고 생각했다. 제일 초기의 사상가들은 사물을 물질적 구성요소로 잘라 내어 이것이 원인이라고 생각했다. 궁극적으로는 다른 사상가들은 이 구성요소들을 합치고 나누는 운동인이 있어야만 한다는 것을 깨달았다. 그래서 그들은 운동인을 쌍으로 도입했는데, 하나는 통합하거나 같은 방향으로 움직이는 힘이고, 다른 하나는 분리하거나 반대 방향으로 움직이는 힘이다. 구성요소가 하나로 통합될 때 그것은 어떤 형태나 구조를 얻게 되는데, 이것이 형상 혹은 형상인이다. 통합될 때 그들이 가지는 목적이 목적인이다. 이미 지적했듯이 이 목적은 종종 형상인과 일치한다.

　이 마지막 논점은 원인에 대한 아리스토텔레스의 생각과 현대의 관점 사이의 차이점을 이해하는 데에 매우 중요하다. 원인에 대해서 말할 때 현대인은 결과를 가져오는 데에 책임이 있는 어떤 **구별**된 사물을 염두에 둔다. 다시 말하자면 X의 원인은 항상 시간적으로 선행하는 다른 어떤 Y이다. 반면에 아리스토텔레스는 원인을 어떤 것 **안에서** 그것을 그것으로 지탱해 주는 것으로 이해한다. 그래서 사물의 형상인과 질료인은 그 사물 안에 있고 목적인도 그것이 본성이라면 마찬가지인데, 그들 모두는 그 사물과 동시적으로 존재한다. 사물의 운동인은 그 사물 밖에 존재하지만, 아리스토텔레스는 이 원인이 그 사물의 형상인으로서 사물 안에 존재하는 것과 동일한 형상이라고 단언한다. 아버지는 자식과 같은 형상을 가지고 있고, 장인은 결국에 공예품에 존재하게 되는 형상을 마음에 가지고 있다. 이런 식으로 아리스토텔레스는 운동인의 외부성을 최소화한다. 물론 내부적인 원인이 사물의 모든 부분을 설명해 주지는 못한다. 궁극적으로 아리스토텔레스는 가장 선차적인 원인인 외부적인 원인이 존재함을 논증하지만 그러한 원인이 있어야 할 필요성은 자명하지 않은데, 왜냐하면 아리스토텔레스는 각각의 실체는 어떤 식으로든 자기 자신을 설명할 수 있다고 생각하기 때문이다.

　형이상학이 최상위 원인에 대한 학문이기에 이제 당연히 물어야 할 질문은 "제일 원인은 어떤 종류의 원인인가?"이다. 이 질문은 A권에서는 제기되지 않고 대신 아리스토텔레스는 얼마나 많은 종류의 원인이 있는지를 확정하는 데에 초점을 맞춘다. 원인의 종류의 개수가 명확해짐에 따라 각각의 종류의 본성도 명확해진다. 그들의 역사적인 발전에 대한 설명은 왜 네 가지 종류로 충분한지 설명하는 데에 도움이 된다.

연구를 위한 물음들

1. 원인에 대한 아리스토텔레스의 설명이 왜 어떤 것들은 자족적인지
   를 어떻게 설명해 주는가?
2. 목적인은 정당한 의미에서 원인이라고 할 수 있을까?

A권 8-10장

A권의 마지막 몇 장은 다른 철학자들이 제시한 원인들에 대해 반론을
제기한다. A권 8장에서 아리스토텔레스는 질료적 원인을 제시한 사람
들은 물체의 구성요소만을 다루지 비물질적인 존재자의 구성요소는 다
루지 않는다고 지적한다. 더욱이 그들은 생성과 소멸의 원인을 찾으려
고 하면서 운동의 원천과 그 운동으로부터 산출되는 실체들은 도외시
한다. 운동의 원인과 요소들의 결합에 대해 논의하는 철학자들도 논의
의 범위를 지각될 수 있는 실체들의 생성과 소멸의 원인으로만 한정하
고 감각될 수 없는 비물질적인 실체에 대해서는 외면한다(989b21-
27). 피타고라스주의자들은 수(數)가 원인이라고 제시하므로 그들은
비물질적인 실체를 다룰 거라고 기대할 수도 있을 것이다. 하지만 대신
에 그들은 숫자를 마치 지각될 수 있는 존재자인 것처럼 취급한다. 더
욱이 그들은 세상을 만들고 운동을 일으키는 데에 숫자를 사용한다. 어
떤 종류의 수이든 어떻게 수가 운동을 일으킨단 말인가? (만약 피타고
라스주의자들이 숫자를 비물질적인 것으로 이해했다 하더라도 그들은
운동을 설명할 수는 없다.) 어쨌든 피타고라스주의자들은 지각될 수
있는 실체를 설명하기 위해 물질적 원인을 제시하는 한 자연철학자들
과 다르지 않다. 양쪽 모두 존재하는 것은 다 지각될 수 있는 것이고
"하늘이라 불리는 것에 담겨 있다"고 생각한다.

반면에 플라톤의 형상은 진실로 비물질적인 원인이다. 플라톤은 형

상이 모든 지각될 수 있는 존재들로부터 분리되어 존재한다고 주장한다. A권 9장은 플라톤과 플라톤 학파인 아카데미아 안의 다른 사람들의 형상 이론에 대한 긴 비판으로 이루어져 있다. 유명한 논증들 중 하나는 형상이 있다고 주장하는 것은 마치 사물을 세려고 할 때 사물을 두 배로 하면 세기가 더 쉬워질 거라고 생각하는 사람과 같다는 아리스토텔레스의 지적이다. 아리스토텔레스는 플라톤적 형상이 영원하고 지각될 수 없다는 점만 빼고는 지각될 수 있는 사물과 완전히 똑같다고 생각한다. 플라톤은 어떤 특정한 사람이 아니라 사람의 형상을 지칭한다는 것을 나타내기 위해 사람에 "그 자신"이라는 말만 덧붙인다. 이렇게 플라톤은 형상을 특정한 사람과는 구별된 어떤 것으로 만들지만, 이것이 사람에 대해 우리가 알고 있는 바에 더하는 것은 아무것도 없다. 이것은 사람을 설명한답시고 사람을 그저 두 배로 불리는 것이라는 것이 아리스토텔레스의 지적이다. 또 하나의 유명한 논증은 지각될 수 있는 것들의 형상이 있다고 생각한다면 같은 이유로 인공물이나 부정(否定)의 형상도 있다고 결론 내려야 할 텐데, 플라톤주의자들은 이것들을 받아들이지 않는다는 것이다. 더 유명한 논증은 아리스토텔레스가 간단히 "제삼 인간"이라고 부르는 논변이다. 보통 이것은 플라톤이 자신의 『파르메니데스』(132a-b)에서 논의한 논변이라고 보통 생각된다. 그렇다면 이 논변은 우리가 다수의 사람을 인지할 수 있다는 사실에서 출발한다. 여러 사람이 있다면 우리가 각각의 사람이 사람이라고 판단할 만한 하나의 본성이 있을 수밖에 없다. 이 본성이 이러한 판단의 기준이 된다. 이것은 모든 인간에게 공통적인 것으로 "여럿 위에 있는 하나", 즉 형상이다. 사람의 형상은 다수의 사람이 그 형상을 통해 알려지는 것으로서 다수의 사람과는 구별된다. 하지만 인간의 형상과 여러 보통의 인간들은 또 한 번 다수의 사람이다. 그들을 그들로서 인지하려면 그들 각각이 그 면에서 인간이 되는 또 하나의 형상, 제삼의 인간이 있어야만 할 것이다. 간략하게 말하자면 인간의 형상이 존재한다는 논변을 계속 반복하면 무한한 개수의 형상이 존재하게 된다. 이것이 아마도 아리스토텔레스가 염두에 둔 형상에 대한 반대 논증일 것이다.

더욱 날카롭고 쉽게 대답할 수 없는 또 하나의 논증이 있다. 플라톤의 독립된 형상은 비물질적이고 불변하다. 그런 한에서 그들은 지각될 수 있는 것들 사이에서 운동을 일으킬 수 없다. 즉 플라톤이 형상에 부여하는 성질들은 결국 형상이 지각될 수 있는 것들을 설명할 수 없고, 결국 그것의 원인이 될 수 없게 만든다. 이 마지막 논변은 다른 이전 철학자들과 플라톤의 차이를 드러내 준다. 다른 철학자들은 지각될 수 있는 것들의 운동을 설명하는 데에 집중하느라 비물질적 존재자들을 도외시한 반면, 플라톤은 비물질적인 존재자들에 대한 설명을 제시하지만 이 설명은 지각될 수 있는 것들에 대해서는 설명하지 못한다.

형상에 반대하는 아리스토텔레스의 논변이 얼마나 효과적인지에 대해서는 학자들의 의견이 갈린다. 어떤 학자는 아리스토텔레스가 플라톤을 너무 하찮게 만들고 오해하고 있다고 주장한다. 다른 학자는 이 논증들이 통렬한 논증들이라고 확신한다. 이 논증들이 얼마나 효과적이든 간에 플라톤의 형상에 대한 아리스토텔레스의 논증은 플라톤의 형상과 아리스토텔레스 자신의 형상 사이에 어떤 차이가 있는지를 드러내 주는 데에 일조한다. 두 종류의 형상은 사실 아주 가깝다. 플라톤에게는 사람과 같은 지각될 수 있는 존재의 본질적 속성은 사람과는 분리되어 존재하는 형상에 있다. 당신의 본성은 당신 혹은 당신에게 속한 어떤 것도 아니고 독립해서 존재하는 불변의 어떤 것이다. 성장과 변화가 인간 삶에서 가장 특징적인 것이라고 하더라도 말이다. 앞으로 보듯이 아리스토텔레스의 형상은 사물 안에 있고 사물의 운동의 원인이다.

플라톤과 아카데미아의 원인 이론의 문제는 그 원인들이 부적절하고 불완전하다는 것이다. 앞 문단에서 이미 지적했듯이 다른 철학자들의 원인은 비물질적인 것들을 설명할 수 없고 플라톤의 원인은 지각될 수 있는 것들을 설명할 수 없다. 양쪽 어느 쪽도 모든 존재를 다 설명할 수 없으므로 어느 쪽도 제일 원인이 될 수 없다. 반면에 어떤 것이 모든 것의 원인인지를 묻는 것과 그러한 원인을 찾는 것은 형이상학적인 연구를 수행하는 것이다. 이러한 학문이 존재한다고 생각할 이유가 있다.

α권: 무한개의 원인?

네 가지 종류 말고 원인의 유형이 더 있지는 않다. 하지만 얼마나 많은 개별 원인이 있을까? A는 B에 의해 생겼고, B는 C에 의해 생겼고, C는 D에 의해 생겼다고 생각해 보라. 이런 원인의 연속이 무한정 계속될까 아니면 항상 어떤 제일 원인에서 멈추어야만 할까? 만약 멈춤이 없다면 제일 원인은 없을 테니 이 질문은 중요하다. 형이상학이 제일 원인에 대한 학문이므로 만약 모든 인과의 계열에 멈춤이 없다면 형이상학은 있을 수 없을 것이다.

이 세상이 한정된 시간만큼 존재한다면 인과의 계열도 멈추어야만 한다. 세계의 시작점을 넘어갈 수는 없다. 아리스토텔레스는 (곧 보겠지만) 세상이 영원하다고 논증한다. 그로부터 인과의 계열에 끝이 있을 필요가 없다는 것이 따라 나온다. 더욱이 아리스토텔레스는 생물의 종이 영원하다고 생각하므로 어떤 인과의 사슬은 무한해야만 하는 것으로 보인다. 너의 부모가 너를 생기게 했고, 그들의 부모가 그들을 생기게 했으며 이렇게 무한히 진행된다.

하지만 아리스토텔레스는 어떤 인과의 계열도 무한하지 않다고 논증한다. 모든 계열에는 시작이 있다. 만약 각각의 종과 전체로서의 세상이 영원하다면 어떻게 인과의 계열에 시작점이 있을 수 있는지 그는 설명하지 않는다. 우리는 한 종의 개별 예가 이미 존재했던 형상이 이미 존재했던 질료에 깃들 때 생겨난다는 것을 보게 될 것이다(Z권 7장). 개별자의 조상들은 무한히 거슬러 올라갈 수 있다 하더라도 그것의 존재가 무한한 수의 사건에 의존하는 것은 아닌데, 그 이유는 그것의 생성에 작용하는 원인들, 즉 형상과 질료는 그것을 생성하면서 변하지 않기 때문이다. 마찬가지로 모든 계열에는 끝이 있지만 그것들이 동시에 멈추지는 않는다. 서로 다른 시점에 인과의 계열을 어떻든 일으키는 영원한 원인이 있다. 이 제일 원인의 특성이 α권에서는 배후에 남아 있다.

이 책에서 아리스토텔레스는 인과의 계열이 무한히 뻗어 가지는 않는다는 것을 보이는 데에 집중한다. 첫 번째 주목할 점은 원인의 네 가지 유형이 있기 때문에 인과의 계열에도 네 가지 유형이 있다는 것이다. 아리스토텔레스는 각각을 차례차례 다룬다. 원인의 무한한 계열에 대한 일반적인 반론(994a11-19)은 만약 제일 원인이 없다면 계열을 시작할 어떤 것도 있을 수 없다는 것이다. 이 문제는 운동인의 경우에 가장 적절하다. 첫 원인이 없다면 운동인의 계열은 있을 수 없다. 따라서 제일 운동인이 있어야만 한다.

질료인의 계열은 두 가지 방식으로 있을 수 있다. (a) 질료가 가능태적으로 그것이 되는 것일 수 있다. 소년이 성인 남성의 질료이듯 말이다. 또는 (b) 질료가 과정 중에 없어져 버릴 수도 있다. 물이 공기가 될 때 없어져 버리듯이 말이다. (a)유형의 계열에서 질료는 다양한 단계를 거치는데, 각각의 단계는 전 단계의 가능성을 실현시키고 각각의 전 단계는 다음 단계를 위한 구체적인 가능태이다. 그 과정 중에서 각각의 단계의 잠재된 가능성은 다음 단계로 나아갈 때 다 소진되고, 결국 궁극적으로 성인 남성이 됨으로써 자신의 본성을 완전히 실현한다. 이 과정의 각 단계에는 질료가 있지만 이 과정이 시작되는 첫 질료가 없다면 이러한 과정은 있을 수 없다. 따라서 이런 종류의 계열에는 첫 질료인이 있어야만 한다. (b)유형의 계열에서는 각각의 단계의 재료는 다음 단계로 넘어갈 때 없어진다. 이 과정이 어떻게든 역전될 수 있지 않다면 모든 재료는 결국에는 소진될 텐데, 이것은 만약 이 세계가 영원하다면 불가능한 일이다. 그러므로 직접적이든 간접적이든 공기로부터 다시 물로 가는 길이 있어야만 한다. 이 맥락에서 그리고 α권 전체에서 중요한 전제는 무한을 통과하기란 불가능하다는 것이다. 만약 공기가 물이 되기 전에 무한한 수의 일이 생겨야 한다면 공기는 물이 되지 않는다. 그로부터 이 과정에는 유한한 수의 단계가 있어야만 한다는 것이 따라 나온다. 그렇다면 그 처음의 것이 매번 같은 것은 아니더라도 어떤 과정에든 항상 첫 걸음, 즉 첫 질료인이 있어야 한다.

　끝없는 목적인의 계열은 좋음이 없는 계열이 될 것이다. 더욱이 만약 모든 것이 무언가 다른 것을 위한 것이 된다면 그 자체로 좋은 것은 없을 것이고, 결국 행동의 어떤 기반 근거도 없을 것이다. 다시 말하자면 만약 무한한 수의 목적이 있고 각각은 다른 어떤 것을 위한 것이라면 궁극의 목적은 없을 것이고, 결국 행동을 위한 아무런 기반도 없을 것이다. 따라서 계열의 궁극의 끝인 "제일" 목적인이 있어야만 한다.

　한 사물의 형상인은 그 본질이다. 만약 무한한 계열이 있다면 하나의 형상인은 다른 것을 통해서 알려지고, 그것은 또 다른 것을 통해서 알려질 것이며 이 과정은 끝없이 진행될 것이다. 그렇다면 모든 형상이 다른 어떤 것에 의존하고 무한을 통과하는 것은 불가능하므로 앎은 있을 수 없을 것이다.

　같은 이유로 만약 원인의 **종류**가 (넷이 아니라) 무한하다면 그 모두를 다 짚어 가는 것이 불가능하므로 앎은 없을 것이다. 여기서 전제되고 있는 것은 앎(예를 들어 수학이나 건축술)이 있다는 것이다. 무한한 원인이 있다면 앎은 있을 수 없다. 따라서 원인은 무한할 수 없다.

만약 원인이 무한하지 않다면 제일 원인들이 있어야 한다. 다시 한 번 이 말은 어떤 하나의 제일 원인이 있다거나 혹은 심지어 한 종류의 제일 원인이 있다고 말하는 것이 아니다. 아리스토텔레스의 요점은 각각의 인과 계열은 어떤 원인에서 끝나야 한다는 것이지 그들 모두가 동일한 원인에서 끝난다는 것은 아니다. 그렇더라도 제일 원인들이 있다는 결론은 매우 중요하다. 형이상학은 제일 원인에 대한 학문이고, 제일 원인이 있기 때문에 형이상학이 있을 수 있다. 더욱이 A, α권에서 원인을 다루는 방식은 형이상학이 모든 존재에 대해서 수행해야 하는 정확히 바로 그런 종류의 처리 방식이다. 그러니 이 두 권은 단지 형이상학이 존재함을 논증할 뿐 아니라 그 논의 자체가 모든 존재에 대한 논의로서 형이상학이 존재한다는 것에 대한 사실적 증거이기도 하다.

연구를 위한 물음들

1. 어떤 것이 인과의 계열을 멈추기 위해 가져야 할 특별한 성질은 무엇인가? 달리 말하자면 그 자신은 어떤 것의 결과도 아닌 원인이 어떻게 있을 수 있는가?

B권: 아포리아들

그리스어 "*aporia*"는 "(나갈) 길 없음"을 뜻하고 아리스토텔레스는 이 단어를 사고의 막다른 골목을 가리키기 위해 사용한다. 반대되는 결론을 위한 똑같이 강력한 논증이 있을 때 사고는 막힌다. 그래서 아포리아는 이율배반이고 모순이다. 아리스토텔레스는 『형이상학』 B권 전체를 형이상학과 밀접히 관련된 아포리아를 제시하는 데에 할애한다. 대상에 고유한 아포리아를 만들어 내는 논증들을 제시하고 그 문제를 해소하는 것은 아리스토텔레스가 철학을 하는 방법이다. 따라서 이 아포리아들이 아리스토텔레스 자신은 해결할 수 없었던 문제들이라고 생각할 이유는 없다. 그가 설명하듯이 탐구의 방향과 그 목적을 알기 위해서, 그리고 다양한 이론 사이에서 제대로 판단할 수 있기 위해서는 탐구 주제가 던지는 아포리아들을 훑어볼 필요가 있다.

아리스토텔레스는 자신의 연구를 진척시키기 위해 어떻게 아포리아를 사용하는가? 사고는 모순에 머물 수 없다. 아포리아를 일으키는 논증들을 제시하는 이유는 이 논증들 안에서 기능하는 전제들을 발견하기 위해서이다. 아포리아의 **한쪽**을 위한 논증에서 중요한 역할을 하는 전제를 폐기할 어떤 근거가 있다면 아리스토텔레스는 그 전제를 폐기하거나 수정함으로써 모순을 없앨 수 있다. 하지만 이 경우 모순은 상대적으로 해소하기 쉬운 것이고 대상에 정말로 고유하다고 할 수는 없다. 더 중요한 경우는 도저히 부정할 수 없어 보이는 전제로부터 모순이 나올 때, 특히 이 전제들이 아포리아의 **양쪽** 모두를 일으키는 역할을 할 정도로 그 주제에 단단히 자리 잡고 있을 때이다. 모순을 일으키는 전제는 폐기되어야 한다. 하지만 그 전제가 그 학문에 꼭 필요한 전제일 때, 또는 우리의 경우처럼 **모든** 학문에 필수적인 전제일 때는 폐기할 수 없다. 아리스토텔레스는 모순은 일으키지 않으면서도 계속 그 핵심적인 역할은 할 수 있는 그런 방식으로 그 전제를 수정하기를 바랄 수 있을 뿐이다. 이러한 조건을 만족시키는 수정된 전제는 참일 가능성이 아주 높다. 만약 그렇게 수정하는 것이 모순을 피할 유일한 방법이라면 그 수정된 전제는 참임에 틀림없다. 이런 식으로 아리스토텔레스는 아포리아를 새로운 이론을 논증하는 데에 사용할 수 있다. 만약 이론이 그것 없이는 풀리지 않을 아포리아를 해결한다면 그 이론은 참임에 틀림없다. 그러므로 아포리아를 제시하는 것은 새로운 이론을 지지하는 하나의 방법이다.

아포리아의 중요성과 쓸모에 대해 짤막한 언급을 한 후에 B권 1장에서는 아포리아를 늘어놓는다. 2장에서 6장까지 B권의 나머지는 각각의 아포리아에 대해 양쪽의 논증을 제시함으로써 아포리아를 차례대로 해설한다. B권 1장에서 언급한 아포리아는 2-6장에서 해설하지 않고 뒤에서 제시한 아포리아는 앞에서 나타나지 않는다. 아포리아에 번호를 붙일 때 나는 더 본격적인 설명인 2-6장에서의 순서를 따른다.

하나 혹은 다수의 학문

B권이 양 측면에서의 논증을 해설함으로써 아포리아를 제시하는 것만 하고 있지만, 주의 깊은 독자라면 아포리아들이 세 그룹으로 깔끔히 정리된다는 것을 알 수 있다. 첫 번째 그룹인 1-5번은 네 가지 원인 모두, 증명의 원리, 모든 실체들, 모든 그 자체로서의 성질, 그리고 비물질적 실체와 같은 주제를 하나의 학문이 다루는지 아니면 다수의 학문이 다루는지를 묻는다. 형이상학은 최상위의 원인, **만물**의 원인들에 대한 학문이다. 만약 만물이 하나의 학문에 의해 다루어질 수 없다면 형이상학은 있을 수 없다. 우리는 A, α권에서 형이상학이 있음을 안다(왜냐하면 제일 원인들이 있고 그것들에 대한 탐구도 있기 때문이다). 따라서 이 모든 주제는 하나의 학문에 속해야 한다. 반면에 아리스토텔레스는 학문의 구조에 대한 명확한 입장과 형이상학이 다루어야만 하는 이 주제들이 하나의 학문에 포섭될 수 없다고 주장할 만한 좋은 이유를 가지고 있다. 1장에서 보았듯이 하나의 학문은 하나의 유(類)를 다룬다. 하지만 형이상학이 다루어야 하는 주제들은 하나의 유에 포섭되는 것처

럼 보이지 않는다. 구체적으로는 (1) 네 가지 원인은 하나의 유에 속하지 않는다. 왜냐하면 네 가지 원인이 하나의 유에 속한다는 것은 그 유에 속한 각각의 대상, 각각의 존재가 네 가지 원인 모두를 가진다는 것을 의미할 텐데, 운동하는 것만이 목적인과 운동인을 가지고 수학적 존재자들은 운동하지 않기 때문이다. (2) (무모순율 같은) 증명의 원리들은 어떤 유에도 속하지 않는다. (3) 만약 다른 모든 실체가 하나의 유에 속한다면 이 유를 다루는 학문은 그것들의 모든 본질적 속성을 증명할 수 있을 텐데, 이 경우 형이상학 말고 다른 학문은 존재하지 않을 것이다. (4) 다른 한편으로 만약 모든 속성이 그것의 대상인 유의 예들로서 형이상학에 포함된다면 동일한 학문이 이 속성들을 동시에 주제이자 속성으로 취급하게 될 것이다. 예를 들어 수학적 입체는 자연적 실체의 본질적 속성이면서 동시에 그 자체로서 하나의 있는 것이다. 만약 형이상학이 그 대상이 되는 유의 모든 속성을 포함한다면 수학적 입체는 형이상학의 주제 중에 하나이면서 동시에 속성으로서 증명될 수 있는 것이 될 것이다. 형이상학의 주제가 되는 종이 실체이므로 형이상학은 실체를 증명하게 될 것이다. 하지만 하나의 실체를 다른 실체로부터 도출하는 것은 불가능하다. 왜냐하면 실체는 독립적이고 자족적이기 때문이다. (5) 만약 몇몇 플라톤주의자가 생각하듯이 수학적 존재자들이 자연적 실체를 포함하는 유와는 별개의 유를 구성한다면, 이 사상가들은 다시 한 번 우주를 알기 위한답시고 우주를 두 배로 부풀리는 격이 되고, 지각될 수 있는 것들은 알 수 없는 것으로 남게 되며, 모든 종류의 있는 것이 하나의 유에 포함되지는 않게 된다.

이 첫 번째 그룹의 아포리아에 깔려 있는 핵심 전제는 하나의 학문은 하나의 유를 다룬다는 것이다. 형이상학이 존재한다고 생각할 만한 좋은 근거가 있음에도 형이상학이 다루어야 하는 주제들은 하나의 유에

포섭되지 않는다. 우리는 나중에 이 아포리아들을 피하기 위해 아리스
토텔레스가 유의 개념을 확장시키고 다른 중요한 이론들을 도입하는
것을 볼 것이다.

하나의 원리

두 번째 그룹의 아포리아 6-9번은 지각될 수 있는 실체의 원리(또는
원인)의 통일성(하나임)[1]에 대한 것이다. 원리는 실체를 구성하는 한
부분이다. 오직 하나인 어떤 것만이 원리 혹은 원인일 수 있다. 하지만
원리가 가져야 하는 서로 다른, 그리고 언뜻 보기에 양립 불가능한 통
일성의 유형들이 있고 그 각각의 유형의 통일성에 대한 옹호 논증이 있
기 때문에 이 그룹의 아포리아가 생긴다. (개별자들로부터) 떨어져 존
재함과 같은, 다른 사안에 대한 것으로 보이는 아포리아들조차 서로 다
른 종류의 통일성을 옹호하는 논증에 기반해 있다.

　이 아포리아들을 회피하는 쉬운 방법은 원리가 하나라는 전제를 포
기하는 것일 것이다. 그런데 아리스토텔레스는 그러지 않을 뿐 아니라
그 가능성을 아예 고려조차 안한다. 대신에 아리스토텔레스는 원리가
어떤 종류의 통일성(하나임)을 가져야 하는지 결정하는 데에 집중한
다. 지각될 수 있는 실체의 다양한 부분은 다양한 유형의 통일성을 가
지므로, 통일성의 적절한 유형에 대해 묻는 것은 실체에 대해 어떤 부
분이 가장 중요한지를 묻는 것이다. (6)번 아포리아는 한 실체의 원리
가 복합체의 일차적인 구성요소인지, 아니면 유와 같이 그 규정의 일차
적인 구성요소인지를 묻는다. 전자의 일차적인 구성요소의 예로는 음

1　역주: 여기서 "통일성"은 unity를 번역한 말인데, 고대 철학의 맥락에서는 "하나
임"으로 번역하는 것이 더 나을 때가 많다. 이 번역에서는 통일성과 하나임을 혼용하
겠다.

절 안의 글자, 더 복잡한 증명을 구성하는 데에 사용되는 기초적인 수
학적 증명, 불·물과 같은 물질적 요소, 그리고 인공물의 부분이 있다.
이 각각의 예는 "수에 있어서 하나"인데, 왜냐하면 그것이 더 이상 나
눌 수 없거나 최소한 일차적인 구성요소인 다른 어떤 것으로는 나눌 수
없기 때문이다. 반면에 유는 더 이상 나눌 수 없는 정의의 구성요소이
기 때문에 하나이다. 어떤 것이든 그 정의를 통해 알려지기 때문에 유
는 앎의 원리이다. 그래서 여기서 논의되는 문제는 하나가 되는 이 두
방식 중 어느 방식으로 어떤 것이 원리가 되는지이다. 양쪽 방식 모두
옹호할 수 있다. 플라톤주의자들이 유를 원리로 제안하는 것은 정의의
구성요소이자 원리로서 제안하는 것으로 보인다. 하지만 규정의 부분
은 정의된 것의 구성요소가 아니다(998b11-14). (7)번 아포리아는 원
리가 (a) 최상위의 유, 즉 그것에 대한 정의가 없기에 더 이상 나누어질
수 없는 범주적 유인지 아니면, (b) 규정에 있어 더 이상 나누어질 수
없는 최하위의 종인지를 묻는다. 최상위의 유는 더 상위의 유를 구별함
으로써 정의될 수 없기 때문에 하나인데, 더 상위의 유를 구별할 수 없
는 이유는 더 상위의 유가 존재하지 않기 때문이다. 반면에 최하위의
유, 즉 최하위의 종은 "규정에 있어 하나"인데, 그 이유는 그것의 규정
을 동일한 대상을 알려 주는 다른 표현으로 나눌 수 없기 때문이다. (8)
번 아포리아는 원리가 개별자로부터 분리되어 존재하는지를 묻는다.
한편으로 무한한 개별자에 대해서는 앎이 있을 수 없으므로 원리가 알
려지기 위해서는 분리되어야만 한다. 원리가 하나이면서 원리이려면
역시 분리되어 존재해야만 한다. 다른 한편으로는 만약 원리가 분리되
어 있고 만물의 원리라면, 그것을 원리로 가지는 만물은 하나이어야 한
다. 마지막으로 (9) 어떻게 원리가 하나인가? 만약 그것이 수에 있어서
하나라면, 그것은 개체이고 앎의 대상이 아니며 어떤 것의 원리도 아닐

것이다. 만약 그것이 규정에 있어 하나라면 숫자상으로 하나인 어떤 것
도 설명할 수 없을 것이다.

이 아포리아 집합의 핵심 전제는 원리는 하나이어야만 한다는 것이
다. 문제는 그것이 하나가 되는 독립적이고 양립할 수 없는 방식들에
모두 좋은 이유가 있다는 것이다. 우리는 아리스토텔레스가 이 기준이
모두 만족될 수 있도록 통일성 기준들을 재해석하는 방식을 발견하는
것을 보게 될 것이다.

최상위 원리

아포리아의 마지막 그룹인 10-15번은 최상위 원인의 후보들을 살펴본
다. 이것들도 역시 제일 원리가 가져야 하는 하나임의 종류에 의존한
다. 두 번째 그룹은 **지각될 수 있는** 실체의 원리를 살펴본 반면, 이 마
지막 그룹은 어떤 것이 **모든** 사물의 원리가 될지를 살펴본다. 지각될
수 있는 실체의 원리는 그 실체의 특별한 본성을 설명하고 이 본성을
유지시켜 준다. 하지만 지각될 수 있는 실체는 생성하고 소멸한다. 지
각될 수 있는 실체의 원리는 질료 안에 나타났다가 그 실체가 없어질
때 질료 안에 있기를 멈춘다. 지각될 수 있는 실체의 원리가 질료 안에
영원히 있지 않기 때문에 그것들의 운동이나 생성을 설명해 주는 다른
어떤 영속적인 원리가 필요하다. 이 다른 원리가 만물의 제일 원리이
다. 이것은 지각될 수 있는 원리의 본성을 설명하는 것이 아니다. 이것
은 지각될 수 있는 본성이 왜 지속적으로 움직이는지, 혹은 그 종이 왜
지속적으로 존재하는지를 설명한다.

B권은 만물의 원리가 왜 필연적인지를 설명하지 않는다. 대신에 최
상위 원리의 후보들을 살펴본다. 첫 번째 후보는 (10) 단지 영원하다는
점에서 지각될 수 있는 것과 다른 형상이다. 문제는 어떻게 어떤 영원

한 것이 생성하는 것의 원리가 될 수 있는가이다. 두 번째 후보는 (11) 하나[一者] 그 자체 혹은 존재 그 자체이다. 여기서 문제는 이 원리들 말고는 다른 아무것도 없다는 것이다. (12) 수, 선, 면, 그리고 다른 수학적 존재자들은 물체를 한정한다는 점에서 가능성이 더 높은 후보이지만 운동은 설명할 수 없다. (13) 플라톤의 형상은 수나 형상에 있어서 하나라는 점에서 제일 원리인 것처럼 보이지만, 그것이 어떻게 다른 것을 야기하거나 운동과 지속성을 부여하는지 설명하기 어렵다. (14) 현실태가 제일 원리처럼 보이는 것은 가능태가 현실태를 통해 정의되기 때문인데, 가능태가 현실화되거나 그렇지 않거나 하는 것인 한, 가능적인 것이 현실태보다 시간상 선행해야 한다. (15) 보편자는 앎의 대상이기 때문에 제일 원리이어야만 한다. 하지만 개별자의 존재는 보편자의 존재보다 선행한다.

요약하면 이것들 각각은 하나이기 때문에 제일 원리의 후보이다. 하지만 이들 중 어느 것도 지각될 수 있는 것들을 설명해 줄 수 없고, 그것이 이것들이 제일 원리가 될 수 없는 이유이다. 이것이 아포리아이다. 아리스토텔레스는 이 후보들을 B권 5-6장에서 차례대로 다룬다.

B권은 자주 연구되는 텍스트는 아니다. 그 이유 중 하나는 아리스토텔레스가 이후에, 심지어 B권에서 제기한 아포리아를 해결할 때조차 이 책을 별로 언급하지 않기 때문이다. B권에서 제시된 문제들은 여기서 그 문제들이 서술되는 방식으로부터 우리가 기대할 만한 그런 방식으로 처리되지가 않는다. 하지만 B권의 목적은 우리의 사고에 해결하기 어려운 문제를 제기하여 우리가 이 문제들에 대해 기존의 방식과는 다르게 생각해 보게 하고 새로운 이론을 받아들이게 하는 것이다. 따라서 우리는 이 문제들이 나중에 나타날 때 상당히 다른 방식으로 논의되리라고 **예상해야** 한다. 그렇더라도 아포리아의 첫 그룹은 B권에서 제

기된 방식과 유사하게 Γ권에서 해소된다.

B권이 제기하는 논변들은 몇몇 골치 아픈 형이상학적 전제들을 명료화한다는 점에서 중요하다. 나는 이미 하나의 학문은 하나의 유를 다룬다는 전제를 언급했는데, 그 함의는 형이상학이 하나의 학문이기 위해서는 형이상학이 주제로 삼는 대상이 하나의 유이어야 한다는 것이다. 아리스토텔레스는 존재, 즉 이 학문의 대상으로 추정되는 것이 하나의 유가 아니라고 논증한다(998b19-27). 그 근거는 모든 유가 반대되는 속성, 즉 "종차"에 의해 종으로 분류된다는 것이다. 여기서 각각의 종차는 하나의 종을 규정한다. 그래서 동물류는 피가 있는 종과 피가 없는 종, 더 정확히는 빨간 피가 없는 종으로 나뉜다. 이 경우의 종차, 피가 있음과 피가 없음은 동물이 아니고, 일반적으로 말하자면 종차는 그것이 구분하는 유의 개별 사례가 아니다. 이로부터 존재가 아니면서 존재를 하위 종으로 구분해 주는 것이 없기 때문에 존재는 유가 될 수 없다는 결론이 따라 나온다.

이 결과는 형이상학이라는 학문의 존재를 어렵게 하는데, 그 이유는 만물의 제일 원리를 찾기 위해서는 형이상학자가 만물을 알 필요가 있기 때문이다. 만약 형이상학이 다른 학문과 마찬가지라면 (마치 동물의 원리가 각각의 개별 동물이 가지고 있는 동물의 본성인 것처럼) 제일 원리는 모든 사물에 공통인 유적 본성이 될 것이다. 하지만 만약 만물이 하나의 유가 아니라면 만물의 공통 본성이란 없게 된다. 그렇다면 어떻게 그들이 앎의 대상일 수 있는가? 그리고 만약 만물의 원리가 공통 본성이 아니라면 그것은 무엇인가?

이러한 질문은 9번과 15번 아포리아에서 작동하는 중요한 전제에 주목하게 한다. 아리스토텔레스는 앎은 보편자에 대한 것이라고 주장한다(1003a12-17). (재차 언급하지만 "앎"은 "학문"이고, 하나의 유에 대해 하나의 학문이 있다.) 만약 존재가 하나의 유라면 보편자로서의 그것에 대한 앎이 있을 것이다. 존재가 하나의 유가 아니기 때문에 그 것은 오직 개별자들의 집합일 수밖에 없다. 개별자는 글자처럼 단순하 거나 소크라테스처럼 복합체일 수 있다. 만약 모든 개별자가 단순하다 면 복합적인 존재자는 없을 것이고, 그래서 우리가 존재하는 것으로 인 지하는 것도 없을 것이며, 모든 존재자에 공통되는 앎도 없을 것이다. 만약 반면에 개별자가 질료와 형상의 복합체라면 그것은 아직도 알 수 없는 것으로 보일 수도 있다. 그 하나의 이유는 모든 물질적 복합체는 한정되지 않은 수의 속성을 가지고 있고—그것이 다른 복합체와 가지 는 관계 모두를 생각해 보라—한정되지 않은 것에 대해서는 알 수 없 다는 것이다. 물질적 복합체에 대해 알 수 없는 또 하나의 이유는 앎은 항상 참인데, 복합체는 생성되고 소멸한다는 것이다(Z권 15장, 1039b20-1040a7 참조). 그래서 복합체에 대해 말해진 어떤 주장도 그 복합체가 변하면 거짓이 되어 버린다. 그래서 만약 존재가 보편자가 아 니라면 그것은 알 수 없다.

반면에 만약 존재가 보편자라면 다른 어떤 것이 그것보다 선행할 것 이다. 개별자가 보편자에 선행하는데, 그 이유는 어떤 보편자도 실체가 아니요 실체는 선차적이라고 전제되기 때문이다(1003a5-12; 999b24-1000a4도 참조). 요약하자면 존재에 있어 선행하는 것(즉 개별자)은 알 수 없고, 앎에 있어 선행하는 것(즉 보편자)은 존재에 있어 후차적 이다. 다시 한 번, 제일 원리에 대한 학문은 불가능해 보인다.

하지만 A, α권은 제일 원리에 대한 학문이 있다는 것을 보인다. 아 리스토텔레스의 문제는 어떻게 그런 학문이 있을 수 있는지를 설명하 는 것이다. 이를 위해서는 학문이 무엇인지에 대해 조심스럽게 탐구하 고 아리스토텔레스가 『분석론 후서』에서 보여 준 자신의 학문 개념을 더 정교하게 다듬어야 한다. 즉 형이상학의 가능성을 배제시키는 것으로 보이는 것은 학문의 구조에 대한 아리스토텔레스 자신의 생각이다. 반면에 플라톤의 학문관은 형이상학의 존재를 허용한다. 형이상학은 최상위의 원리, 즉 하나[一者] 그 자체를 다루기 때문에 최상위의 학문이다. 하지만 이 원리를 아는 사람은 하나인 모든 것, 즉 만물을 안다. 그래서 플라톤의 입장에서는 형이상학이 존재하지만 그것은 모든 개별 학문을 삼켜 버리고 만다.

형이상학이 있다는 것을 보이기 위해 아리스토텔레스는 형이상학이 어떤 방식으로 만물을 포함하면서도 개별 학문들의 주제와는 구별되는 형이상학 고유의 주제 대상을 가진다는 것을 보여야 한다. 이 주제 대상은 하나의 유일 수도 없고 개별자들의 집합일 수도 없다. 첫 번째 아포리아 그룹에서 제기된 형이상학이 어떻게 주제 대상을 가질 수 있는지에 대한 이 질문은 두 번째와 세 번째 그룹에서 제기된 형이상학 원리들의 통일성(하나임)에 대한 질문들과 구별된 것으로 남는다. 앞 장에서 말한 것처럼, 아리스토텔레스는 이 질문들을 『형이상학』의 여러 다른 부분에서 해결한다. 아리스토텔레스의 그 외 다른 학문들에서 주제 대상은 그 원리들과 함께 알려진다. 오직 형이상학에서만 이 둘은 따로 다루어진다.

여기서 플라톤과 대비를 해 보는 것은 유익하다. 플라톤은 앎이 형상을 파악하는 것으로 이루어진다고 생각한다. 형상은 주제 대상의 전부이자 그 원리이다. 플라톤이 형상이 하나라고 주장할 때, 그는 앎의 주제와 그 원리를 동일하다고 주장하고 있는 것이다. 아리스토텔레스는 주제와 그 원리가 각각 하나라는 데에 동의하지만 그들이 동일한 방식으로 하나라는 것은 부정한다.

형이상학의 존재: Γ – Δ권

Γ권의 첫 문장은 대담하고 유명한 주장이다: "있는 것을 있는 것인 한에서, 그리고 그것에 그 자체로서 속하는 것들을 탐구하는 학문이 있다." 이 학문은 명백히 형이상학이고 아리스토텔레스는 그것이 존재한다고 단언하고 있다. 이 주장은 당혹스러워 보이는데, 그 이유는 첫 번째 그룹의 아포리아가 형이상학의 존재를 의문시하기 때문이다. 물론 형이상학이 존재한다고 생각할 만한 좋은 이유가 있음을 우리는 보았지만, 아리스토텔레스는 그 존재에 대한 반론에 대답해야만 한다. 어떻게 이 학문의 주제가 하나의 학문에 포섭되는지를 설명해야 한다. 이를 아직 안했기 때문에 이 학문이 존재한다는 언급은 그가 이제 논증해야 하는 결론으로 이해하는 것이 가장 좋다. 이 주장은 반론들에 대해 답변이 가능하다고 말하고 있는 것이다. 이어지는 논의에서 우리는 이 결론을 위한 아리스토텔레스의 논증을 찾아보아야 한다.

첫 문장은 우리의 학문, 형이상학의 정체를 "있는 것을 있는 것으로서" 탐구하는 학문이라고 밝힌다. 이 문장에서 "있는 것으로서"라는 구절은 이 학문이 있는 것을 탐구하는 방법을 가리킨다. 수학은 "있는 것을 양(量)으로서" 탐구하는데, 그 이유는 수학이 있는 것들의 양적인 면을 탐구하기 때문이다. 그런데 이 말은 곧 수학이 양을 탐구한다는 것을 다르게 표현한 것이다. 유비적으로 만약 형이상학이 "있는 것을 있는 것으로서" 탐구한다면, 그것은 있는 것 모두를 탐구한다고 생각할 수 있다. 하지만 그러면 형이상학이 어떻게 "있는 것들에 그 자체로 속하는 속성"도 탐구할 수 있는지 어리둥절하다. 왜냐하면 (a) 모든 있는 것 외에 그 속성이 되는 것이 무엇이란 말인가? 더욱이 (b) 있는 것은 하나의 본성을 가지지 않는데(만약 그렇다면 존재는 하나의 유(類)

일 것일이다), 그 이유는 있는 것 모두에 공통인 특성이 없기 때문이다. 또한 (c) 있는 것은 속성을 허용하지 않는데, 그 이유는 속성은 실체에만 속하는 것으로 속성의 속성은 없기 때문이다(1007b2-4). 이러한 이유 등으로 많은 사람은 "있는 것을 있는 것으로서" 탐구하는 것은 실체를 그 자체로 탐구하는 것이라고 주장한다. 이러한 독해에 따르면 형이상학은 모든 실체와 모든 그 속성을 연구하기 때문에 모든 있는 것을 탐구한다. 왜냐하면 있는 모든 것은 실체이거나 혹은 실체의 속성이기 때문이다. 하지만 아리스토텔레스의 학문은 실체와 그 **본질적** 속성을 탐구한다. 만약 형이상학이 모든 실체와 그것의 모든 본질적 속성을 탐구한다면 그것은 있는 모든 것을 탐구하지 않는 것이다. 왜냐하면 어떤 실체에도 본질적으로 속하지 않는 많은 속성이 있기 때문이다.

문제는 "있는 것을 있는 것으로서" 탐구한다는 것이 있는 것을 탐구하는 것인지, 아니면 일차적으로 실체를 탐구하는 것인지이다. 내 생각에는 이 전통적인 독해 둘 다 아리스토텔레스가 하려고 하는 바를 제대로 이해하고 있지 못하다. 어떤 것을 "있는 것으로서" 탐구한다는 것은 그것을 그 존재, 즉 그 본질적 본성을 통해 탐구한다는 것이다. 이러한 방식으로 있는 것을 탐구한다는 것은 존재의 본성을 탐구한다는 것이고, 아리스토텔레스는 그에 반대하는 여러 논증에도 불구하고 **있는 것은 사실 본성을 가진다**는 결론을 주장하고 있는 것이다. 있는 것을 탐구하는 학문은 이 본성과 이 본성 때문에 있는 것에 속하는 속성들을 연구하는 것이다.

이것이 최소한 아리스토텔레스의 언어가 나타내는 것이다. 이제 당연히 풀어야 할 문제는 있는 것이 하나의 유가 아니므로 있는 것 모두에 공통인 본성은 없다라는 논증에 어떻게 대답할 것인가이다. 이것은 우리가 B권에서 맞닥뜨린 문제이다. 우리는 여기 Γ권에서 아리스토텔레스가 "본성"이란 말을 재해석함으로써 이 문제를 해결하는 것을 볼 것이다. 그렇다면 형이상학이 있는 것의 본성을 탐구한다는 결론을 지지하는 것은 무엇인가? 무엇이 이 본성인가?

Γ권 1장은 이 첫 번째 물음을 다룬다. 우리는 아리스토텔레스의 선대 철학자들이 추구했고 아리스토텔레스가 A, α권에서 열거한 탐구, 즉 원리들과 최상위 원인에 대한 탐구가 있다는 것을 안다. 아리스토텔레스는 "이것들[원리들과 원인들]이 그 자체의 본성에 따라 그것에 속하는 그런 어떤 것이 있음에 틀림없다"라고 주장한다. 그는 그의 선대 철학자들이 있는 것의 요소들을 우연적으로가 아니라 "있는 것으로서" 추구한 것처럼, 그도 역시 있는 것의 원리와 원인들을 우연적으로가 아니라 있는 것으로서 추구해야 한다고 추론한다. 우리는 동물을 연구하는 학문을 상상해 봄으로써 이러한 추론의 의의를 이해할 수 있다. 이 학문은 동물들의 원인을 추구할 것이고 이 원인들은 우연적으로가 아니라 동물이 **동물로서** 가지는 본성에 따라, 즉 본질적으로 동물에 속할 것이다. 이렇게 이 학문은 동물들이 하나의 본성을 가진다고 전제하고 그 원인들을 찾을 것이다. 마찬가지로 모든 있는 것의 제일 원리들과 최상위의 원인들에 대한 학문도 이 원인들이 어떤 본성에 속한다는 것을 전제한다.

Γ권 1장에 대한 나의 해석에 따르면 아리스토텔레스는 모든 있는 것의 최상위 원인들에 대한 학문이 있고, 모든 학문은 어떤 유(類)적 본성을 취급한다고 전제한다. 그로부터 있는 것의 어떤 유적 본성이 있어야만 하고 우리의 학문은 그 원인을 추구한다는 것이 따라 나온다. 이 책의 1장에서 설명했듯이 표준적인 아리스토텔레스적 학문에서는 이 본성 또는 본질이 바로 그 원인일 것이다. 여기서 아리스토텔레스는 학문의 주제, 그래서 원인을 포함하는 주제로서의 본성에 주목하고 있다.

그렇다면 이 본성은 무엇인가? Γ권 2장은 모든 존재하는 것은 "어떤 하나의 본성에 관련되어 있다"라는 주장으로 시작한다. 여기서 사용되는 그리스어 표현은 *pros hen*, 글자 그대로 "하나와 관련된"이란 표현이다. 아리스토텔레스는 그 하나의 본성이 "실체"라고 설명하고, 있는 것들과 실체 사이에 성립하는 다양한 관계를 기술한다. 이 단락에서의 "실체"라는 단어는 보통 질이나 양과 같은 범주와 대비되는 실체의 범주적 유로 이해된다. 하지만 그가 여기서 기술하고 있는 관계들은 대부분 범주적 유의 예들 간의 관계가 아니다. 그가 강조하는 것은 실체의 발생과 소멸, 생성과 부정이다. "실체"는 존재하는 어떤 것이 그것의 다른 면과 대비해서 얻고 잃으며 부정하는 본성일 가능성이 더 높다. 이러한 해석을 지지할 만한 근거를 『형이상학』 후반부에서 찾아볼 수 있다. 아리스토텔레스는 실체가 일차적이라고 말하는데, 그 이유는 우리는 심지어 질과 양에 대해서도 그것이 무엇인지를 알 때 그것 각각을 안다고 생각하기 때문이다(Z권 1장, 1028b2). 이 말은 우리가 질이나 양의 **실체**를 알 때 그것을 안다고 생각한다는 것이다. 질의 실체란 무엇인가? 최소한 그것은 그것을 있게 하는 원인이다. 우리는 이 원인이 과연 무엇인지 묻지 않을 수 없다. 물론 우리는 있는 것이 가지고 있어 그것을 있게 하는 어떤 특수한 성질을 알아내기 원한다. 하지만 있는 것의 본성은 어떤 확정적인 특성은 아니며, 어쨌거나 이 단락은 다른 어떤 주장, 언뜻 보기에 완전히 사소하거나 엉뚱하게 그럴법하지 않은 어떤 주장을 하는 것으로 보인다. 명백히 각각의 것은 그 실체, 즉 그 본성 덕에 있는 것이다. 모든 것이 있는 것인 이유는 그 자체의 본성을 가지기 때문이다. 그렇다면 있는 것의 본성은 무엇인가? 실체이다. 어떤 특별한 유도 아니고 다른 것을 배제하는 있는 것의 집합도 아닌 각각 존재하는 것의 본성인 실체이다. 이것이 맞다면 여기서 아리스토텔레스의 주장은 평범하게 재귀적(再歸的)인 주장처럼 보인다. 있는 것의 본성은 본성을 가진다는 것이다. 어떤 것을 있도록 만드는 것은 자신의 본성을 가진다는 그 사실이다. 있는 것을 있는 것으로서 탐구한다는 것은 있는 것이 본질적 본성을 가지는 한에서 있는 것을 탐구한다는 말이다. 물론 있는 것들이 가지는 본질적 본성은 서로 상당히 다르다. 하지만 모든 있는 것이 공통으로 가지는 것은 그것들이 본질적 본성을 가진다는 것이다. 모든 있는 것을 하나의 학문에서 함께 다룰 수 있도록 해주는 것은 이 공통의, 하지만 불특정한 속성이다.

있는 것 각각이 자신의 본성을 가진다는 것은 사소한 주장이 아니다. 예를 들어 플라톤은 지각될 수 있는 존재가 자신 안에 지속하는 특성을 가진다는 것을 부정한다(『파이돈』 78c–e, 80a–b). 아리스토텔레스는 자신의 주장을 논증해야 하고 우리는 그가 어떻게 논증하는지 곧 보게 될 것이다. 하지만 그의 논증을 이해하기 위해서 우리는 그가 있는 것을 있는 것으로, 혹은 있는 것을 그 본성에 따라 탐구한다는 것이 무슨 의미인지를 설명하고 있는 것이 아니라는 것을 알아차려야 한다. 그는 "있는 것을 있는 것으로서"라는 표현을 수학자들이 "위치표시자"(placeholder)라고 부르는 것으로 사용하고 있다. 그것은 변항 x와 같다. 우리는 변항을 통해 어떤 것을 그것이 의미하는 본성을 확인하지 않고서도 지칭할 수 있게 된다. 이 주장에 대한 근거는 비슷한 표현들이 『분석론 후서』에서 사용되는 방식에서 찾아볼 수 있다. 거기에서 아리스토텔레스는 "삼각형을 삼각형으로서" 탐구하는 것이 삼각형 그 자체에 속하는 것을 탐구하는 것이라고 말한다(I권 4장). 그는 삼각형의 본질적 본성과 그 본질적 속성에 대해 이야기하고 있는 것이다. "삼각형을 삼각형으로서" 또는 "있는 것을 있는 것으로서"라고 말하는 하나의 이유는 이 표현을 통해 본질이 무엇인지를 나타내지 않으면서도 본질을 지칭할 수 있기 때문이다. 그래서 "있는 것을 있는 것으로서 탐구하다"라는 말은 **있는 것의 본질이 무엇이라고 판명나든 상관없이** 그것을 탐구하는 것이다. 다시 한 번 말하지만, 이 표현은 "위치표시자"이다. 그것은 확정된 값이 없는 수학적 변항과 같은 것이다. 아리스토텔레스가 형이상학이 존재함과 모든 학문이 어떤 본질을 대상으로 다룬다는 것을 보였으므로, 그는 형이상학의 대상인 있는 것이 본질적 본성을 가진다고 단언할 수 있다. 이 본성이 무엇인가? 그것이 "실체"라고 말하는 것은 단지 그 본성을 다른 방식으로 지시하는 것일 뿐이다. 왜냐하면 여기서 "실체"도 위치표시자, 즉 그 본성이 무엇인지 말하지 않으면서 본성을 지시하고 또 그것을 그 속성과 대비하는 한 방법이기 때문이다.

단지 있는 것이 어떤 종류의 본성을 가지고 있다고 말한다고 해서 아포리아의 첫 번째 그룹에서 제시된, 형이상학의 존재에 대한 반론이 무력하게 되는 것은 아니다. 이를 위해서 아리스토텔레스는 어떻게 하나의 학문이 다음과 같은 주제들—모든 원인들, 증명의 원리들, 모든 실체들, 모든 속성들, 그리고 지각을 넘어서는 실체들—을 다룰 수 있는지를 보여야 한다. Γ권 2-3장은 7개의 논증을 제시하는데, 각각은 어떤 주제를 다루는 **하나의** 학문이 있다는 결론을 내린다. 형이상학이 **존재하기** 위해서는 하나의 학문이 있어야 한다는 것을 우리가 알기 때문에, 하나의 학문이 있다고 논증하는 것은 형이상학의 존재를 위해 논증하는 것이 된다. 따라서 이 7개의 논증은 Γ권의 첫 문장, 즉 형이상학이 존재한다는 문장이 나타내는 결론을 지지하는 논증들이다. 이 논증들은 새로운 이론을 도입해서 결론에 도달하는데, 이 이론은 그 이론이, 그리고 오직 그 이론만이 모순을 해소하는 것으로 보이기 때문에 참이어야만 한다.

첫 번째 논증(1003a32-b19)은 가장 중요한 논증이다. 이 단락에서 아리스토텔레스는 하나의 학문이 하나의 유를 다룬다는 자신의 전제를 더 정치하게 다듬는다. 의학은 일차적으로 육체 안의 건강을 다루지만 또한 건강과 관련된 모든 것, 예를 들어 식습관, 기후, 건강의 징후 등 등도 다룬다. 다른 말로 하면 의학의 주제는 단지 건강이 아니라 **건강한** 모든 것이고, 후자는 건강에 나쁜 것까지 포함하여 건강과 관련 있는 모든 것을 포함한다. 건강은 하나의 유인데, 그것은 건강의 정의가 동일한 방식으로 건강을 가진 모든 몸에 속하기 때문이다. 건강한 것은 (건강보다) 더 큰 집단을 가리키지만 이것도 일종의 유인데, 그 이유는 모든 건강한 것은 건강의 정의와 연관되어 있기 때문이다. 다른 말로 하자면, "건강"은 하나의 정의**"에 따라"** 말해지고 "건강한"은 하나의 정의**"와 관련하여"** 말해진다. 이렇게 부르는 방식에 대한 그리스어 표현은 각각 *kath' hen*과 *pros hen*이다. 아리스토텔레스는 양쪽 모두 유라고 말하는데, 전자는 엄밀한 의미에서 유이고 후자는 더 느슨한 의미에서 유이다. 의학이 건강한 것을 다루므로, 하나와 관련된(*pros hen*) 유도 하나의 학문에 의해 다루어질 수 있다. 그러므로 하나의 학문이 하나의 유에 대해 안다는 것은 여전히 참인데, 이제 "유"의 의미가 확장된 것이다. 아리스토텔레스는 (a) 하나의 학문이 하나와 관련된 유를 다룰 수 있고, (b) 있는 것은 하나와 관련된 유이므로, (c) 있는 것 모두를 다루는 하나의 학문이 있다고 추론하고 있는 것이다.

　이제 당연히 물어야 할 질문은 (b)의 근거가 무엇인지이다. 우리는 아리스토텔레스가 그것을 논증하기를 기대할 것이다. 이것은 있는 것에 대한 아주 중대한 주장이다. 그런데 아리스토텔레스는 이것을 논증하지 않을 뿐 아니라 실체가 무엇인지, 그리고 어떻게 다른 것들이 실체와 연관되어 있는지 설명하지 않는다. 하지만 아리스토텔레스가 해야 할 일이 형이상학이 있다는 것을 보이는 것이 아니라 **어떻게** 형이상학이 있을 수 있는지 보이는 것이라는 것을 기억해야 한다. 만약 있는 것이 하나와 관련된 것이라면, 그것은 하나의 학문에 포섭될 수 있고 형이상학은 존재할 수 있다. 더욱이 하나와 관련된 것을 다루는 학문은 어떤 본성과 그것에 관련된 것을 다루므로, 만약 네 가지 원인이 모두 이 본성에 관련되어 있다면 있는 것의 본성인 실체를 다루는 학문은 네 가지 원인 모두를 다룰 수 있다. 하나의 식이요법이 어떤 사람에게는 건강의 원천일 수 있지만 다른 사람에게는 아닌 것처럼, 하나의 원인도 어떤 실체에는 관련되어 있지만 다른 실체에게는 아닌 것이다. 움직이는 실체는 목적인을 가지고, 움직이지 않는 실체와 수학적 양은 목적인을 필요로 하지 않는다. B권의 첫 번째 아포리아가 "모든 원인이 있는 것 각각에 속하는 것은 아니므로, 있는 것의 엄밀한 의미에서 유를 다루는 하나의 학문에 모든 원인이 포함될 수는 없다"라는 것이었음을 기억하자. 하지만 하나와 관련된 유는 하나의 본성의 예와 관련된 모든 것을 포함한다. 각각의 원인은 어떤 실체의 원인이기 때문에 모든 원인은 있는 것을 하나와 관련된 유로 다루는 학문에 의해 다루어질 수 있다(1003a33–b19).

이 단락이 명시적으로 진술하고 있는 결론은 모든 원인이 하나의 학문에 의해 다루어진다는 것이지만, 우리는 이미 형이상학이 모든 원인을 다룬다는 것을 알고 있었다. 여기서 새로운 것은 형이상학은 있는 것이 하나와 관련된 것이라면 모든 원인을 다룰 **수 있다**는 것이다. 명백히 아리스토텔레스는 있는 것의 범위를 한정하기 위해 첫 번째 아포리아를 사용하고 있다. 있는 것은 첫 번째 아포리아를 해소할 수 있는, 즉 그것이 하나와 관련되었다는 특성을 가져야만 한다. 하나의 학문이 하나의 유에 대해 안다는 전제는 있는 것에 대한 학문과 모든 원인에 대한 학문을 배제하는 것처럼 보인다. 반면 만약 있는 것과 원인들이 서로 다른 복수의 학문에 속한다면 형이상학이 있을 가능성은 배제된다. 그래서 이 전제는 첫 번째 아포리아의 양쪽을 모두 발생시키는 역할을 한다. 하지만 이 전제를 완전히 폐기할 수는 없는데, 그 이유는 이 전제가 아리스토텔레스적 학문에 근본적인 전제이기 때문이다. 이 전제가 정치하게 규정되기만 하면 아포리아는 소멸된다.

아리스토텔레스는 있는 것이 어떻게 하나와 관련된 것인지에 대해서는 별로 할 말이 없다. 이것은 놀라운 일이 아니다. 그가 첫 번째 아포리아를 해소하기 위해 필요한 모든 것은 있는 것이 하나와 관련된 것이어서, 이 시점에서는 있는 것을 더 규정해야 할 필요가 없다. 아포리아를 해결하기 위해 모든 그 외의 있는 것들이 그것에 관계되어 있는 본성인 "실체"가 실체의 범주일 필요가 없다는 사실에 다시금 주목하라. 운동인과 목적인이 수학적 존재자에는 속하지 않으므로, B권에서 이 아포리아의 원천은 모든 원인이 모든 있는 것에 속하는 것은 아니라는 것이었다. 그런데 만약 있는 것이 엄밀한 의미에서의 유라면, 모든 원인은 모든 있는 것에 속해야만 할 것이다. 이 아포리아를 해소하기 위해 수학적 존재자는—그런데 수학적 존재자는 양의 범주에 속한다—실체 중 하나일 필요가 있다. 즉 수학적 존재자는 원인들에 속하는 본성들을 가지고 있을 필요가 있다. 수학적 존재자들의 원인들이 다른 본성들의 원인들과 같은 종류의 원인일 필요는 없다. 왜냐하면 있는 것의 학문은 있는 것(실체)의 본성과 관련된 모든 것을 다루는데, 이 본성과 관련 있는 모든 것이 그 예들 모두에 속하는 것은 아니기 때문이다. 따라서 있는 것의 하나와 관련된 특성에 대해 우리가 할 수 있는 모든 말은 있는 것을 "있는 것으로서" 탐구하는 것이 그것이 본성을 가지는 한에서, 즉 실체의 한 종류로서 탐구하는 것이라는 것이고, 모든 있는 것은 그렇게 탐구될 수 있다는 것이다.

이 학문은 어떻게 이 본성에 본질적으로 속하는 속성들을 탐구하는
가? 이 속성들이 그것들 자신도 있는 것들이고, 따라서 그 학문에 속하
는 실체들 중 하나라면 말이다. 그 대답은 속성들은 **속성으로서** 탐구된
다는 것이다. 예를 들자면 하얀 색은 하나의 본성을 가지고, 하양을
"있는 것으로서" 탐구하는 것은 그것을 이 본성을 통해 탐구하는 것이
다. 하지만 하양의 이 본성은 그것에 특징적인 방식으로 생기고 없어진
다. 하양은 또한 그 본성에 따라 불가분하고, 불가분하다는 것은 하나
라는 것이다. 그래서 하양의 본질적 속성은 그것의 하나임과 함께 그것
의 생성 소멸의 방식도 포함한다. 어떤 원인이 존재하는 어떤 것에 어
떻게 속하는지와 상관없이 있는 것에 대한 *pros hen* 이론은 본성을 가
진 어떤 있는 것이 어떻게 동시에 다른 있는 것의 속성일 수 있는지를
설명해 준다. 다시 말하면 있는 것이 하나와 관련된(*pros hen*) 특성을
가진다는 사실이 설명해 주는 것은 속성들이 그 자신들도 있는 것이고
모든 있는 것에 속하지 않으면서도 있는 것이 어떻게 속성을 가질 수
있는지이다. 이 속성들이 속하는 본성이 있는 것의 본성이다. 이 본성
은 어떤 특수한 속성이 아니다. 오히려 모든 있는 것에 공통적인 이
"본성"은 본성을 가진다는 것 단지 이것이다. 그래서 이 속성들은 각각
의 있는 것이 본성을 가지기 때문에 그것에 속한다. 이것들은 있는 것
의 통일성과 같은 속성인데, 있는 것의 통일성은 있는 것의 본성 때문
에, 그리고 그것이 그 본성을 가지게 되었기 때문에 성립하는 것이다.

실체와 속성

Γ권 2장의 나머지 부분은 이 본성을 살펴보고 그 속성을 설명한다. 그
자세한 내용은 여기서 하나하나 살펴보기에는 너무 복잡하다. 하지만
대략의 개요를 통해 다음 단계의 탐구를 준비하는 데에 도움을 줄 수

있을 것이다. Γ권 2장은 하나의 학문에 포섭되는 서로 다른 주제에 대한 5개의 논증을 더 포함하고, Γ권 3장은 6번째 논증을 첨가한다. 이들은 모두 형이상학이 다룰 필요가 있는 주제들이므로, 그것들이 하나의 학문에 포섭된다는 것을 보이는 일은 형이상학의 존재를 위해 논증하는 한 방식이다.

　이 논증들 중 첫 두 개의 논증은 함께 연결되어 모든 실체는 형이상학에 포섭된다는 것을 보인다. 첫째, 있는 것은 비록 엄밀한 의미에서의 유는 아니지만 종으로 나누어진다. 만약 있는 것이 본성을 가진다면 이 종들은 자기 고유의 본성을 가지고 더 세분될 것이다(1003b19-22). 이 본성 모두는 있는 것에 대한 앎을 가지는 학문에 포섭된다. 둘째, 각각의 종에게 고유한 하나임이 이 종들에 각각 연관되어 있고, 이 서로 다른 종류의 하나임이 있는 것에 대한 학문 안에 포함된다(1003b22-1004a2). 있는 것의 부분 혹은 종들 각각이 철학의 부분들의 주제 대상이다(1004a2-3). 이러한 면에서 철학의 부분들은 마치 수학의 부분들과 같다. 수학의 첫 부분은 가장 하나(단위)인 것을 다루고 나중 부분들은 덜 하나인 것을 다루듯이, 철학의 첫 부분은 가장 하나인 것을 다루고 나중 부분들은 덜 하나인 것을 다룬다(1004a2-9).

　독자가 추론하도록 남겨진 이 부분의 요지는 첫 번째 수리적 학문(수학의 첫 번째 부분)이 다른 수리적 학문을 다 삼켜 버려 오직 하나의 수학이 되지 않으니, 철학의 첫 번째 부분도 다른 부분을 삼켜 버리지 않을 것이라는 것이다. 따라서 모든 실체가 철학에 포섭되면서도 모든 속성을 증명하는 단 하나의 학문만 있는 것은 아니다. 첫 번째 수리적 학문은 아마도 모든 면에서 하나인 것, 즉 단위와 단위의 모음, 즉 수에 대한 학문일 것이다. 나중의 수리적 학문은 한 가지 측면에서 하나인 것(선(線)), 두 가지 측면에서 하나인 것(평면) 등등을 다룬다. 수가 첫 번째 수리적 학문의 주제이지만 나중의 수리적 학문도 수를 사용한다. 마찬가지로 철학의 첫 번째 부분도 있는 것이 본성을 가지는 한 있는 것을 다룬다. 즉 그것은 있는 것을 움직이는 것이나 양(量)으로서 다루는 철학의 나중 부분과 대조적으로, 있는 것 각각의 본성을 다룬다. 수가 모든 수리적 학문에서 어떤 역할을 담당하듯이 철학의 첫 번째 부분에서 상술되는 본성들은 나중의 부분에서도 사용된다.

Γ권 2장의 마지막 세 논증은 형이상학이 어떻게 있는 것으로서의 있는 것에 속하는 본질적 속성을 다룰 수 있는지를 보인다. **모든** 본질적 속성을 다루는 하나의 학문에 대한 B권의 반론은 어떤 실체들은 증명된다는 것이다. 이를 통해 아리스토텔레스가 말하는 것은 아마도 삼각형의 본질적 속성이고, 따라서 삼각형학에 의해 증명되는 선이나 각은 또한 동시에 그 자체로 자신의 본성을 가지는 수학적 존재자이고 따라서 실체라는 것이다. 모든 실체를 포함하고 모든 본질적 속성을 증명하는 학문은 선과 각을 실체로서 다루지만 동시에 그것들을 속성으로서 증명할 것이다.

이 아포리아를 다루는 아리스토텔레스의 첫 번째 논증(1004a9–31)은 네 가지 반대 유형 각각이 있는 것의 본성에 속하는 하나임을 통해 정의된다는 것을 보인다. 결여는 유(類) 안에 있는 하나임의 부재이고, 부정은 단순히 하나임의 부재이며, 반대는 다수성이고, 관계는 이들 중 어떤 것에 대해서도 말해진다. 모두가 있는 것의 본성에 속하는 하나임을 통해 정의되므로, 그것들은 모두 이 본성을 취급하는 학문에 의해 다루어진다. 그 본성은 모든 있는 것을 그 본성의 측면에서 다루는 학문, 즉 형이상학에 의해 다루어진다. 따라서 반대의 모든 유형은 이 학문에 포섭된다.

이제 이 본성은 있는 것이고 그 본성의 면에서 그것에 속하는 모든

것이 그 속성으로 간주된다. 이로부터 있는 것의 이 속성들은 형이상학
에 의해 다루어져야 한다는 것이 따라 나온다. 2장에서의 두 번째 논증
인 이 논증(1004a31-b25)은 형이상학이 다루는 몇몇 속성을 지적하지
만 어떤 실체들이 증명된다는 결론을 어떻게 피할 수 있을지는 설명하
지 않는다.

마지막 논증(1004b27-1005a18)은 모든 속성이 하나와 다수로 거슬
러 올라간다고 주장한다. 이 둘, 즉 하나와 다수는 형이상학에 의해서
다루어지고, 또한 이 둘이 있는 것 각각의 속성들의 원천이므로, 모든
그 외의 속성들도 형이상학에 의해 다루어진다. 이 결론보다 더 중요한
것은 이 결론에 도달하면서 아리스토텔레스가 네 번째 아포리아에 대
해 대답했다는 것이다. 있는 것의 본질적 속성은 그 자신들이고, 따라
서 그것들의 본성 면에서 형이상학에 의해 실체로서 다루어지지만, 이
학문에 의해 증명되기까지 하는 것은 아니다. 대신에 속성들은 그 원리
에서 "연원한" 것이다. 형이상학은 모든 있는 것과 모든 속성을 다루지
만 그 속성들을 증명하지는 않는다. 속성들을 따라 본성으로 거슬러 올
라갈 뿐이다.

Γ권 2장은 이 속성들 중 몇몇을 열거하면서 결론을 맺는다(1005a13-
18). 그것들은 Δ권에서 다루어진다.

무모순율

B권에서 제기된 아포리아 중 하나, 즉 두 번째 아포리아는 무모순율 및
증명의 다른 원리가 형이상학에 의해서 다루어지는가이다. 아리스토텔
레스는 Γ권 3장에서 "그것들이 있는 모든 것에 적용되므로"(1005a22-
3), 혹은 그의 말을 더 문자 그대로 새기면, 그것들이 "모든 있는 것에
속하"고 하나의 유에 배타적으로 속하지 않으므로 그것들은 형이상학

에 의해 다루어져야만 한다고 논증한다. 오직 형이상학만이 모든 있는 것을 시야에 가지고 있으므로, 형이상학이 이 원리들을 다룰 수 있는 유일한 학문이다.

하지만 이 논증은 그 아포리아를 해결하는 것으로 보이지 않는다. 왜냐하면 이 논증이 모든 원인에 대한 앎을 가지는 하나의 학문 안에 그 원리들을 포함하게 되는 귀결, 즉 모든 속성에 대한 하나의 증명적 학문이 있다는 귀결을 피하지 못하기 때문이다. 나의 제안은 아리스토텔레스가 그 원리들을 정말로 모든 있는 것에 **속하는 것**, 즉 그것들의 속성이라고 간주함으로써 이 귀결을 회피하고 있다는 것이다. 그렇다면 그것들은 있는 것들의 다른 속성들과 같다. 그것들은 하나임으로 돌아오기 때문에 형이상학에 포섭되지만, 형이상학 안에서 증명되지도, 다른 있는 것을 증명하는 데에 사용되지도 않는다.

이 원리들이 정말로 속성일 수 있을까? 우리는 앞에서 원인들이 사물이라는 것을 보았다. 어떤 원리들은 원인이지만 무모순율은 원인이 아니다. 그것은 사물이 아니다. 무모순율이 단지 언어적 규정인 것도 아닌데, 왜냐하면 규정은 있는 것에 대해 아무런 의의도 가질 필요가 없기 때문이다. 그 원리는 (a) 동일한 것이 동일한 것에 속하면서 동시에 동일한 방식으로 속하지 않을 수는 없다고 단언한다. 같은 말을 다르게 표현하면 (b) 동일한 것이 동일한 방식으로 반대 성질을 가질 수 없다. 또 다르게 말하자면 (c) 동일한 것이 동시에 동일한 방식으로 무엇 무엇이면서 무엇 무엇이 아닐 수는 없다. 이 표현들은 불특정한 조건들을 포함한다. 그렇지만 이것들은 있는 것에 대해 중요한 점을 지적하고 있다. 즉 그들은 어떤 속성을 가지지만 다른 속성은 가지지 않는다. 있는 것이 알려질 수 있는 것은 그들이 제한된 수의 속성을 가지기 때문이다. 어떤 것을 안다는 것은 그것이 어떤 속성을 가지고 있는지를 파악하는 것이고, 그것이 어떤 속성을 가지고 있는지를 파악하는 것은 또한 무엇이 이 속성을 결여하고 있는지를 이해하는 것도 함축하기 때문이다. 동일한 속성을 가지면서 가지지 않는 어떤 것이 있다면 그것이 가지고 있는 속성을 파악한다고 해서 그 속성을 결여하고 있는 다른 것으로부터 그것을 구별할 수 있게 되지는 않는다. 왜냐하면 그것은 그 속성을 결여하고 있기도 하기 때문이다. 그렇다면 그것에 대해 알 수 있는 것이 무엇이 있겠는가? 그것이 어떤 속성을 가진다는 것은 그것이 다른 어떤 속성을 가진다는 것을 배제해 주지는 않는다. 반대 속성을 가지는 모든 것은 모두 똑같이 모든 속성을 가질 것이다. 그것에 대해서는 알 수 있는 것이 아무것도 없다. 따라서 사물이 반대 속성을 가지지 않는다고 말하는 것은 그것이 가지는 중요한 측면, 그 사물이 알려질 수 있도록 해 주는 그 측면, 다시 말하면 그것이 어떤 확정된 특성을 가지고 다른 특성은 가지지 않는다는 것을 나타내 주는 것이다. 아리스토텔레스는 도대체 지식이 있으려면 무모순율이 참이어야만 한다고 말한다. 무모순율은 모든 학문에서 사용된다. 명백히 그것은 앎의 원리의 하나이다.

  하지만 이 원리가 **모든** 있는 것에 적용된다는 것이 명백하지는 않다. 헤라클레이토스가 무모순율을 부정했다는 것은 잘 알려져 있다. 플라톤은 무모순율을 인정하지만 지각될 수 있는 것에 대해 모순 없는 설명을 제공한다는 것은 가능하지 않다고 생각했다. 그는 이 원리가 오직 형상에만 적용되고, 따라서 오직 형상만이 앎의 대상이 될 수 있다고 생각한 것으로 보인다. 만약 아리스토텔레스가 주장하듯 이 원리가 모든 있는 것에 적용된다면 지각될 수 있는 것들을 포함해서 모든 있는 것은 앎의 대상이 될 수 있다. 따라서 아리스토텔레스가 이 원칙을 확대한 것은 지각될 수 있는 것들도 앎의 대상이 될 수 있다는 대담한 주장을 내포한다.

이 확장의 근거는 무엇인가? 표면상 아리스토텔레스는 Γ권 4-8장에서 무모순율을 논증한다. 하지만 아리스토텔레스는 무모순율보다 더 잘 알려지는 것은 없고 무모순율을 전제하지 않는 증명도 없다는 것을 인정한다. 그렇다면 무모순율을 논증해서 무엇을 얻을 수 있는가? 아리스토텔레스는 그러한 모든 증명은 단어가 본질적 본성을 의미한다는 것을 전제하고 시작한다는 것에 주목한다. 만약 무모순율이 성립해야만 하고 그것이 성립한다는 것을 보이는 유일한 방법이 본질적 본성이 있다는 전제에서만 성립한다면 본질적 본성이 있어야만 한다. 이 말은 이 원리가 어느 것에라도 속하려면 최소한 그런 본성이 하나는 있어야만 한다는 것이다. 이제 당장 "어떤 있는 것이 본성을 가지는가?"라는 질문이 따라 나온다. 무모순율이 있는 것 모두에 적용된다는 것을 부인하는 2개의 논증이 있다. 이 논증을 무력화함으로써 아리스토텔레스는 무모순율이 모든 있는 것을 포섭한다는 것을 부인할 이유를 없앤다.

무모순율을 위한 아리스토텔레스의 첫째 논증을 먼저 살펴보자. 내가 말했듯이 아리스토텔레스는 단어가 무언가를 의미한다는 것, 예를 들어 "인간"은 두 발 달린 동물을 의미한다는 것을 전제하고 시작한다 (1006a18-34). 이 정의는 "인간에게 있어서의 있음", 즉 인간의 본질적 본성이다. 만약 이것이 인간이라면 비(非)인간은 무언가 **다른** 것이어야만 한다. 인간이 비인간이라고 주장하는 것은 어떤 것이 그것과 다른 어떤 것이라고, 즉 "인간"이 어떤 것 하나를 의미하는 것이 아니라 두 가지를 의미하는 것이라고 주장하는 것이다. 다시 한 번 만약 "인간"이 어떤 것 하나, 그 본질적 본성을 의미한다면, 비인간은 다른 어떤 것을 의미할 것이고 인간을 비인간이라고 주장하는 것은 인간을 둘로 만드는 것이다.

반면에 만약 그럴 리는 없지만 인간이 어떻게든 비인간이라면 비인간은 인간으로부터 가장 멀리 떨어진, 가장 반대의 것이기에, 인간이 다른 어떤 것은 아니라고 주장할 이유가 있을 수 없을 것이다.[2] 따라서 인간은 모든 것이 될 것이고 모든 술어가 그것에 속할 것이다. 같은 추론에 의해 모든 술어가 모든 것에 속할 것이고, 각각은 다른 모든 것과 동일하게 될 것이다.

요약하면 무모순율을 부정하는 것은 말도 안되는 결과, 즉 하나가 둘이라거나 모든 것이 동일하다는 결과에 도달한다. 무모순율을 부정하는 사람은 말도 안 되는 결과에 처하게 될 거라는 데에 전혀 신경을 쓰지 않을 것이라고 반론을 제기할 수도 있을 것이다. 하지만 어느 쪽이든 의미 있는 언어 행위에는 반대된다. 만약 "인간"이 인간과 비인간을 똑같이 지칭한다면 어느 쪽에 대해서건 아무 말도 할 수 없다. 만약 모든 것이 동일한 술어를 가진다면 모든 것에 대해 아무 말이든 할 수 있을 것이다.

무모순율을 부정하는 사람이 왜 의미 있는 언어 행위에 대해 관심을 가져야 하는가? 만약 그가 사용하는 단어가 의미를 가지지 못한다면 그는 이 원리를 부정할 수 없다. 만약 모든 단어가 동일한 의미를 가진다면 이 원리를 부정하는 것은 그것을 단언하는 것만큼이나 불가능하다.

이 논증에서 말하는 의미 있는 언어 행위는 하나의 단어가 정의될 수 있는 하나의 어떤 본성을 의미할 때에 발생한다. 이런 방식으로 이해하면 의미 있는 언어 행위는 학문적 혹은 철학적 대화와 앎, 그리고 정의

---

2   역주: 인간에게 가장 속할 법하지 않은 것이 무엇일까 생각해 보라. 비인간보다 더한 것을 찾을 수는 없지 않을까? 그런데 이, 인간에게 가장 속할 법하지 않은 것이 인간에게 속한다고 (사실 그럴 리는 없겠지만) 상상해 보라. 그럼 이 인간에게 속하지 않을 것이 무엇이 있겠는가? 가장 속할 법하지 않은 것조차 속한다면 말이다. 따라서 모든 것이 (이) 인간에게 속할 것이다.

를 필요로 하는 모든 일에 필수적이다. 상당히 많은 인간의 상호 작용
은 이런 의미에서의 의미 있는 언어 행위를 필요로 하지 않는다는 것이
해롤드 핀터(Harold Pinter)의 희곡에서 드러났고 루트비히 비트겐슈
타인의 작품에서 논증되었다. 아리스토텔레스는 의미 있는 언어 행위
가 앎에 필수적이기 때문에 그것을 강조한다. 그의 요지는 앎을 위해서
는 무모순율이 필요하다는 것이다.

　문제는 무모순율을 논증하기 위해서는 의미 있는 언어 행위를 전제
해야만 하고, 그 말은 단어가 지칭할 수 있는 어떤 본성이 있다는 것을
전제한다는 것이다. 왜 우리는 본질적인 규정이 정의하는 본성이 있다
고 생각해야 하는가? 어느 누구도 진정으로 무모순율을 부정하지는 않
지만 본질적 본성이 있다는 것은 별로 명백하지 않다. 그래서 아리스토
텔레스의 전제는 그 전제로부터 끌어내는 결론, 즉 무모순율보다 더 문
제가 있다.

　내 생각에는 결론으로 추정되는 것은 사실 전제이다. 만약 학문적 앎
이 있으려면 무모순율이 참이어야만 하고, 그러한 앎이 있다. 내가 말
했듯이 논의되는 문제는 무모순율이 참이라는 것을 보이기 위해 무엇
이 전제되어야 하는가이다. 그 대답은 의미 있는 언어 행위, 즉 정의와
본질을 지시하는 언어이다. 무모순율이 성립하려면 이 후자가 존재해
야만 하고 무모순율이 성립해야 하므로 정의와 본질은 존재함에 틀림
없다.

　이 결론을 Γ권의 처음 몇 장과 연결해서 이해하면 더 잘 이해할 수
있다. 거기서 있는 것은 각각의 있는 것에 속하는 본성을 가진다는 것
을 보였다. 심지어 있지 않은 것조차 "있지 않은 것이다"³라고 아리스

3　역주: 이 말을 무(無)도 있는 것이라는 식으로 오해하면 안 된다.

토텔레스는 주장한다(1003b10). 그의 요지는 모든 것은 있는 것이므로 어떤 것의 부정 또한 있는 것이라는 것이다. 이로부터 역으로 있는 것은 그것과 그 부정, 즉 반대되는 특성들에 의해 규정된다는 것이 따라 나온다. 만약 모든 것의 본성이 단순히 있는 것이라면 무모순율은 성립하지 않을 것이다. 이것이 아리스토텔레스가 무모순율을 논의하는 중요한 이유이다. 이 원리가 성립하기 위해서는 개별적인 있는 것들은 단순히 있는 것보다는 더 확정된 본성들을 가져야 한다. 그러한 본성들은 있는 것을 다른 있는 것으로부터 구별한다. 어떤 것과 그 부정을 서로 다른 있는 것으로 구별하기 위해 우리는 인간의 본성과 같은 본성이 필요하다. 있는 것과 있지 않은 것이 하나, 즉 있는 것인 반면에 인간과 비인간은 둘이다. 무모순율에 대해 논의하면서 아리스토텔레스는 정제된 본성, 즉 있는 것의 본질을 넘어서는 인간의 본성의 존재를 효과적으로 논증하고 있는 것이다.

어떤 있는 것들이 그러한 본질을 가지는가? 이 질문은 무모순율의 적용 범위가 어디까지인가를 묻는 것과 같다. Γ권 5장에서 아리스토텔레스는 지각될 수 있는 특성에 모순이 있다는 것을 보이려는 두 논증을 무력화한다. 그 한 논증은 하나의 사물이 이 사람에게는 이렇게 저 사람에게는 저렇게 보인다는 프로타고라스의 논증이다. 프로타고라스가 생각하는 이 논증의 함의는 사물이 반대되는 특성을 가진다는 것이다. 일반적으로 아리스토텔레스는 우리가 감각하는 특성이 감각된 대상 안에 존재한다고 생각한다. 우리의 감각 기관 안에 생기는 형상은 질료와 함께 대상 안에 존재한다. 하지만 그는 또한 아프거나 다쳤을 때 감각 기관이 형상을 왜곡하기도 한다는 것을 인지한다. 그러므로 감각한 사람에게 속하는 특성이 필연적으로 감각된 대상 안에 있는 것은 아니다. 따라서 이 사람은 대상이 이 형상을 가진다고 지각하고 다른 사람은 다른 형상을 가진다고 지각하는 것이 대상 안에 있는 모순은 아니다. 따라서 지각 대상이 본성을 가진다는 것을 부정하는 프로타고라스의 논증은 성립하지 않는다. 더욱이 감각하는 사람들이 그 대상이 예를 들어 하얗거나 달거나 한지에 대해서는 다른 의견을 가지더라도, 그들은 의견 대립을 알아차리기 위해서라도 하양 혹은 달콤함의 본성을 인정해야 한다.

감각 가능한 것들이 모순적이라는 것을 보이는 것으로 생각되는 두 번째 논증은 운동에서 파생된다. 만약 하얀 어떤 것이 검게 된다면 그것은 반대되는 특성을 보이는 것이다. 그것이 하얄 때도 그것은 그 안에 검음을 가지고 있어야 하는데, 왜냐하면 외부의 어떤 것으로부터 검음을 얻지 않았기 때문이다. 따라서 변화하는 대상은 반대 특성들을 가지고 있는데, 이것은 무모순율을 어기는 것이다. 아리스토텔레스는 현실의 특성과 가능적인 특성을 구별함으로써 이 논증을 무력화한다. 하얀 것은 그 안에 검음을 가지고 있지만, 단지 가능적으로만 가지고 있는 것이다. 이 가능성이 현실화될 때 그 대상은 실제로 검게, 그리고 가능적으로 하얗게 된다. 실제로 이 특성을 가지고 가능적으로 그 반대되는 특성을 가진다는 것에는 아무 모순도 없다. 아리스토텔레스는 감각 가능한 것에 무모순율을 부정하는 근거를 무력화할 뿐 아니라 무모순율을 부정하는 논증이 하양과 검정 각각이 그 자신의 본성을 가진다는 것을 전제하고 있다는 것을 명백히 하고 있다.

그래서 아리스토텔레스는 반대 논증을 무력화함으로써 모든 있는 것은 무모순율의 아래에 있다고 논증한다. 무모순율의 아래에 있기 위해 있는 것은 정의될 수 있는 본질적 본성을 가져야만 한다. 모든 존재하는 것은 무모순율의 아래에 있기 때문에, 그것들은 본질적 속성과 정의를 가진다. 있는 것은 그 자신의 본질을 통해 알려지기 때문에 모든 있는 것은 알려질 수 있다. 이 결론은 오직 형상만이 본성을 가지고 지각될 수 있는 것은 형상을 통해서 알려진다는 플라톤의 생각과 극명하게 대립된다. 아리스토텔레스는 사실상 **각각의** 있는 것이 그것을 다른 있는 것으로부터 구별하는 본성을 통해 알려질 수 있다고 논증한 것이다.

　모든 있는 것은 그 자신의 본성을 가진다는 주장은 아리스토텔레스에게 정말 중요한 형이상학적 결론이다. Γ권 처음에서 그는 모든 있는 것이 나누어 가지는 공통의 특성, 그 모두를 하나의 학문에서 다루는 것을 가능케 하는 특성을 강조한다. 이 특성이 실체이다. 이것이 어떻게 공통적인지를 이해하는 것은 어렵다. 나는 "실체"가 범주적 유가 아니라 그것이 무엇이건 간에 있는 것의 본성을 뜻하는 위치표시자이고, 이 "본성"은, 최소한 Γ권의 처음에서는, 두 발 달린 동물이나 5피트 길이처럼 범주적 유에 포섭되는 특성이 아니라고 제안했다. 어떤 것을 있게 해 주는 것은 단지 그것이 본성을 가지고 있음이다. 그래서 있는 것의 본성은 이것, 즉 본성을 가짐이다. 이것은 명백히 "본성"이라는 단어의 의미를 확장했을 때만 본성이지만, 이것이 모든 있는 것의 공통된 면이고, 이 때문에 모든 있는 것에 대한 학문인 형이상학이 있을 수 있는 것이다. 모든 있는 것은 알려질 수 있다는 것을 우리가 알 수 있기 때문에 형이상학이 있다. 있는 것을 있는 것으로 안다는 것은 그 본질적 본성, 즉 실체를 통해 그것을 안다는 것이다. 무모순율에 대한 논의는 모든 있는 것의 본질적 본성들이 동일할 **수는 없다**는 것을 보여 준다. 모든 있는 것이 동일한 정의에 의해 알려질 **수는 없다**. 각각은 있는 것에 공통적인 본성, 실체보다 더 정련된 본질적 본성을 가져야만 한다. 있는 것이 학문에 종속되는 본성이라는 것뿐 아니라 이 본성이 **무엇인지**를 이해하기 위해서 아리스토텔레스는 서로 다른 있는 것의 본성들을 살펴보아야 한다. 이 과제를 아리스토텔레스는 『형이상학』의 중심 권인 E-Θ권에서 수행한다.

Γ권은 있는 것이 알려질 수 있다는 것을 알기 위해 있는 것의 있음과 씨름한다. 이 재귀성은 우연적인 것이 아니다. 이 반성의 과정은 "있는 것이 **무엇인가?**"에 대한 연구로 이어지는데, 이 주제에 대한 연구가 중심을 차지한다.

연구를 위한 물음들

1. 끈질기게 무모순율을 부정하는 사람이 자신의 착오를 인정하도록 만들 수 있을까?
2. 무모순율과 같은 논리적 원리가 세계의 본성에 대한 어떤 것을 주장하거나 전제하고 있는가?
3. 논리적 원리란 어떤 종류의 존재자인가?

본질적 속성: Δ권

Δ권은 『형이상학』의 사고의 흐름과는 무관한 용어 사전이라고 보통 말한다. Δ권은 30여 개의 단어를 한 장에 한 단어씩 논의하는 것으로 구성된다. 하지만 이것은 사전이 아니다. 이 책은 각각의 경우에 같은 단어로 불리는 다양한 종류의 대상을 열거하고 어떤 면에서 이것들이 그 단어로 불리는지를 어느 정도로 설명하는 것을 목적으로 한다. 그래서 여기에는 3개의 구성요소, 즉 (1) 단어, (2) 그 단어에 의해 불리는 것들, (3) 그들이 그 단어로 불리는 그 측면이 있다. 일반적으로 하나의 사물은 그것의 본질적 본성의 측면에서 한 단어로 불린다(『범주론』 1장을 보라). 하지만 Δ권에서 논의되는, 단어로 불리는 것들의 그룹들은 본질을 가지지 않는다. 대신에 우리는 세 번째 요소를 유사-본질이라고, 즉 개별 학문에서 본질이 하는 역할, 왜 일군의 것들이 하나의 단

어로 불리는지를 설명하는 역할을 대신해 주는 특성이나 규정이라고 생각해야 한다.

이 책에서 논의되는 단어들 중 다수는 이미 앞에서 등장했다. 그것들은 범주의 구분을 넘나드는 단어이다. "시간"과 "장소"는 개별 학문, 자연학에서 논의되는 단어이다. "원인", "원리", "하나", "유"는 어떤 범주에 속한 것에 대해서도 말해질 수 있다. 우리는 이들을 초범주자(transcategorial)라고 부를 수 있을 것이다. Δ권은 후자의 종류의 단어들이 그것들에 대해 말해지는 여러 다른 무리의 대상들과 동일한 단어가 동일한 대상에 대해 말해지도록 해 주는 다양한 특성을 상세히 설명한다.

대상들이 각각의 단어로 불리게 해 주는 다양한 측면이 있다. Δ권에 등장하는 논의 중에는 한 단어로 불리는 모든 것을 그렇게 불리게 해 주는 하나의 측면이 있다거나 그 단어로 불리는 모든 것에 공통적인 특징이 있다거나 하지는 않는다. 공통적인 특징 대신에 이 논의 중 일부는 대상이 하나의 단어로 불리는 여러 가지 방식을 밝히고, 이 방식들이 어떻게 더 선차적인 방식, 혹은 어떤 유형으로 이끌어지는지를 보인다. 그런데 이 대상은 그 단어가 가장 제대로 속하는 것이자, 이 대상에서 출발해서 그 단어가 다른 것에도 확장 적용되는 그런 대상이다. 이 일차적 의미는 모든 사용법을 하나로 묶는 역할을 한다. 표준적인 아리스토텔레스적 학문에서 본질적 성질은 본질적 본성으로부터 증명될 것이다. 여기서 속성은 증명되는 것이 아니라 그것이 가능하다면 더 일차적인 것, 대상의 개별 본성과 연관된 어떤 것으로 "이끌어지는" 것이다.

처음 8장은 어떤 것이 "원인"이라고 이야기되는 다양한 방식들, "원리"라고 이야기되는 방식들, 마찬가지로 어떤 것이 "요소", "본성", "필연적", "하나", "있는 것", "실체"라고 이야기되는 방식들을 열거한다.

이 장들 중 두 장, 즉 "하나"와 "있는 것"에 대한 장은 10권과 E–Θ권에 등장하는 이 단어로 불리는 것들에 대한 긴 논의에 바탕을 제공한다. Δ 권에서 아리스토텔레스는 이 중 어느 단어에 대해서도 일차적인 의미가 무엇인지를 밝히지 않는다.

처음 8장에서 묘사된 속성들은 있는 것들의 본질적 본성의 측면에서 모든 있는 것에 속하므로, 그들은 『분석론 후서』(1권 4장, 73a34–37) 에서 구별된 첫 번째 의미에서 "그 자체로"(per se)라고 말해지는 속성 들과 닮았다. 이들은 선이 삼각형의 정의 안에 들어 있듯이, 대상의 본 질적 본성 안에 들어 있는 속성이다. Δ권의 나머지 속성들은 『분석론 후서』(73a37–b3)의 두 번째 의미에서 "그 자체로"라고 말해지는 예인, 홀수가 어떤 수에 속하는 것과 같은 방식으로 있는 것에 속한다. 이 경 우에 속성의 본질적 본성은 홀수의 정의가 수를 포함하는 방식으로 그 안에 실체의 본질적 본성을 포함한다. 있는 것과 하나에 대한 논의와 는 달리 이 자료의 대부분은 나중에 사용되지 않지만 그 자체로 흥미 있다.

사물은 만약 그것이 결합된 것이라면 우연적으로 "있는 것"이라고 불린다. 만약 그것이 (1) 범주적 유 중 하나에 속하거나, (2) 거짓이 아 니라 참이거나, (3) 가능적으로 혹은 현실적으로 있다면 그것은 본질적 으로 "있는 것"이라고 불린다. 아리스토텔레스는 이러한 방식의 있음 을 E–Θ권에서 상세히 다룬다. 사물이 결합된 것이라면 우연적인 의미 로 "하나"라고 불린다. 만약 사물이 (1) 연속적이고, (2) 질료적 혹은 유적 기체이며(이것들은 예를 들어 물의 형상이라서, 또는 예를 들어 동물의 예라서 하나이다), (3) 규정에 있어 분할 불가능하고, (4) 전체 라면 본질적 의미로 "하나"라고 불린다. 아리스토텔레스는 하나임의 여러 방식을 I권에서 다룬다.

Γ권은 『분석론 후서』(2권 1-2장)가 학문적 탐구를 수행할 때 물어야 할 질문 중 하나로 열거되는 "그것이 있는가?" 질문을 제기한다. Γ권은 있는 것이 있는지 묻는데, 그 질문은 있는 것이 그것을 통해 알려질 수 있는 어떤 본성이 있는지를 묻는 것이다. 그 대답은 있는 것이 본성, 실체의 본성을 통해 알려진다는 것이다. 아리스토텔레스는 실체가 무엇인지를 밝히지는 않지만 각각의 있는 것은 그것이 본성을 가지는 한 실체라고 논증했고, 우리는 이 본성이 모든 있는 것에 공통적일 수는 없다는 것을 보았다. 본성을 가진다는 측면에서 있는 것에 속하는 속성들이 있다. 그것은 있어야 하고 하나이어야 한다. 그것은 원인이어야 한다. 그것은 다른 있는 것에 선차적이거나 후차적이어야 한다. 그것은 완전하거나 모자라다. 요약하면 Δ권에서 대략적으로 제시된 속성들은 그 본성 때문에 있는 것에 속한다. 있는 것이 본성과 속성을 가지는 한 그것을 다루는 학문이 있다. 이 학문을 더 멀리 추구하기 위해 우리는 있는 것의 본성이 무엇인지를 이해해야 하고, 이를 위해서는 우리가 보겠지만 일차적으로 있는 것이 무엇인지를 찾아야 한다.

있는 것은 무엇인가?

형이상학의 주제 대상이 있음을 보임으로써 형이상학이 있음을 보인 후 아리스토텔레스는 그다음 질문, "그 주제 대상이 무엇인가?" 즉 "있는 것은 무엇인가?"로 넘어간다. 이 논의는 E권의 1장에서 시작한다. 아리스토텔레스가 여기서 "있는 것으로서의 있는 것"의 원인과 원리를 찾는 것에 대해 말하고 있기 때문에, 보통 이 장은 Γ권 1-2장과 비슷한 것으로 간주된다. 본문은 "단순히 있는 것 또는 있는 것으로서 있는

것"을 다루는 학문과 "어떤 특별한 있는 것 — 어떤 유(類)"를 다루는
학문을 구별하는데, 이 구별은 Γ권에서도 나온다. 하지만 여기 E권 1장
의 중심 주장은 개별 학문들이 그들이 다루는 유의 **본질**을 증명하지 않
는다는 것이다. 그들은 감각을 통해 보이거나 가정을 통해 전제하고,
그다음에 그것을 통해 그 유에 속하는 속성을 증명한다. 그 학문들은
그 유가 존재하는지 안 하는지를 생각해 보지 않는데, 그 이유는 "그것
이 무엇인지를 보이는 것과 그것이 있음을 보이는 것이 동일한 사고에
속하기" 때문이다(1025b10–18).

아리스토텔레스는 명백히 『분석론 후서』 2권 1–2장의 두 학문적 질
문을 염두에 두고 있다. 이 주제에 대해서는 내가 1장에서 논의했다.
여기에서 그의 요지는 개별 학문에서는 우리가 본질을 파악하기만 하
면 그 두 질문 모두 대답된다는 것이다. 어떤 유가 **무엇인지**를 알 때,
즉 우리가 그 본질을 파악할 때 우리는 그것이 있음을 안다. 개별 학문
들은 (자연적 실체가 스스로 움직임을 볼 때처럼) 본질을 감각함을 통
해서나 ("삼각형이란 세 변을 가진 닫힌 평면 도형이라고 하자"에서처
럼) 본질을 가정함을 통해 그것을 파악한다. E권 1장은 이 개별 학문들
을 형이상학과 대비한다. 형이상학은 있는 것의 일부를 다루지 않고,
또한 본질을 감각하거나 전제하지 않는다. 우리는 B, Γ권이 모든 있는
것이 하나의 학문에 의해 다루어질 수 있다는 것을 보임으로써 있는 것
의 유, 즉 있는 것의 하나와 관련된(pros hen) 유가 있다는 것을 논증한
다는 것을 보았다. 이 논증들은 이 유의 본질이 **무엇인지**를 보여 주지
는 않는다. 물론 Γ권은 있는 것의 본성, 즉 실체가 있다는 것은 보인다.
하지만 이 실체가 무엇인지를 보여 주지는 않으며, 사실 여기에서 실체
란 하나의 특성이 아니다. 따라서 형이상학은, 동일한 사고가 있는 것
의 유가 **있다는 것**과 그것이 **무엇**이라는 것을 보여 주지 **않는다**는 점에

서 개별 학문들과 같지 않다. 이제 두 번째 학문적 질문, "있는 것이 무엇인가?"를 아리스토텔레스가 다룰 차례이다. 이것이 『형이상학』의 중심 권들인 E-Θ권에서 탐구되는 주제이다.

이 두 질문이 형이상학에서는 왜 구별되는지는 쉽게 이해할 수 있다. 개별 학문에서는 우리가 유의 개별 예에 각각 속하는 본질적 본성을 이해할 때 우리는 그 유가 있음을 안다. 그런데 있는 것에 대해서는 그러한 본질적 본성이 없다. 우리가 처음 파악하는 것은 모든 있는 것에 공통적인 일종의 유사 본성이고, 그 존재는 간접적으로 파악된다. 각각의 있는 것이 본성을 가짐에 틀림없으니 모든 있는 것에 대한 학문이 있다. 하지만 우리가 이해하고자 하는 것은 이 본성들이 의존하는 일차적으로 있는 것, 다른 있는 것을 통해서가 아니라 자기 자신을 통해 본성을 가지는 그런 있는 것이다. Γ권이 있는 것에 공통적인 것을 찾는 반면 중심 권들은 일차적인 것을 찾는다.

Γ권과 중심 권들 사이의 관점 차이는 학자들을 오랫동안 고심하게 만들었고 어떤 학자는 그 두 관점이 상충하고 아리스토텔레스의 사고의 발전에서 서로 다른 시기에서 연원한 것으로 생각하기까지 했다. 하지만 우리는 이 두 관점이 있는 것에 대한 동일한 탐구의 필연적으로 서로 다른 부분이라는 것을 볼 수 있다.

있는 것의 본성에 대한 탐구는 일차적으로 있는 것을 추구하므로 E권 1장에서 당장 어떤 본질적 본성이 분리 가능한지를 묻는 것은 놀라운 일이 아니다. (일차적으로 있는 것은 분리 가능해야 하는데, 그 이유는 분리 가능하지 않은 것은 붙어 있는 것에 의존하기 때문이다.) 아리스토텔레스는 3개의 이론적 학문, 즉 수학, 자연학, 형이상학이 있다고 설명한다. 수학의 대상은 움직이지 않고 질료로부터 분리될 수 없는 것이다. 비록 수학자들은 그것들이 분리되는 것처럼 취급하지만 말이다. 자연학의 대상은 움직이고 역시 질료로부터 분리되지 않는 것이다. 형이상학의 대상은 움직이지 않고 질료로부터 분리되는 것이다. 따라서 형이상학은 제일 학문이다.

아리스토텔레스는 정의되는 것 중 어떤 것은 들창(snub)과 같고 어떤 것은 오목과 같다고 한다. 들창은 코 안에 있는 오목함이다. 그것은 질료(코) 안에 있는 형상(오목)으로 이해된다. 하지만 오목은 질료 없이 정의되는 형상이다. 자연학의 대상은 들창과 같다. 그것들은 질료와 함께 정의되어야 하는데, 그 이유는 질료가 운동의 원리이기 때문이다. 하지만 오목은 분리되어 존재하지 않는다. 그것은 질료 안에 있다. 내가 말했듯이 질료로부터 분리되어 존재하는 대상만이 일차적일 수 있는데, 그 이유는 오직 그러한 대상만이 다른 모든 것으로부터 독립적일 수 있기 때문이다. 반면에 질료를 가진 대상은 질료와 형상의 이중적인 것일 수밖에 없고, 따라서 다른 것들에 의존할 수밖에 없다. 따라서 만약 질료 없는 대상, 정말로 분리되어 있는 대상이 있다면 그것들이 선차적이고 형이상학의 대상이 될 것이다. 아리스토텔레스가 그러한 대상을 다루는 학문이 (다른 학문에 비해) 선차적이고 "일차적이니까 보편적"이며 "있는 것을 있는 것으로서, 그것이 무엇인지 그리고 있는 것으로서 그것에 속하는 성질을 다루는 것은 이 [학문]에 속한다"(1026a27-32)고 첨언한다는 것은 잘 알려져 있다.

그가 말하고자 하는 바는 질료 없이 형상을 다루는 학문은 질료와 함께 형상을 다루는 학문보다, 그리고 형상을 마치 질료 안에 있는 것처럼 다루는 학문보다 선차적이라는 것이다. 아마도 그러한 학문은 보편적일 텐데, 그 이유는 마치 "보편 수학"의 결론이 수학의 모든 분과에 적용되는 것과 같은 방식으로, 형상에 대한 그 결론들은 질료와 함께 존재하는 형상들에도 어떻게든 적용될 것이기 때문이다.

연구를 위한 물음들

1. 어떻게 아리스토텔레스는 형이상학의 주제 대상이 무엇인지 알기 전에 그것이 있음을 증명하는가?

2. 왜 "그게 무엇인가?"라는 물음은 일차적으로 있는 것에 대한 탐구이고 반면에 "그것이 있는가?"라는 물음은 있는 것 전체에 대한 탐구인가?

아리스토텔레스의 전략

"있는 것"은 다양한 방식으로 말해진다고 아리스토텔레스는 Δ권 7장에서 주장한다. 다시 말하면 사물은 여러 다양한 종류의 특성의 측면에서 "있는 것"이라는 이름으로 불린다. (1) 교양 있는 소크라테스와 같은 우연자(accident)가 있다고 말해지고, (2) 범주적 유(즉 가장 보편적인 유: 실체, 질, 양, 관계 등)의 예들이 있다고 말해지며, (3) 참된 진술과 참된 진술의 대상이 있고 부정과 부정되는 것은 있지 않다고 말해지고, (4) 현실적인 것도 또한 가능적인 것도 서로 다른 방식이지만 있다고 말해진다. 있음의 첫째 방식은 우연적이고 나머지 세 방식은 "그 자체로서"(per se)이다. 있음의 이 세 가지 그 자체로서의 방식은 하나의 케일의 서로 다른 조각이 아니다. 각각의 방식이 케일 전체를 포괄한다. 어떤 것들은 이 세 가지 그 자체로서의 방식 모두에서 존재한다고 말해진다.

존재의 네 가지 방식이 있으니 "있는 것이 무엇인가?"라는 질문은 네 가지—"우연적으로 있는 것은 무엇인가?", "범주적으로 있는 것은 무엇인가?", "현실적으로 또는 가능적으로 있는 것은 무엇인가?", "참 거짓은 무엇인가?"—로 나누어진다. 이 네 질문은 각각 (1) E권 2–3장, (2) Z–H권, (3) Θ권 1–9장, (4) E권 4장과 Θ권 10장에서 다루어진다.

아리스토텔레스가 무엇을 찾고 있는지를 이해하는 것이 중요하다. 이 네 가지 방식 중 **어느** 방식에서든 "있는 것"이라고 불리는 모든 것에 공통적인 본질적 본성은 없다. 즉 범주적으로 있는 것에 공통적인 본질, 현실태와 가능태에 공통적인 본질, 참인 것에 공통적인 본질은 없다. 하지만 만약 이 네 가지 구분에 포섭되는 것에 공통적인 것이 아무것도 없다면 있는 것의 본성은 없을 것이다. 비록 어떤 본성도 모두에 의해 공유되지는 않지만 모든 있는 것이 그것에 의존하는 본성은 있다. 다르게 말하면 **만약** 그런 본성이 있다면 모든 있는 것은 그것을 통해 알려질 것이고 그것의 측면에서 자신의 본질적 본성을 가지게 될 것이다. 다시 말하면 모든 있는 것에 공통인 본성이 없다고 하더라도 형이상학은 있는 것들이 그것에 의존하는 원리를 찾음을 통해 있는 것이 무엇인지를 알 수 있다. 이 원리가 바로 그것을 통해 또는 그것과의 관계에서 다른 있는 것들이 이해되는, 일차적인 있는 것이다. "있는 것"이 이야기되는 다양한 방식이 있으므로 아리스토텔레스는 각각의 있음의 방식 면에서 일차적인 것을 찾아야 한다. 그다음에 그는 이 네 가지 일차적인 것들 중에서 어떤 것이 다른 것에 의존하는 것인지를 살펴볼 것으로 우리는 기대할 것이다. 하지만 우리는 일차적인 것들이 놀랍게도 수렴되어, 하나의 있는 것이 네 가지 방식 모두에서 일차적이라는 것을 보게 될 것이다. 하지만 이 있는 것은 어떤 방식으로만 분리되어 존재하는 것이다. 따라서 그것은 더 상위의 존재를 필요로 한다.

우연적으로 있는 것: E권 2-3장

우연적으로 있는 것이란 무엇인가? 우연적으로 있는 것은 실체와 우연

적 속성의 결합 혹은 동일한 실체에 속하는 두 우연적 속성의 결합이
다. 아리스토텔레스는 우연적으로 있는 것에 대해서는 앎이 있을 수 없
다고 주장한다. 그 하나의 이유는 무한한 수의 우연자가 있고 무한은
알 수 없기 때문이다. 그래서 어떤 목수가 집을 만들 때 그는 예를 들어
어떤 사람에게 쾌적하고 어떤 나무 옆에 위치하고 어떤 사람의 18살 생
일에 존재하는 어떤 것을 만든다. 이 집이 과거와 미래를 통틀어 다른
모든 있는 것과의 관계 안에 있으므로 그것이 가지는 속성은 무한하다.
또 다른 논증은 우연자는 어떤 원리의 규칙적인 결과가 아니라는 것이
다. 일반적으로 어떤 원리로부터 생기는 사건은 규칙적이다. 그래서 여
름에는 덥고 겨울에는 추우므로 여름에 추운 날은 우연한 것이다. 그것
은 같은 원리로부터 나오지 않는다. 항상 혹은 대부분의 경우 일어나는
일에 대해서는 알 수 있지만, 우연적인 것은 항상 또는 대부분의 경우
성립하는 것이 아니다. 따라서 우연적인 것은 알 수 없다. 더욱이 조선
술(造船術)과 같은 기술에 의해 생기는 것은 그 기술과 그 기술이 작용
하는 질료에 따른 어떤 확정된 과정을 통해 단계적으로 생긴다. 우연한
것은 적절한 과정 없이 존재한다. 배를 만드는 사람은 조선술에 의해
정해진 확정된 과정을 따른다. 만약 의사가 배를 건조한다면 의술은 배
를 만드는 과정을 정하지 않고 조선술도 배가 의사에 의해 만들어지도
록 정하지 않기 때문에 이것은 우연적인 것이다. 따라서 이 우연적인
일은 양쪽 어느 분과(조선술 또는 의술) 혹은 다른 어떤 앎의 분과에
의해서도 알려질 수 없다.

적절한 과정을 통해 생기지 않는 특성에 대한 생각은 우연자에 대한
아리스토텔레스의 가장 유명한 예에서도 핵심적인 위치를 차지한다.
한 사람이 매운 음식을 먹고 물을 마시러 우물에 간다. 우물에서 그는
강도를 만나서 죽임을 당한다. 이 경우 매운 음식은 그의 죽음의 원인

이다. 하지만 매운 음식을 먹는다는 것이 보통 사람의 죽음으로 이끌지는 않을 것이다. 그가 우물가에서 죽임을 당한 것은 말하자면 일종의 속성인데, 그가 보통 그 속성을 가지게 될 그런 과정을 거치지 않고 가지게 된 속성이다. 여기에는 여러 다양한 원인이 작용하고 있다. 매운 음식을 먹은 것이 갈증을 야기하고, 갈증은 우물로 가도록 하며, 반면에 어떤 완전히 다른 것이 강도들이 우물에 모이도록 야기한다. 한 원인은 기대되는 결과, 그 사람이 우물에 가는 것으로 이끌고 다른 원인은 완전히 다른 결과로 이끈다. 그 사건을 일으킨 원인의 다수성은 여러 다양한 기술 혹은 연쇄에 속하기 때문에 하나의 앎으로 알려질 수 없다. 세상에 다양한 인과적 원리가 있는 한 우연자는 불가피하고, 이 세상의 어떤 부분은 알려지지 않은 채 남을 수밖에 없다.

연구를 위한 물음들

1. 왜 현대의 (뉴턴) 물리학은 우연자를 부정하는가? 왜 많은 중세 철학자는 우연자를 부정하는가?
2. 왜 아리스토텔레스는 어떤 원인이 그 결과를 단지 "대부분의 경우에"만 산출한다고 생각하는가?
3. "우연적 원인"이라는 말은 모순적으로 보인다. 왜 아리스토텔레스는 그렇지 않다고 생각하는가?
4. 양자물리학의 불확정성 및 다른 현상은 우연적 원인인가?

사고와 언어에서의 참: E권 4장

아리스토텔레스가 참으로서의 있는 것을 다루는 첫 번째 논의는 E권 4

장에 등장한다. 긍정은 그것이 연결하는 것들이 연결될 때 참이고, 부정은 그것이 분리하는 것이 분리될 때 참이다. 그렇게 이해할 때 참 거짓은 사고나 진술에 속하는 것이지 사물에 속하지 않는다. 그렇기 때문에 아리스토텔레스는 참이 있는 것의 한 종류가 아니라 사고의 속성이라고 하여 그것을 제쳐 둔다.

사고와 진술의 참은 우연적인 존재와 밀접한 관련이 있다. 교양 있는 소크라테스는 우연적인 존재이다. "소크라테스는 교양 있다"는 참이다. 사실 아리스토텔레스는 참의 원인과 우연적 원인을 비교하고 참과 우연적 존재 둘 다 내쳐 버린다(1027b34–1028a2).

당혹스러운 것은 왜 Δ권 7장이 참을 그 자체로 있는 것으로 취급하면서도 우연적인 존재로 취급하지 않는가 하는 것이다. 그 대답은 E권 4장이 참의 단지 한 부분만을, 즉 우연적 부분만을 취급하고 있다는 것임에 틀림없다. 이 장의 대부분에서 아리스토텔레스는 마치 자신이 주제 전체를 논의하는 것처럼 말하고 있지만, 한 군데에서 그는 단순한 것과 "그것이 무엇인지"는 나중에 논의하도록 남길 것을 제안한다(1027b28–29). 이 주제들은 사물의 필연적이고 불가능한 조합과 함께 Θ권 10장에 등장하는 사물의 참에 대한 논의에 속한다.

이 장들이 등장하는 위치는 전적으로 알맞다. E권 4장은 우연적 존재에 대한 설명 바로 다음에 등장하는데, 그 이유는 둘 다 내쳐지기 때문이다. Θ권 10장은 범주적 존재와 현실태로서의 존재에 대한 아리스토텔레스의 논의 이후에 등장하는데, 그 이유는 Θ권 10장이 그 논의에 의존하기 때문이다.

범주적 존재: Z-H권

존재하는 한 방식은 범주적 유(類)이다. 그 말은 한 사물은 그것이 이 유 중 하나의 일원이라면 "있는 것"으로 불린다는 것이다. Z, H권에 등장하는 범주적 존재에 대한 아리스토텔레스의 논의는 『형이상학』에서 가장 중요하고 가장 어려우며 가장 덜 이해된 부분 중 하나이다. 평소대로 아리스토텔레스는 독자에게 이 논의의 구조에 대해서는 별로 알려 주지 않는다. 하지만 일단 우리가 그 구조를 보기만 하면 논증들과 결론들은 깔끔하게 제자리를 찾는다.

아리스토텔레스는 『범주론』이라고 제목이 붙은 작품(이것은 그의 논리학에 속하는 작품인데)에서 범주를 차근차근 다룬다. 범주란 공통의 본성을 나누어 가지는, 사물의 가장 일반적인 집합을 구별해 내는 술어이다. 예를 들어 소크라테스는 인간이고, 모든 인간은 포유동물이며, 포유동물은 동물이고, 동물은 실체이다. 실체는 소크라테스의 술어인데, 공통의 본성을 가지는 집합을 지칭하는 최상위의 술어이다. 모든 실체는 자족적인 존재자(즉 다른 어떤 것에 술어로 붙지 않는 존재자)이다. "있는 것"도 소크라테스에 술어로 붙는다. 하지만 모든 있는 것에 공통인 본성은 없다. 마찬가지로 하양과 3의 술어 중 공통의 본성을 가지는 집합을 구별해 내는 가장 일반적인 술어는 각각 질과 양이다. 『형이상학』에서 중요한 것은 이 범주들이 있는 것의 서로 구별되는 유를 이룬다는 것이다(1016b31-34). 일차적인 범주적 유는 다른 모든 범주가 그것에 의존하는 것이다. 이것이 실체이다. 실체에 대한 시작 단계에서의 이해는 단순히 다른 모든 있는 것이 내속할 수 있는 그런 존재자라는 것이다. 여기 Z권 1장에서 아리스토텔레스는 실체가 다른 범주에 비해 규정, 앎, 그리고 시간의 면에서 더 앞선다고 말한다(1028a31-

b2). 다른 어떤 범주적 유의 예에 대한 본질적 규정은 실체의 표현을
포함한다.

　이 마지막 주장은 Γ권에서 우리가 본 것, 즉 모든 있는 것은 본질적
본성을 가진다는 것을 확인하는 중요한 주장이다. 더욱이 Z권 1장에서
아리스토텔레스가 실체의 범주에 부여하는 선차성은 대부분의 독자가
Γ권 2장에서 그가 실체에게 부여하는 것으로 생각하는 바로 그 선차성
이다. 하지만 Z권 1장이 보이고자 하는 것은 모든 있는 것의 하나임이
아니라 실체의 본성이 모든 있는 것의 본성에 대해 가지는 선차성이다.
만약 다른 모든 있는 것의 규정이 실체의 규정을 통해 이해된다면 있는
것이 무엇인지를 알기 위해 실체가 무엇인지를 아는 것은 결정적인 일
이다. 그러므로 아리스토텔레스는 Z권 1장의 마지막에서 "있는 것이
무엇인가?"라는 질문은 "실체가 무엇인가?"라는 질문으로 환원된다고
말한다. Z-H권의 나머지가 탐구하는 것이 바로 이 질문이다.

　Z권 2장에서 아리스토텔레스의 탐구는 실체라고 동의되는 것들을
차례차례 살펴봄으로써 시작한다. 가장 좋은 예들은 동물들, 식물들,
그들의 부분들, 그리고 자연적 물체, 즉 흙, 공기, 불, 물이고, 논란이
되는 예들은 수학적 존재자, 플라톤의 형상, 그리고 형상 수이다. 어떤
측면에서 이 존재자들은 "실체"라고 불리는가? Z권 3장은 이 질문에
대해 네 가지의 가능한 대답을 제시한다. 그것은 본질, 보편자, 유, 기
체(基體)이다. 여기서 전제되는 것은 만약 A가 어떤 것을 실체로 만들
어 주는 원인이라면, A는 그 자신이 더 높은 정도로 실체라는 것이다(α
권 1장 993b24-27 참조). 이 넷의 각각이 A로 간주된다는 것을 이해하
는 것이 중요하다. 여기서 문제되는 것은 이 넷 중 어떤 것이 우리가 실
체라고 동의하는 것들이 "실체"라고 불리도록 해 주는 **일차적인** 측면인
지이다.

기체

Z, H권의 나머지 부분은 이 네 후보들을 살펴본다. 그 후보들 중 하나인 기체는 셋으로 밝혀져서 Z권 3장은 세 기체—질료, 형상(모양), 그리고 복합체—를 구분한다. 연이어 이 장에서 질료로서의 기체가 어떤 것이 실체가 되는 **일차적인** 측면이라는 것에 대한 반론이 제기된다. 그 이유는 만약 어떤 것이 그 질료 때문에 실체라면 가장 아래에 있는 질료, 즉 아무런 특성도 없고 심지어 자신의 위치마저 없는 질료가 무엇보다도 실체가 될 것이라는 것이다. 하지만 실체는 분리되어 존재하는 자족적인 존재자이다. 따라서 어떤 특성이나 확정된 특색도 없는 것은 실체가 될 수 없다. 그것은 장소를 차지할 수도, 한계를 가질 수도, 알려질 수도 없고 도대체 아무것도 될 수 없다.

이 논증은 사물이 그 질료적 기체의 면에서 실체라는 것을 문제 삼지 않는다. 요지는 오히려 만약 질료로서의 기체가 어떤 것의 실체인 일차적 원인이라면, **가장 낮은** 단계의 질료적 기체가 **가장 상위**의 원인일 것이고 무엇보다도 그 자체로 가장 실체일 것이라는 것이다. 이로부터 질료보다는 형상이 일차적 실체가 되기에 더 나은 후보라는 것이 따라 나온다. 제삼의 기체, 형상과 질료의 복합체는 형상을 어떻게 취급하는지에 의존한다. 그래서 아리스토텔레스는 여기서 복합체에 대한 논의를 뒤로 미루고 H권에 가서야 다시 논의한다.

연구를 위한 물음들
어떤 종류의 것이 그 질료적 기체의 면에서 "실체"라고 불리는가?

본질에 대한 논리적 논의: Z권 4-6장
우리는 아리스토텔레스가 두 번째 유형의 기체, 형상을 그다음에 다룰

것으로 기대하지만, Z권 4장은 또 다른 후보인 본질을 다루고 이 논의
는 12장에서 끝난다. 하지만 Z권 6장에서 아리스토텔레스는 본질이 곧
형상이라고 논증한다. Z권 13-16장에서 아리스토텔레스는 유(類)도
다른 어떤 보편자도 일차적인 실체가 아니라고 논증한다. 오직 본질/
형상만이 제일 실체가 될 수 있다는 것은 명백하다. Z권 17장은 어떻게
그것이 다른 것을 실체가 되게 할 수 있는지를 설명한다. 그것은 물질
적 요소 사이의 통일성의 원인이라는 것이다. H권은 나머지 후보인 제
삼의 기체, 복합체를 살펴본다. H권은 어떻게 물질적 요소와 형상/본
질이 복합체 안에서 하나가 되는지를 설명해야 한다. 그러기 위해서 형
상/본질이 현실태라는 것을 밝힌다.

　Z-H권의 구조에 대해 개관했으니 이제 우리는 그 내용을 조금 더
자세하게 살펴볼 수 있다. Z권 4-6장은 본질을 "논리적"으로 다룬다.
어떤 것의 본질은 그 자체로(*per se*) 그것임이다. 한 사물의 본질을 나
타내는 규정은 그것이 무엇인지를 표현한다. 규정이 어떤 것의 본질을
표현하는 데에 실패하게 되는 두 방식이 있는데, 하나는 첨가에 의한
것이고 하나는 아닌 것이다. 교양 있음을 인간의 규정에 포함시켜서 정
의하려고 할 수 있을 텐데, 이것은 첨가에 의한 실패이다. 또는 교양 있
음을 정의해서 교양 있는 사람을 정의하려고 할 수도 있을 텐데, 이것
은 첨가를 제대로 하지 못한 규정이 될 것이다. 일견 이 예들은 정의하
는 데 무능력한 사람이나 저지를 만한 실수처럼 보이지만 여기에는 사
실 더 심오한 문제가 있다. 교양 있음은 인간이나 혹은 다른 어떤 실체
로부터 떨어져서 존재하지 않는다. 따라서 교양 있음을 정의하기 위해
서는 어떤 실체 혹은 최소한 그것이 실체에 의존한다는 것을 첨가해야
한다. 그렇다면 교양 있음의 정의는 첨가에 의한 실패를 **피할 수 없다**.
마찬가지로 교양 있음은 인간에 우연적이기 때문에 교양 있는 사람의

본질적 본성은 인간의 본질적 본성이다. 따라서 실체와 우연적 속성의 복합체를 정의하려는 노력은 필연적으로 제대로 첨가하기에 실패할 것이다. 여기서 결론은, 우연적 속성 또는 실체와 우연적 속성의 복합체는 그것에 대한 정의가 그 자체적으로 그것에 속하고 또한 오직 그것에만 속하는 그런 방식으로 정의하기가 불가능하다는 것이다. 이런 방식으로 정의할 수 있는 유일한 존재자는 실체이다. 정의란 본질에 대한 규정이므로 오직 실체만이 본질을 가진다.

하지만 우연자와 복합체는 그 자체로 속하는 규정을 가지지 않는다는 것을 보이는 과정에서 아리스토텔레스는 Z권 4장의 말미에서 그들을 실체의 "첨가와 공제"(addition and subtraction)에 의해 이차적인 방식으로 정의하는 규정이 있다고 말한다. (반스의 번역은 이 표현을 "qualifications and abstractions"로 번역한다.) 항상 우연적 속성과 함께 있는 실체를 뺌으로써 우리는 우연적 속성을 이차적인 방식으로 정의할 수 있고, 실체를 다시 첨가함으로써 복합체를 정의할 수 있다. 이로부터 우연적 속성과 우연적인 복합체는 어떤 이차적인 방식으로 본질을 가진다는 것이 따라 나온다. 아리스토텔레스가 설명하듯이 본질은 일차적으로는 실체에 속하고, 더 못한 방식으로 다른 있는 것들에 속한다.

실체, 복합체, 우연적 속성 말고 이차적인 본성을 가지는 다른 그룹의 존재가 있는데, 그것은 특별한 질료를 통해 정의되는 본질적 속성이다(Z권 5장). 아리스토텔레스가 드는 대표적인 예는 들창(snub), 즉 코에 존재하는 오목함이다. 코는 들창의 정의 안에 포함되고 오목의 규정은 들창을 정의하지 않기 때문에, 들창이 그것만 **단독으로** 무엇인지를 표현해 주는 규정은 없다. 아리스토텔레스는 귀류법을 통해 논증한다. 만약 "들창"이 오목한 코라면 "들창코"는 "오목한 코 코"가 될 것이다. 즉 코가 또 한 번 반복될 것이다. 더욱이 오목한 코가 들창코이니까 "오목한 코 코"에서 앞의 두 단어를 "들창코"로 바꿀 수 있을 텐데, 그러면 "들창코 코"가 될 것이다. 하지만 "들창"은 다시금 오목한 코이므로 오목한 코를 다시 "들창" 자리에 놓으면 "오목한 코 코 코"가 되고 이렇게 무한히 반복할 수 있다.

아리스토텔레스의 요지는 들창과 같은 본질적 속성은 그 자신 안에 그것이 속하는 실체를 포함하고 있어서 그것을 정의하려고 하면 실체의 무한 소급이 생길 수 있다는 것이다. 그래서 본질적 속성은 우연적 속성과 마찬가지로 이차적인 방식, 즉 실체의 가감에 의한 방식이 아니고서는 본질을 가지지 않는다.

Z권 6장은 각각의 것이 그 자체로 말해지는 한 그것의 본질과 동일하다고 논증한다. "각각의 것"이란 말로 아리스토텔레스는 무엇을 의미하는가? 이 논증은 그것이 본질을 가지는 것이라는 것을 명확히 한다. 이것은 개별 실체, 즉 질료와 형상의 복합체를 말하는 것이라고 일반적으로 이해된다. 그런데 우리가 Z권 4-5장에서 본 논증이 여기에 적용될 것이다. 만약 복합체의 규정이 질료의 본성을 표현하지 않는다면(그리고 실제로 표현하지 않는데), 그것은 복합체의 일부분을 빠뜨리는 것이다. 반면에 질료를 포함하는 규정은 그것의 본성을 표현하지 않는다. 그렇다면 만약 그것이 그 규정이 그 자체로 속하는 바라면 그것은 형상이어야만 할 것이다. 왜냐하면 그 규정은 형상의 본성을 나타내기 때문이다. 여기서 아리스토텔레스가 본질과 동일시하는 것은 바로 이 형상이다. 물론 본질과 복합체도 역시 동일한 것은 맞지만 그것은 오직 어떤 면에서만이다. 아리스토텔레스는 H권의 마지막에서 이 동일성을 다시 다룬다.

Z권 6장에서의 "각각의 것"이 Z권 3장에서의 두 번째 유형의 기체,

즉 형상이라는 사실은 왜 아리스토텔레스가 여기서 좋음 그 자체, 동물 그 자체와 같은 플라톤의 형상 이야기를 하는지 잘 설명해 준다. 왜냐 하면 이 형상들은 그 본질과 동일하기 때문이다.

"각각의 것"이 형상이라는 것을 우리가 확인하면 Z권 6장의 논증이 이해된다. 형상과 그 본질이 구별된다고 가정해 보라. 본질은 알려지는 것이므로 형상은 알려질 수 없는 것으로 남을 것이다. 더욱이 본질을 가지는 그것과 구별되는 본질은 있는 것이 아닐 것이다. 양쪽 모두 말이 안 된다. 따라서 그 자체로 말해지는 것 안에서는 형상이 본질이다. Z권 4–5장에서 우리가 보았듯이 오직 실체만이 그 자체로 말해진다. 그래서 실체의 본성과 본질은 동일하다.

이 추론은 우연적 속성과 우연적 복합체에는 적용되지 않는다. 하얀 사람의 본질이 그 본질을 가지는 것, 하얀 사람인 그것과 동일한가? 동일하다고 가정해 보라. 우리는 (1) (그) 사람과 하얀 사람은 같은 것이라는 것을 알고 있고, (2) 사람과 사람의 본질은 동일하다는 것을 방금 보았다. (3) 하얀 사람인 그것은 하얀 사람의 본질과 동일하다고 전제한다면 (1)로부터 (그) 사람은 하얀 사람의 본질과 동일하다고 추론해야 하고, 그다음에는 (2)로부터 사람의 본질은 하얀 사람의 본질과 동일하다는 것을 추론해야 한다. 이 결론은 하얀 사람은 **첨가에 의해** 그자신의 본질을 가진다는 Z권 4장의 주장과 상충된다. 더욱이 만약 하얀 사람의 본질이 사람의 본질과 동일하다면 교양 있는 사람의 본질도 사람의 본질과 동일할 것이고 그로부터 교양 있음의 본질이 하양의 본질과 동일하다는 결론이 따라 나올 텐데, 이것은 말도 안 되는 결론이다. 따라서 그것의 형상이 곧 본질인 것은 오직 실체뿐이다. 다른 있는 것의 본질은 우연적 속성이 속하는 실체의 본질이거나 첨가에 의한 본질이다.

　요약하면 실체에서는 본질이 곧 형상이다. 아리스토텔레스는 제일 실체를 위한 두 후보가 동일한 것이라고 생각한다. 형상 혹은 본질은 다른 어떤 것, 즉 형상과 질료의 복합체를 일차적으로 실체라고 말해지도록 해 주는 그것이다. 하지만 이 형상은 질료 안에 존재한다. 우선 형상은 질료에 의해 획득되고 상실된다. 그다음으로 형상은 복합체의 질료적 부분에 의해 나누어지는 것으로 보인다. 아리스토텔레스는 형상이 내속하는 질료에 의해 영향받지 않는다는 것을 보여야 한다. 오직 그럼으로써 형상은 복합체가 실체가 되게 하는 원인일 수 있다. 여기까지 아리스토텔레스는 본질을 "논리적으로(말과 관련하여)", 즉 그것이 무엇인지를 표현해 주는 규정을 통해 다루었다. Z권 7–11장은 본질을 자연 본성적으로(physically), 그리고 질료적으로 다룬다.

본질에 대한 자연학적 논의: Z권 7–9장

사람이나 식물과 같은 지각될 수 있는 실체는 생겨난다. 그것이 생겨날 때 그 형상 혹은 본질도 마찬가지로 생겨나는가? 혹은 미리 존재하는 형상이 어떤 미리 존재하는 질료에 자리 잡게 되는 것인가? 아리스토텔레스는 후자라고 논증한다. 그 이유는 어떤 것이 생겨날 때는 항상 그것의 생성의 원천인 질료가 있기 때문이다. 만약 복합체가 생겨날 때 그 질료도 생겨나는 것이라면 그 질료의 생성의 원천인 다른 질료, 다른 형상이 있을 것이다. 그 질료에 대해서도 우리는 같은 질문을 해야 할 것이다. 그것은 복합체와 함께 생기는가? 아니면 복합체가 생기기 전에 먼저 존재했는가? 또다시 만약 그것이 생겨났다면 그것은 또 다른 질료로부터일 것이고 이렇게 무한 소급될 것이다. 이 소급을 피하기 위해 우리는 복합체가 생겨날 때 함께 생겨나지 않는 어떤 질료가 있다고 말해야 한다. 복합체의 생성 전에 존재하는 것이 단순히 그 복합체

의 질료라고 말하지 못할 이유가 없다. 같은 논증이 형상에도 적용된
다. 만약 그 형상이 복합체가 생길 때 생기는 것이라면 그것은 더 앞선
질료와 형상으로부터 생겨야만 한다. 그런데 이 후자는 다시금 더 앞선
질료와 형상으로부터 생겨야 하고 이것은 무한 소급된다. 소급을 피하
기 위해 우리는 생겨나지 않는 형상이 필요하고 이 형상이 복합체의 형
상이 아닌 다른 것이라고 말할 아무 이유가 없다. 이로부터 복합체는
미리 존재하는 형상이 미리 존재하는 질료 안에 나타나게 될 때 생긴다
는 결론이 따라 나온다.

　당장 따라오는 질문은 이것이다. 복합체 안에 나타나기 전에 이 형상
은 어디에 존재하는가? 그것은 어떤 다른 실체 안에 존재해야만 한다.
우리가 동의한 실체가 식물, 동물이므로 이 형상은 자손 안에 생겨나기
전에 부모들 안에 혹은 최소한 한쪽 부모 안에 있었을 수밖에 없다. 이
말은 자손 안에 나타나게 된 그 형상이 부모 안에 있는 형상과 **동일**하
다는 것을 뜻한다. 따라서 실체의 형상 혹은 본질은 생성의 과정 중에
변하지 않는다. 만약 형상이 변화한다면, 그것은 더 선차적인 원리를
필요로 할 것이다. 그러므로 생성의 과정은 실체의 형상이 그것을 설명
할 더 선차적인 원리를 필요로 한다고 할 이유가 되지 않는다. 거꾸로
형상이 실체의 생성 원리로 기능하므로 형상이 실체의 원리라고 할 좋
은 근거가 있는 것이다.

　이와 비슷한 것이 속성에도 적용된다. 한 조각의 청동은 장인에 의해
손질되어서 둥글게 된다. 장인의 마음에 존재하는 둥근 형상이 변화 없
이 청동 안에 있게 되는 것이다. 하지만 정신 안에 있는 형상은 현실의
둥근 대상이 아니다. 오직 실체의 경우에만 형상은 질료에 나타나게 된
후에 존재하는 것과 동일한 방식으로 미리 존재하고, 따라서 생성의 과
정 속에서 완전히 변함없이 유지된다.

이 부분에서의 아리스토텔레스의 추론에서는 동일한 종 안의 개체가 개별적 형상을 가진다는 생각은 배제된다. 너의 형상은 너에게 속하고 너의 질료 안에 있지만, 그것은 너의 아버지의 형상과 동일해야만 한다. 그것은 복합체인 실체의 원천인 질료를 포함하고 있지 않다.

본질과 질료: Z권 10 - 11장

일반적으로 한 사물의 부분은 모두 그것의 질료이다. 이 부분들의 규정이 전체 사물의 규정에 포함되는가? 때로는 그렇다. 반원의 규정은 원의 규정의 부분이 아니지만, 글자의 규정은 음절의 규정의 부분이다. 예각의 규정은 직각의 규정의 부분이 아니지만 후자의 규정은 예각의 규정의 부분이다.

아리스토텔레스의 예를 이해하기 위해서는 그가 사용하는 "질료"라는 말이 요새 그렇듯 개별적인 존재자를 지칭하는 것이 아니라 어떤 전체 혹은 본성의 측면에서 구성요소나 부분을 의미한다는 것을 기억해야 한다. 아리스토텔레스가 여기서 탐구하고 있고, 사물의 규정의 부분일 수도 있고 아닐 수도 있는 질료는 (a) 그 위에 형상이 덧입혀지고 형상이 없을 때도 남는 것, 즉 복합체의 질료와 (b) 음절을 구성하는 글자처럼 조직화되어 형상이 되는 것을 포함한다. 여기서 "사물"이란 실체인데, 아리스토텔레스가 말하듯 "실체"는 (1) 질료, (2) 형상, (3) 양자의 복합체를 말하는 것일 수 있으므로, 그 사물(실체)의 부분(질료)은 (a) 복합체의 질료이거나 (b) 형상의 규정을 구성하는 것일 수 있다 (1035a1-4). 어떤 편집자는 또 다른 질료, (c) 질료의 부분들(1035b31-33. 반스의 번역을 보라)을 첨가하기도 한다. 이것은 실체 (1)의 질료, 즉 "질료"의 질료일 것인데, 이러한 생각은 "질료"가 어떤 형상이거나 복합체가 아니라면 이해되지 않는 생각이다.

복합체, 즉 구체적인 개별자가 실체이기를 멈춘다면 남는 것이 그것의 질료이다. 예를 들어 한 사람이 죽으면 "뼈, 근육, 살", 즉 육체는 남는데 사람은 없어진다. 이 몸이 그를 사람으로 만들었을 리는 없다. 만약 그랬다면 그 몸이 아직도 사람일 테니까. 그를 사람으로 만든 것은 형상이었음에 틀림없다. 그러므로 형상과 질료가 둘 다 복합체 이전에 존재하더라도 질료 안에 생겨서 그것을 실체로 만드는 것은 형상이다. 사실 아리스토텔레스는 질료는 정당한 의미에서 실체는 아니라고 말한다(1035a7-9).

그로부터 형상의 규정이 질료의 규정보다는 더 정당한 의미에서 실체의 규정이라는 것이 따라 나온다. "첨가에 의한" 복합체의 규정, 즉 형상의 규정과 질료의 규정을 합쳐 놓아서 만든 규정이 있다. 하지만 형상의 규정은 이 복합체의 규정보다 선차적인데, 그 이유는 형상의 규정이 복합체의 규정을 구성하기 때문이다. 한 사물의 실체는 그 사물을 실체로 만들어 주는 바 그것이고, 어떤 것을 실체로 만들어 주는 것은 질료가 아니라 형상이므로 가장 정당하게 실체의 규정은 형상의 규정이다.

복합체인 개별자의 어떤 부분은 그 복합체가 소멸한 후에도 지속되지만 개별자에 존재하는 방식으로 지속하는 것은 아니다. 아리스토텔레스가 사람으로부터 절단된 손가락은 더 이상 손가락이 아니라고 주장한 것은 유명하다. 명백히 부분은 그 본성을 전체로부터 얻으므로 전체에 비해 후차적이다. 반면에 형상의 부분들은 음절에 대해 글자가 그런 것처럼 형상의 규정에, 따라서 실체의 규정에 속한다. 그러므로 형상의 부분들의 규정들은 실체의 규정의 부분이지만, 복합체의 부분들의 규정들은 실체의 규정의 부분이 아니다.

여기에는 하나의 명백한 문제가 있다. 왜 질료적 부분들을 걷어 내는

일을 멈추나? 만약 복합체의 질료가 실체의 규정에 속하지 않는다면
왜 형상의 질료는 속하는가? 음절을 병렬된 개별 **글자들**로 정의하기보
다 글자들의 **병렬**로 정의해야 한다고 생각할 수도 있다. 후자는 음절의
정의에서 질료를 제거하는 것이다. 마찬가지로 우리는 다른 형상들로
부터 다른 질료를 제거할 수 있다. 반원은 원의 질료에 속하는데(왜냐
하면 그것이 가능태적으로 원 안에 존재하니까), 그렇기 때문에 그것
은 원의 형상의 규정에는 포함되지 않는다. 그런데 왜 거기에서 멈추는
가? 선을 명백히 질료적인 존재자인 크기로 정의하는 대신에 그 형상
인 2를 통해 정의하는 것이 더 나아 보일 수 있으며, 마찬가지로 입체
를 부피를 통해 정의하는 것이 아니라 그 형상인 3을 통해 정의하는 것
이 나아 보일 수 있다. 우리는 이러한 사고방식을 더 밀어붙일 수 있다.
2와 3의 형상은 1일 것이다. 본질로부터 모든 질료를 제거하는 것이 가
능한데, 단지 자연적 질료만 제거하는 것은 아무런 원칙 없는 결정으로
보인다. 부분은 항상 질료적이므로 아무런 부분이 없는 형상은 하나 그
자체의 형상처럼 아무런 질료를 가지고 있지 않다.

  이러한 사고는 명백히 플라톤적이다. 하지만 그래서 뭐가 잘못인가?
아리스토텔레스의 반론은 형상의 레벨이 높아질수록 정의는 동물에게 본
질적인 측면, 즉 그 운동으로부터 더욱더 멀어진다는 것이다(1036b28-
32).

  이 주장은 이해하기 어려운데, 그 이유는 (a) 아리스토텔레스가 추
론하는 바가 형상은 부분을 포함해야만 한다는 것인 반면, 동물의 운
동은 변화하는 동안 지속되는 **자연적** 질료를 필요로 하기 때문이다
(『자연학』1권 7장). 아리스토텔레스가 형상은 부분을 포함해야한다고
추론할 때 말하는 부분은 **형상의 부분**이지 자연적 질료는 아니다. 더욱
이 (b) 동물을 정의하는 운동은 손을 정의하는 구체적인 작업 능력처

럼 어떤 기능이고, 기능은 형상적인 질료든 자연적인 질료든 가지지 않는다.

이 두 어려움에 대해서는 쉽게 대답할 수 있다. 동물이나 손을 규정하는 운동이나 기능은 자연적인 몸 안에서만 일어날 수 있고, 그 몸은 그 기능을 수행할 수 있도록 구조화되어 있어야만 한다. 몸은 구조적인 부분들(손가락과 맞잡는 엄지손가락 등)을 가지고 있을 뿐 아니라 그 기능은 이 부분들에 의해 수행되어야 한다. 예를 들어 손은 움켜잡고 놓는다. 그래서 그 기능은 형상적 부분을 **가지며** 몸이 질료적 부분들을 가지기 때문에 존재할 수 있다. 반면에 만약 모든 형상의 부분들이 추상되어 형상이 정말로 하나[一者] 그 자체처럼 하나이자 불가분하다면, 그것은 질료 안에 있을 수 없고 플라톤의 형상처럼 분리되어 있을 것이다. 그런데 질료로부터 분리된 형상은 움직일 수 없다.

따라서 형상으로부터 자연적 질료를 제거함으로써(Z권 10장), 그리고 기능으로부터 유리된 형상을 제거함으로써(Z권 11장) 아리스토텔레스는 복합체의 형상, 즉 본질이 실체일 수 있는 하나의 방식을 설명한 것이다. Z권 11장 말미에서 덧붙이듯이 형상은 자연적 질료를 포함하지 않지만, 들창이 코 안에 있는 오목함이고 영혼이 몸의 기능인 것처럼 질료 안에 존재한다. 형상과 질료의 복합체, 실체와 우연적 속성의 복합체는 Z권 6장에서 보았듯이 그것들의 본질과 동일하지 않지만, 이 형상만은 그 본질과 동일하다고 Z권 11장의 마지막 문장은 주장한다.

Z권 1장 이후로 아리스토텔레스는 "실체란 무엇인가?"라는 질문에 대답하려고 해 왔다. 하지만 실체가 본질이라는 대답은 별로 도움이 되지 않아 보이는데, 그 이유는 본질로 번역되는 표현이 글자 그대로 "있는 것이 무엇인지"(the what it is to be; *to ti ēn einai*)이기 때문이다.

다른 말로 하면 아리스토텔레스는 "그것은 무엇인가?"(what is it?)라는 질문에 그것은 "그것인 무엇이다"(what it is)라고 대답하는 것이다. 이 대답은 전혀 도움이 안 된다. 이건 동어 반복이다. 하지만 만약 그 "그것인 무엇임"이 형상이고 형상은 어떤 의미에서 기능이라면, 아리스토텔레스는 그 질문에 대답하는 데 약간의 진척을 본 셈이다.

정의의 통일성: Z권 12장

이제 사물 본질의 규정은 그 형상적 부분들의 규정을 포함한다는 것을 알게 되었으므로 당연히 물어야 할 질문은 규정의 여러 부분이 통일되는지 또는 어떻게 통일되는지이다. Z권 11장에서 판단하자면 형상의 부분들은 운동을 위해 필요하다. 그런데 Z권 12장은 이 부분들을 다루는 것이 아니라 형상의 정의 부분들을 다룬다. 실체의 형상 규정은 두 부분, 유와 종차로 이루어진다. 어떻게 이 두 구성요소가 단일한 형상의 단일한 정의를 구성하는가?

아리스토텔레스는 간단하지만 원대한 해결책을 제안한다. 첫째, 그는 고유한 구분이라는 생각을 도입한다. 유는 그것에 고유한 종차, 즉 그것에만 속하는 성질에 의해 구분되어야 한다. 예를 들어 어떤 것이 움직이고 감각하는 능력 때문에 동물류의 한 예가 된다면 이 유의 종차는 이 능력을 더 자세히 규정해야 한다. 그래서 어떤 동물은 뭍에서 두 발로, 다른 동물은 바다에서 지느러미로, 또 다른 동물을 하늘에서 움직인다. 모든 동물은 자신을 움직일 수 있는 능력을 가지고 있는데, 어떤 동물을 이 능력을 발을 통해서, 다른 동물은 지느러미를 통해서, 또 다른 동물은 날개를 통해서 실현한다. 이 종차들은 동물류를 종으로 나누고, 이 종들은 다시금 더 세분될 수 있는 유들이다. 예를 들어 발 달린 동물의 종은 발의 개수를 세분함을 통해서 나누어질 수 있다. 그래

서 이족보행, 사족보행 동물들이 있다. 이 후자는 더 세분된다. 사족보
행은 "발 달린 동물"이라는 유를 고유하게 나누는 종차이다. 동물류를
나누는 많은 특징이 있다. 털이 있는지 여부와 비늘이 있는지 여부도
동물을 나눈다. 하지만 이 둘 중 어느 것도 유가 무엇인지를 드러내 주
는 특징, 즉 자기 운동의 힘이 있다는 특징을 네 발을 가졌다는 것이 더
세세하게 규정해 주듯 그런 방식으로 규정하지는 않는다.

　유가 각각의 분류에서 고유하게 구분되는 한, 그 마지막 분류인 궁극
의 종차는 **모든 종차**를 다 포함할 것이다. 예를 들어 사족보행이 도입
되면 발 달림을 첨가할 필요는 없는데, 그 이유는 발 달림이 사족보행
에 포함되어 있기 때문이다. 더욱이 고유하게 구분되기 위해서 유는 그
유에만 속하는 특성에 따라 나누어져야 한다. 그 말은 마지막 종차가
규정되면 이 종차가 모든 앞의 종차뿐 아니라 **유**도 함께 포함한다는 말
이다. 유는 종의 질료이고(1038a5-8), 궁극의 종차는 종의 형상임에
틀림없다. (이것은 아리스토텔레스가 표현하기 어려운 점인데, 왜냐하
면 그는 형상과 종 둘 다를 하나의 그리스어 단어 *eidos*로 나타내기 때
문이다.) 그로부터 유와 종차로 이루어진 정의는 여러 부분을 가질 것
처럼 보이지만, 사실은 그렇지 **않다**는 것이 따라 나온다. 정의는 두 부
분을 가진 규정임에도 불구하고, 그 두 부분은 모두 단일한 부분, 궁극
의 종차 안에 암묵적으로 포함된다. 규정의 부분이 하나로 밝혀지듯이
그것이 가리키는 형상의 부분도 역시 하나이다. 반복하자면 실체의 형
상 또는 본질은 그것의 궁극의 종차인데, 그 이유는 이것이 암묵적으로
다른 모든 종차와 유도 포함하기 때문이다. 그래서 실체의 형상 혹은
본질은 하나이다. 이 형상의 질료, 즉 유는 그 형상을 여럿으로 만들지
않고 형상의 부분들을 통일하는 원리를 찾을 필요도 없다.

　형상의 통일성을 위한 Z권 12장의 논증은 종종 논의의 주된 취지에

는 벗어나는 곁다리로 이해되기도 하지만, 이제 오히려 앞에서 한 논의를 전체적으로 조망하게 해 주는 높은 꼭대기로 보일 것이다. 문제는 어떤 것을 실체로 만들어 주는 것이 과연 그것의 본질이냐 아니냐이다. 하나의 명백한 반론은 비실체들도 역시 본질을 가진다는 것이다. 이에 대한 Z권 4-5장에서의 아리스토텔레스의 답변은 우연자, 우연적 복합체, 본질적 속성은 **이차적인** 본질, 가감에 의한 본질을 가진다는 것이다. 오직 실체들만이 그것만을 가리키는 본질을 가진다. 사실 실체는 본질을 가질 뿐 아니라 Z권 6장에서 보듯이 실체가 그 본질이다. 이것은 오직 실체에만 적용된다. 우연자는 바로 그것 이상을 가리키는 본질이라는 의미에서 이차적 본질을 가지고, 실체와 우연적 속성의 복합체는 바로 그것보다 더 적은 것―즉 그 형상―을 가리킨다는 의미에서 이차적 본질을 가진다.

  Z권 7-9장은 비록 복합체 안에서 형상이 질료 안에 존재하고, 이 복합체는 생기고 소멸되지만 형상은 변하지 않는다고 논증한다. 형상은 하나의 질료에서 다른 질료로 옮겨 갈 뿐이다. 생성되는 질료는 형상에 속하지 않는다. Z권 10-11장은 형상 혹은 본질을 복합체의 질료적 구성요소로부터 구별한다. 이 질료적 구성요소들은 형상에 속하지 않으므로 형상을 여럿으로 만들 수도 없다. 마지막으로 Z권 12장은 형상의 형상적 부분들이 형상을 여럿으로 만들지 않는다는 것을 보인다. 이 논의를 통해 아리스토텔레스는 어떻게 형상 혹은 본질이 하나인지를 보려고 한다. 그것이 하나인 이유는 그것이 질료를 포함하지 않고 그 형상적 부분들은 단일한 하나의 부분, 즉 궁극의 종차에 속하기 때문이다. 실체의 원인이 되기 위해서 형상은 하나이어야만 한다. 만약 형상이 여럿이라면 그것은 그것을 하나로 만들 다른 원인이 필요할 것이고 다른 어떤 것이 실체의 원인일 것이다. 그렇더라도 그것이 가지는 통일

성이 절대적인 것은 아니다. 하나임은 부분들을 가짐을 배제하는 것이 아니고, 따라서 어떤 종류의 질료를 가지는 것을 배제하지 않는다. Z권 4-12장은 본질 또는 형상이 제일 실체, 즉 일반적으로 실체라고 인정되는 지각될 수 있는 실체들이 "실체"라고 불리도록 해 주는 것이라고 주장하는 하나의 커다란 논증이다.

연구를 위한 물음들

1. Z권 11장은 실체적 형상이 실체의 운동을 설명하려면 질료를 포함해야 한다고 논증하지만, Z권 12장은 종차 안에 암묵적으로 들어 있는 질료가 있음을 밝힌다. 이 후자의 질료는 사물이 운동할 때 어떤 역할을 하는 질료인가? Z권 11장이 형상으로부터 **구별되는** 질료가 필요하다는 것을 보이고, Z권 12장은 형상 **안에 있는** 질료가 필요하다는 것을 보인다고 할 때, 이 두 장은 일관적인가?

유와 보편자: Z권 13-16장

아리스토텔레스는 Z권 3장에서의 실체의 후보들 중 마지막 두 후보인 유와 보편자를 Z권 13-16장에서 한꺼번에 다룬다. 유가 보편자이므로 우리는 그 둘 간의 차이가 무엇인지 의문을 가질 만하다. 아리스토텔레스가 염두에 두는 유는 동물, 포유동물, 인간 등과 같이 실체의 범주이고, 실체의 범주 안에 포섭되는 유이다. 이것들은 실체이지만 일차적이지는 않다. 『범주론』에서 아리스토텔레스는 그들을 "이차적 실체"라고 부른다. 아리스토텔레스가 염두에 두는 보편자는 있는 것이자 하나이다. 우리는 Γ권에서 있는 것은 이차적인 의미에서 유이기 때문에 그것은 일종의 실체라는 것을 배웠고, B권에서 그것이 엄밀한 의미에서 유는 아니라는 것을 배웠다. Z권 14장은 구체적으로 유를 논의하고 16장

은 하나를 다루지만, Z권 13-16장의 많은 논증은 유와 보편자 양쪽 모
두에 적용된다.

유는 그것이 "다수 위의 하나", 즉 많은 예에 속하는 하나의 특성을
가리키기 때문에 보편자이다. 동물이 유이듯이 인간 또한 유인데, 왜냐
하면 각각의 인간, 각각의 동물은 "이성적 동물" 또는 "감각 능력을 가
짐"과 같이 모든 인간 혹은 모든 동물에 속하는 특징을 가지기 때문이
다. 언뜻 보기에 한 사물의 본질적 본성은 보편자인 것으로 보이는데,
그 이유는 어떤 것을, 예를 들어 사람이게끔 만들어 주는 특징을 모든
인간이 나누어 가지기 때문이다. 하지만 Z권 13-16장은 어떤 보편자
도 제일 실체가 아니라고 단호하게 논증하고 있다. "이성적 동물"이 Z
권 12장이 주장하듯이 보편자가 아니면서 단일한 본질을 규정하는 유-
종차 정의의 예일 수 있는가?

사실 많은 독자는 보편자와 본질을 아리스토텔레스가 구별한다는 것
에 당황해한다. 보편자에 반대하는 그의 논증으로부터 우리는 그 구별
을 이해할 수 있다. 보편자는 그 정의상 많은 것에 **공통적인** 것이다. 반
면에 각각의 사물의 실체는 그것에 **고유한** 것, 다른 사물에 속하는 않
는 어떤 것이다. 만약 한 사물의 실체가 다른 어떤 것이라면 첫 번째 것
은 두 번째 것이어야만 하는데, 왜냐하면 "그것들의 실체가 하나이고
본질도 하나라면 그것들 역시 하나"이기 때문이다(1038b9-15[4]). 더욱
이 실체는 기체에 대해 술어가 되지 않지만, 보편자는 항상 기체에 대
해 술어가 된다(1038b15-16).

명백히 형상 혹은 본질은 보편자가 아니기 때문에, 그것은 기체에 대
해 말해지지 않고 오히려 그것이 기체이어야만 한다. Z권 3장에서 기

---

4   역주: 원서에는 1028b9-15으로 잘못 표기되어 있음.

체들 중에 형상이 포함된다는 것을 기억해 보라. 형상이 보편자가 아니라는 주장은 그리스어로 표현하기 힘들다. 그 이유는 형상을 뜻하는 단어 *eidos*가 종을 의미하기도 하는데, 종은 보편자이기 때문이다. 하지만 복합체 안에서 질료와 함께 존재하는 형상은 보편자가 아니라 그 특수한 복합체의 특수한 형상이다. 그것이 종과 동일한 단어로 불리더라도 이 형상은 특수자이지 종이 아니다. 이 장의 나머지 부분은 우리가 그 차이를 이해할 수 있도록 도울 것이다.

먼저 Z권 14장은 인간의 형상은 동물의 형상과 이족보행의 형상으로 이루어진다고 생각하는데, 이 입장은 아리스토텔레스가 플라톤에게 돌리는 입장이다. 마찬가지로 말의 형상은 그 구성요소로 동물의 형상을 역시 가진다. 사람 안에 있는 동물의 형상은 말 안에 있는 동물의 형상과 동일한가 아니면 다른가? 만약 동일하다면 동물의 형상은 구별되는 개별자 안에 자기 자신과 분리되어 존재할 것이다. 만약 다르다면 종의 수만큼 혹은 개별자의 수만큼 많은, 즉 불확정한 다수의 동물의 형상이 존재할 것이다. 하지만 (플라톤의) 형상은 많은 예에 공통적인 **하나의** 본성이라고 여겨진다. 아리스토텔레스의 결론은 하나의 형상은 다른 형상들로 이루어질 수 없다는 것이다. 보편자의 경우는 그렇지 않다. 하나의 보편자는 다른 보편자들로 이루어진다. 인간이라는 종은 동물류와 종차로 이루어진다. 보편자와의 유사성에도 불구하고 아리스토텔레스에서의 인간의 형상은 각각 분리되어 존재하는 두 구성요소를 가지고 있지 않다. 왜냐하면 Z권 12장이 동물은 이족보행 안에 암묵적으로 포함된다고 논증했기 때문이다.

Z권 15장에서 아리스토텔레스는 개별자는 앎의 대상이 될 수 없다고 논증한다. 우선 복합체인 개별자는 그 질료 때문에 앎의 대상이 될 수 없다. 복합체는 생겨나고 소멸한다. 따라서 개별자의 상태에 대한

주장은 결국에는 거짓이 될 것이다. 하지만 앎이란 항상 참이다. 따라서 복합체는 앎의 대상이 될 수 없다. 하지만 그로부터 생겨나지 않는 것, 예를 들어 복합체를 구성하는 질료와 형상에 대한 앎만이 가능하다는 것이 따라 나온다. 질료로서의 질료는 앎의 대상이 될 수 없지만 그 형상을 통해 알려질 수 있다. 예를 들어 살과 뼈는 인간의 질료이면서도 그 자신의 형상을 가지고 있다. 따라서 개별 복합체의 형상과 그 질료의 규정을 합쳐서 그것의 규정을 만들어 내는 것이 가능하다. 하지만 그러한 규정은 한 개별자의 규정일 뿐 아니라 이 형상과 이 유형의 질료의 모든 예의 규정이 될 것이다.

　반면에 플라톤과 다른 몇몇 사람은 형상이 분리되어 존재하기 때문에 개별자라고 주장한다. 아리스토텔레스는 그러한 개별자도 정의될 수 없다고 논증하는데, 그 이유는 모든 정의는 보편적이기 때문이다. 플라톤의 형상의 규정은 그 형상의 예들의 규정이기도 하며, 따라서 개별자의 규정이기만 한 것은 아니다. 더욱이 우리가 보았듯이 플라톤의 형상은 다른 형상들로 이루어지므로 — 예를 들어 인간의 형상은 동물과 두 발 달림으로 이루어진다 — 인간의 규정은 동물의 규정이자 두 발 달림의 규정이기도 하다. 아마도 어떤 사람은 개별자가 보편적 단어의 **결합**을 통해 정의될 수 있다고 반론을 펼 것이다. 예를 들어 인간의 규정은 동물임과 두 발 달림 **양쪽 모두**인 것**만**의 규정이라고 말이다. 그렇더라도 그러한 규정은 보편적이고, 따라서 그 안에 포섭되는 모든 것을 정의한다. 혹시 그 안에 포섭되는 것이 인간의 형상처럼 오직 하나라도 말이다.

　정리하자면 Z권 15장은 복합체의 규정이 복합체를 정의할 수 없다고 논증한다. 그 이유는 그것이 질료를 포함하지 않거나 아니면 그 규정이 질료의 형상을 명시한다면, 그것은 보편적이라서 개별자를 정의하지 않을 것이기 때문이다. 반면에 (플라톤의 형상 같은) 개별자로 생각되는 형상은 그 규정이 다른 것들을 정의할 것이기 때문에 정의될 수 없다. 정의될 수 없는 것은 앎의 대상이 될 수 없다.

아리스토텔레스가 이렇게 명시적으로 말하는 것은 아니지만 그의 형상은 이러한 어려움을 갖지 않는다. 우리는 아리스토텔레스의 형상이 질료적 구성요소, 즉 유를 가지고 있지만 이것은 그 형상 안에 포함되고, 따라서 그것을 통해 알려진다는 것을 보았다. 더욱이 아리스토텔레스의 형상은 분리되어 존재하는 형상들의 연결이 아니라 다른 덜 규정적인 형상을 암묵적으로 포함한다. 그래서 아리스토텔레스의 형상의 규정은 동시에 그것을 구성하고 구별되는 형상의 규정이 아니다. 동일한 아리스토텔레스의 형상을 가지는 많은 사람이 있고, 이 형상의 규정은 모든 그 예들의 규정이기도 한 것이다. 물론 단지 이차적인 방식으로만 말이다. 이 규정은 가장 정당하게는 그 형상의 규정이다. 이 형상은 구별된 존재자인 본질이다. 그것은 그 본질적 규정을 통해 정의되고 알려진다.

더욱이 아리스토텔레스의 형상은 규정(즉 그 궁극의 종차)에서 하나이고, 플라톤의 형상은 그것이 다른 형상들로 이루어지는 한 하나가 아니라는 것이 명백하다. 만약 하나임이 실체이기 위한 조건이라면 Z권 2장에서 사람들이 실체라고 동의하는 것으로 열거된 것들 중 어떤 것은 결국 실체가 아니라는 것이 판명된다. 그래서 Z권 16장의 첫 몇 줄은 동물의 부분들과 단순한 물체들이 분리되어 존재하지 않거나, 가능적으로는 하나이지만 각각이 하나가 아니기 때문에 정당한 의미에서 실체가 아니라고 주장한다. 그렇다면 만약 실체라고 사람들이 동의하는 다른 것들이 제대로 "실체"라고 불리거나 불리지 않게 만드는 것이 하나임이라면, 하나 그 자체가 어떤 것이 실체가 되도록 하는 것으로

보일 것이다. 하지만 하나 그 자체는 보편자이다. 만약 한 사물의 실체
가 그것에만 속한다면 그리고 하나가 모든 것의 실체라면 모든 것은 동
일한 실체가 될 텐데, 이건 말도 안 된다.

요약하면 Z권 13-16장은 아리스토텔레스의 형상을 보편자로부터
구별한다. 형상은 한 사물의 실체이지만 보편자는 다수에 속한다. 형상
은 혹시 그것이 많은 예를 가지더라도 오직 그것에만 속하는 규정을 가
지지만, 플라톤의 형상은 그 자신의 부분들과 규정을 공유한다. 형상은
부분이 없으므로 그것은 하나이지만, 플라톤의 형상은 다른 분리된 보
편자들을 포함하는 보편자이다.

연구를 위한 물음들

1. 아리스토텔레스는 보편자와 자신의 형상을 성공적으로 구별하는
   가? 아리스토텔레스의 형상의 어떤 측면이 이 논의에서 드러나는
   가? 형상이 복합체 그리고 보편자와 어떤 관계를 가지는가?

통일성의 원인으로서의 형상: Z권 17장

Z권 17장은 형상은 복합체의 하나임의 원인이라고 논증한다. 이 논증
은 중요하다. 실체가 질료적 부분으로 이루어져 있다고 생각해 보라.
바닥에 무더기로 쌓여 있는 질료적 부분들과 짜맞추어져서 실체가 된
부분들 사이의 차이는 무엇인가? 만약 그 대답이 어떤 또 다른 질료적
부분이라면 우리는 같은 질문을 또 던질 수 있다. 그 또 다른 질료적 부
분과 함께 바닥에 무더기로 쌓여 있는 질료적 부분들과 잘 짜맞추어진
실체 사이의 차이는 무엇인가? 소급을 피하려면 질료적이지 않은 어떤
원인이 있어야만 한다. 이 원인이 형상이다. 형상은 재료(질료)에 질서
를 부여하거나 체계적으로 조직함을 통해 재료에 통일성을 부여하기

때문에, 형상이 복합체 안의 통일성의 원인이다.

이 논증으로 형상이 복합체에 속하고 질료를 하나로 만들며, 따라서 실체라는 것은 명백하다. 보편자는 복합체 안에서 이런 기능을 수행하지 못한다. 보편자는 복합체 안에 존재하는 것이 아니다. 요약하면 한 사물의 형상 혹은 본질은 그것이 그 사물로 하여금 바로 그 사물이 되도록 만들기 때문에 그 실체이다. 하지만 이 형상이 어떻게 복합체 안에서 질료와 함께 있으면서 그 복합체를 다수로 만들지 않는지는 아직 설명이 되지 않았다. 더욱이 이 시점에서는 형상이 통일성을 야기하기 위해 무엇을 하는지가 명확하지 않다. 우리는 아리스토텔레스가 H권에서 이 두 문제 모두를 다루는 것을 볼 것이다.

복합체: H권

Z권 3장에서 아리스토텔레스는 형상, 질료와 함께 복합체가 기체라고 말한다. 복합체는 이 둘로 이루어져 있기에 후차적이고, 아리스토텔레스는 복합체에 대한 논의를 뒤로 미룬다. 다른 두 기체에 대한 논의도 등장하지만 H권은 복합체 기체에 대한 논의이다. H권은 앞 권에 대한 요약으로 시작하지만 아리스토텔레스는 곧 일반적으로 인정되는 감각될 수 있는 실체로 주의를 돌린다(1042a24-31). 이것들은 모두 감각될 수 있으므로 질료를 가진다. 기체는 그들의 질료이고, 다음 세 가지 방식으로 이 감각될 수 있는 실체들의 실체이다: (1) 기체는 그들의 질료인데, 질료는 "현실적으로는 '이것'이 아니지만 가능적으로는 '이것'이다." (2) 기체는 형상인데, 형상은 "이것"이고 그 규정의 면에서 분리되어 있다. (3) 기체는 복합체인데, 복합체는 완전히 분리되어 있다. H권은 이 각각의 기체를 살펴본다.

H권 1장의 마지막에서 아리스토텔레스는 서로 다른 종류의 운동에

대해 서로 다른 종류의 질료가 있다고 말한다. 생성은 한 종류의 운동이고, 장소 운동은 또 한 종류의 운동이다. 월하계의 지각될 수 있는 복합체의 질료는 생성을 위한 질료이고, 천구의 질료는 장소 운동을 위한 질료이다. 우리는 Z권에서 형상 혹은 본질은 복합체 안의 실체의 일차적인 원인이라는 사실을 알았지만, 여기서 해야 할 일은 질료적 기체가 어떻게 지각될 수 있는 복합체를 일종의 실체로 만드는가를 설명하는 일이다.

질료에 대해 논의한 후 아리스토텔레스는 그다음 형상을 다룬다. 그는 H권 2장에서 인공물을 가지고 시작한다. 형상은 종종 질료에 질서를 부여하고 조합하는 것이다. 판자가 어떤 방식으로 조합되면 상인방(上引枋)이 되고 다른 방식으로 조합되면 문지방이 된다. 쪽들은 제자리에 풀로 붙이면 책이 된다. 조합 혹은 묶는 것은 첫째로는 다양한 재료가 풀에 의해 하나가 되는 한에서 하나임의 원리이고, 둘째로는 그 책이 사용될 수 있도록 해 주는 것이다. 아리스토텔레스는 질서 혹은 조합이 실체를 그 자신으로 만들어 주는 차이라고 이야기한다. 그가 말하는 바는 판자를 상인방으로 만드는 것이 어떤 특정한 조합이라는 것인데, 그 이유는 판자가 그렇게 조합될 때 그것은 어떤 특정한 방식으로 기능할 수 있기 때문이다. 판자와 벽돌이 무더기로 쌓여 있으면 그것은 가능적으로 집이다. 판자에 못을 박아 골격이 되고 지붕과 벽돌이 그 주위에 조합되면, 그것은 실제로 집이다.

집과 다른 인공물을 세 가지 방식으로, 즉 질료를 통해, 형상을 통해 또는 둘 다를 통해 정의할 수 있다. 형상은 집으로 하여금 그 기능, 즉 인간과 소유물에 주거지를 마련해 주는 기능을 수행할 수 있도록 해 주는 집의 구조이다. 질료인 판자와 벽돌은 다른 용도로 쓰일 수도 있고 그 기능은 때때로 다른 재료로도 성취할 수 있다. 따라서 인공물의 가장 완전한 정의는 형상과 질료 모두를 언급한다. 아리스토텔레스가 여기서 인공물의 "차이"라고 부르는 것은 인공물을 하나로 만들어 주지만 그 인공물의 질료는 복합체 안에서 자신의 정체성을 잃지 않는다는 것이다. 따라서 그 인공물은 다수로 남는다. 하나임이 있는 것의 표징이므로, 인공물은 엄밀한 의미에서는 있는 것이 아니다. 그로부터 인공물도, 그것의 차이도 실체에 유비적이기는 하지만, 정당한 의미에서는 실체가 아니라는 것이 따라 나온다(1043a2-7).

이 유비는 아리스토텔레스가 기체로서의 복합체에 대한 논의를 마무리 짓는 H권의 마지막 장에서 명확해진다. 거기서 아리스토텔레스는 복합 실체의 하나됨의 원인이 무엇인지를 묻는다. Z권 17장과 H권 2장에 대해 생각하면서 우리는 그가 질료를 하나 되게 하는 것은 형상이라고 대답하리라고 기대할 것이다. 대신에 그는 형상이 현실태이고 질료가 가능태인 한, 형상과 최종적 질료는 어떤 면에서 하나라고 주장한다(1045b17-23[5]).

어떻게 현실태와 가능태가 하나일 수 있는가? 왜 그들의 하나임이 형상과 질료의 하나임보다 덜 문제가 되는가? 아리스토텔레스가 형상과 하나라고 선언하는 것은 **최종** 질료이다. 최종 질료란 궁극의 질료, 즉 물, 흙 그리고 요소들과 대비해서 형상에 가장 가까운 질료이다. 형상에 가장 가까운 질료는 동물의 손, 심장과 다른 기관들 혹은 이에 필적하는 식물의 기관들이다. H권 2장에서 보았듯이 형상은 현실태 혹은 더 정확히는 질료의 기능이다. 앞에서 지적했듯이 아리스토텔레스는 몸으로부터 절단된 손은 기능할 수 없으니 더 이상 손이 아니라고 주장한다. 그로부터 기관들은 그들이 **기능하고 있다**는 바로 그 이유로 질료

---

5   역주: 원서에는 1045a17-23으로 잘못 표기되어 있음.

라는 것이 따라 나온다. 하지만 그들이 함께 기능함은 또한 형상이다. 그러므로 아리스토텔레스가 말하듯이 형상과 최종 질료는 어떤 면에서 동일하다. 다시 말하지만 질료는 몸의 기관으로 이루어져 있고 각각의 기관은 오직 기능할 수 있을 때에만 기관이다. 그리고 각각의 기관은 오직 다른 기능하는 기관들과 연결되어 있을 때에만 기능할 수 있다. 기관들의 함께 기능할 수 있음이 형상이므로, 형상은 어떤 면에서 그 기관들**이다.**

　동물이 잘 때 동물이기를 멈추지 않는 것은 완전히 기능할 수 있는 능력을 보유하고 있기 때문이다. 동물을 정의하는 것은 실제로 기능함이라기보다는 기능할 수 있는 이 능력이다. 『영혼론』(2권 1장)에서 아리스토텔레스는 영혼—이것은 식물이나 동물의 형상인데— 을 "제일 현실태"라고 부른다. 그가 뜻하는 바는 영혼이 질료의 현실태이지만 더 상위의 현실태, "제이 현실태"를 위한 가능태이기도 하다는 것이다. 또 다른 제일 현실태는 음악가가 되는 것이다. 음악적 재능(=가능태)을 가진 어떤 사람이 연습을 통해 음악적 능력(=제일 현실태)을 가지게 되고 이 능력을 악기를 연주함(=제이 현실태)을 통해 발휘한다. 이 사람은 실제 연주를 통해 그 능력을 현실화하기 때문이 아니라 그의 능력의 면에서 "음악가"라고 불리는 것이다. 마찬가지로 실체가 실체가 되게끔 해 주는 형상은 더 나아간 현실화를 위한 능력, 즉 제일 현실태이다. 아리스토텔레스가 E권 1장에서 주장했듯이 지각될 수 있는 실체의 정의가 질료를 포함하는 것은 이러한 의미에서이다. 형상은 그것이 가능태이기 때문에 일종의 질료성을 가지고 있고, 우리가 곧 보겠지만, 가능적이라는 것은 곧 질료라는 것이다.

　"현실태"는 아리스토텔레스가 Θ권에서 설명하는 것처럼 특별하고 전문적인 의미를 가지지만, 현실태가 하나임의 원인인 이유는 기능으로서 현실태를 파악하면 간단히 이해된다. 아리스토텔레스는 Z권 17장에서 형상은 실체의 하나임의 원인이라고 주장했었다. H권 6장은 형상이 현실태라고 밝힘으로써 이 주장을 설명한다. 질료적 부분들은 그들이 함께 기능할 때만, 혹은 더 정확히 말하면 그들이 함께 기능할 수 있을 능력을 가질 때만 하나이다. 함께 기능할 수 있는 능력을 가진다는 것도 그 자체로 일종의 기능이고 제일 현실태이다. 이것이 풀과 밧줄이 각각 쪽들과 나무토막을 무언가로 만드는 것인 이유이다. 부분들을 하나로 만들어 주는 것은 또한 그들을 함께 기능하도록 해 주는 것이다. 위 경우들에는 하나임의 원인이 만질 수 있는 어떤 것으로 보이지만, 질료적 부분들은 오직 그것들이 함께 기능할 능력을 가질 때에만 하나가 된다. 인공물은 사실 우리가 보았듯이 정당한 의미에서 실체는 아니다. 일반적으로 받아들여지는 실체들, 식물과 동물들에게는 풀이나 밧줄이 없다. 오직 질료인 가능태와 형상인 기능 혹은 현실태가 있을 뿐이다.

어떤 것을 그 형상을 통해 정의하는 것이 그것을 그 기능을 통해 정의하는 것이라는 점은 중요하다. 그래서 집은 인간과 그 소유물을 위한 주거물을 제공해 줄 수 있음을 통해 정의된다. 일반적으로 어떤 것임은 그것에 독특한 행위를 할 수 있는 능력을 가진다는 것이다. 이것이 아리스토텔레스의 이론의 핵심 주장이고 Z-H권을 구성하는 복잡한 분석의 열쇠가 되는 결론이다. Z권 2장의 일반적으로 인정되는 실체들, 즉 식물과 동물들이 실체인 이유는 그것들의 부분이 함께 기능하기 때문이다. 그것들은 성장, 생식, 장소 이동 등을 한다. 이 기능들 중 하나, 그 개별적 실체에 가장 독특한 하나의 기능이 그것의 형상이다.

H권 6장은 형상과 질료의 통일성을 놀랍게도 청동구에 대해 이야기함으로써 설명한다. 그 공의 기능은 구르는 것이고, 공은 그 모양 때문

에 구른다. 청동은 그 공의 질료이고, 둥근 모양은 그 형상인데, 왜냐하면 둥근 모양이 청동에게 구를 수 있는 능력을 주고 이것이 공의 고유한 특징이기 때문이다. 하지만 질료와 형상은 분리될 수 없다. 이 단순한 인공물의 경우에도 형상과 질료는 어떤 면에서 하나이다. 하지만 청동은 청동이라는 면에서 다른 기능도 역시 가지는데, 그 기능들은 심지어 그것이 그 모양을 잃어버리더라도 계속 가지게 될 그런 기능이다. 인공물에는 진정한 실체에는 있는, 질료와 형상 사이의 유기적 연결이 없다. 식물에나 동물의 경우 기관들과 기관들의 기능은 사실상 동일하다. 기관들은 각각이 그 독특한 기능을 위한 능력을 가지는 바로 그때 질료이고, 형상은 모든 기관이 함께 기능할 능력이다.

개별적 실체를 정의하기 위해서는 모든 실체의 부분이 함께 기능한다고 말하는 것으로는 부족하다. 이 사실은 모든 실체에 적용되고 그 실체가 무엇인지를 설명해 주지 않는다. 한 실체의 본질적 본성의 정의는 다른 어떤 실체가 가지지 않는 기능을 표현해야 한다는 것은 명백하다. 왜냐하면 그렇지 않은 경우 그 규정이 그 실체를 정의하지 않을 것이기 때문이다. 그래서 아리스토텔레스는 『니코마코스 윤리학』에서 다른 어떤 식물이나 동물도 이성을 가지고 있지 않기 때문에 인간의 고유한 기능은 이성의 활동에 있다고 선언한다(1097b33-1098a4). 이성은 어떤 특정한 기관과 결합되어 있지 않기 때문에 신비하다. 하지만 일반적으로 동물은 감각과 운동의 특징적인 양식에 의해 정의되고, 이것은 특정한 기관에 의존한다. 아리스토텔레스는 동물의 특징적인 기관이 그 심장이라고 제안하는데(1044b15-17), 아마도 심장이 감각이 있는 자리이기 때문일 것이다. 동물의 다른 기관들은 그 일차적인 기관을 유지하기 위해 기능한다. 일반적으로 실체의 부분들은 그 실체를 정의하는 기관을 위해 함께 기능한다. 다른 기관들의 기능들이 일차적 기관의 기능과 구분되는 한 그 실체는 하나가 아니다. 그래서 어떤 면에서는 **모든** 기관은 그 실체를 다른 실체들과 구별하는 하나의 행동을 할 때 함께 기능하지만, 다른 면에서는 독특한 기능을 위한 능력(그것이 바로 형상인데)은 정당한 의미에서 보통(항상은 아니고) 일차적인 기관을 돕는 기능을 가진 다른 기관들과 대비해서 하나의 기관에 속한다.

아리스토텔레스는 H권에서 형상이 현실태와 동일하다는 것을 밝히는데, 아무런 티도 내지 않고, 그것이 얼마나 중요한지에 대한 아무 힌트도 없이 그렇게 한다. (그런데 이것이 아리스토텔레스 특유의 스타일이다.) 이 생각은 H권 1장에서 제안되고 2장에서 도입되며 6장에서 사용된다. 하지만 H권 6장은 오랫동안 논의의 중심 줄기에 나중에 덧붙인 것 정도로 여겨져 왔다. 그런데 우리는 그 장이 『형이상학』의 핵심 논의 중 하나인 "한 사물이 어떤 것이라는 것은 무엇인가?"에 대한 논의의 정점을 포함하고 있음을 보았다. 아리스토텔레스의 대답은, 최소한 지각될 수 있는 것과 관련해서 어떤 것이라는 것은 함께 기능할 수 있는 질료적 구성요소들을 가진다는 것이라는 것이다. 사물은 그 부분들이 모두 함께 움직이는 한에서 하나이다. 따라서 판자와 벽돌들은 그것들이 인간과 그 소유물을 위한 주거물을 제공할 수 있도록 조합될 때 집이 된다. 존재한다는 것은 어떤 것이라는 것이고, 어떤 것이라는 것은 본질적 기능을 가진다는 것이다.

있는 것들 중 그 부분들이 유기적인 통일성을 가지는 것들은 가장 정당한 의미에서 함께 기능할 수 있는데, 그 이유는 그 부분들의 기능함의 원천이 그 자신들이기 때문이라는 것은 이제 분명할 것이다. 인공물도 함께 기능하는 부분들로 이루어져 있지만 그 이유는 단지 그것들이 어떤 사람에 의해 사용되거나 움직여지기 때문이다. 그들의 기능이 질료 그 자체로부터 기인하지 않기 때문에 질료는 그것이 인공물 안에 있을 때 자신의 본성을 유지하고, 그래서 그것은 인공물의 형상과 함께 우연적 복합물을 구성한다. 우연적인 것들도 그것들이 속하는 기체의 기능에 필적하지만 그것들은 기체로부터 분리되어 존재할 수 없다.

연구를 위한 물음들

1. H권 6장에서 복합체인 실체의 형상과 질료가 동일하다고 하는 것은 Z권 7-9장에서 형상과 질료가 복합체가 생겨날 때 생겨나는 것이 아니라고 하는 논증과 일관되는가? Z권 7-9장은 형상과 질료가 서로 다른 것이라는 것을 함축하지 않는가?
2. 존재란 어떤 정적인 상태인가 아니면 아리스토텔레스가 논증하듯 기능이자 현실태인가? 파랑, 4미터 크기, 또는 돌과 같은 존재자가 어떤 의미에서 기능이라고 말할 수 있을까? 만약 사고가 인간의 본성을 정의하는 기능이려면 사고는 어떤 특징을 가져야 하나?

현실태: Θ권

Θ권은 "있는 것"이 말해지는 방식들에 대한 논의를 가능태(Θ권 1-5장)와 현실태(Θ권 6-9장)를 살펴봄으로써 이어 나간다. 가능태란 "다른 것 안에의 혹은 다른 것으로서 자신 안에서의 변화의 시발점"이다. 다른 말로 하자면, 어떤 것은 그것이 다른 어떤 것에 의해 영향을 받으면 변화할 수 있기 때문에 가능적이고, 후자도 그것이 전자를 변화시킬 수 있는 한 가능적이라고 불린다. 아리스토텔레스가 서로 다른 종류의 행위자를 통해 다른 종류의 가능태를 특정짓는다는 사실은 의미 있다. 그는 반대되는 변화를 둘 다 일으킬 수 있는 영혼을 가진 존재의 이성

적 작용과 오직 한 종류의 변화만을 가져오는 작용을 구별한다. 예를 들어 의사는 건강하게 만들 수 있지만 또한 어떻게 아프게 만들 수 있는지도 안다. 반면에 불은 오직 뜨겁게 할 수 있을 뿐이다. 동일한 규정이 현실적인 것과 가능적으로 현실태인 것에도 똑같이 적용된다.

가능한 것, 즉 다를 수 있는 것은 그것이 가능적이기 때문에도 존재한다고 말해진다. 어떤 것은 걸을 수 있음처럼 아직은 현실화되지 않은 속성의 면에서 가능할 수 있고, 또는 존재하지 않지만 존재할 수 있다는 의미에서 가능할 수 있다. 아리스토텔레스는 후자를 있는 것이라고 부르기를 주저하는데, 그 이유는 그것들은 움직여질 수 없기 때문이다. 그것들은 가능성이고 실제적이지 않다. 반면에 어떤 것들—예를 들어 4각원—은 불가능하며, 그러므로 가능적이지도 않다. 만약 어떤 것의 존재가 다른 것의 존재에 의존하고 이 두 번째 것이 가능적이라면 첫 번째 것도 역시 가능적이다. 이 경우에 두 번째 것의 가능성은 첫 번째 것의 가능성에 역시 의존한다고 아리스토텔레스는 논증한다. 어떤 것이 가능적이라고 불릴 또 다른 측면은 그것이 플루트 연주나 의학처럼 연습이나 연구를 통해 얻어지는 경우이다. 그러한 가능태는 이 기술들의 실제의 연습에 의해 얻어진다.

어떤 것은 그것이 성취할 수 있는 현실태의 측면에서 가능적이고, 그것이 현실화되는 것은 이미 현실적인 다른 어떤 것에 의존한다는 것에서 흥미롭다. 가능태가 현실적인 것에 종속된다는 것은 명확하다.

현실태는 움직이는 것은 실체로 있어야만 한다는 사고와 함께 운동으로부터 확장되지만, 현실태 그 자체도 역시 운동으로 보인다고 아리스토텔레스는 말한다(1047a32-b1). 아리스토텔레스가 현실태라고 부르는 대부분의 것은 보통은 "운동"이라고 불릴 만한 것이고, 현실태를 생각하는 가장 쉬운 방법은 어떤 특별한 종류의 운동으로 이해하는 것이다.

Θ권 6장의 한 중요한 단락에서 아리스토텔레스는 현실태를 운동으로부터 구별한다. 이 부분을 살펴보기 전에 나는 『자연학』에서 운동은 가능적인 한에서 가능태의 현실화로 정의된다는 사실을 지적하겠다. (우리가 보았듯이 『형이상학』 Θ권에서 모든 가능태는 현실태, 즉 형상을 통해 정의되는데, 형상은 가능태가 그것을 위한 가능태인 바의 그것이다.) 청동이 갖는 동상으로 만들어질 수 있는 가능성은 청동 안에서 가능태로 존재하는데, 그 가능태는 그것이 청동이기 때문에 성립하는 가능태이다. 이 가능태는 두 서로 다른 측면에서 현실이 된다. 첫째로, 그것은 청동이 조각가에 의해 작업되는 동안, 즉 청동이 동상으로서 가지게 될 형상을 입는 과정 안에 있는 동안 현실이 된다. 이 과정에서 청동의 가능태는 현실이 되지만 **현실적인 것으로서** 현실이 된다. 둘째로, 청동의 가능태는 그 과정이 완결되어 그 청동이 그것을 동상으로 만들어 주는 형상을 입었을 때 현실이 된다. 이 시점에서 동상이 될 청동의 잠재력은 완전히 실현된다. 청동의 가능태는 현실이 되었고 **현실태로서** 그렇게 되었다. 다른 말로 하면 운동은 형상을 얻는 (혹은 잃는) 과정이고, 따라서 질료의 가능성의 **현실화**이다. 하지만 동상으로 결과하는 이 과정의 실현도 그 질료의 가능성의 **현실화**이다. 앞의 현실화에서는 질료가 가능적인 것으로서 계속 존재하고, 뒤의 현실화에서는 형상이 어떤 질료 안에 생기게 되는 과정 중에 그 가능성은 소진된다.

이러한 설명으로부터 운동하는 사물은 항상 어떤 다른 것이 되는 과정 안에 있다는 것이 따라 나온다. 『형이상학』 Θ권 6장은 이러한 의미에서의 운동을 현실태와 대비시킨다. 운동하는 것은 자신 바깥에 있는 목적을 향해 움직이는 반면, 현실태 — 행위라고 때때로 번역되기도 한다 — 는 자신 안에 그 목적을 가지고 있다. 예를 들어 삶(living)은 그 자신의 목적이다. 그것은 다른 어떤 것을 위해 하는 것이 아니다. 마찬가지로 잘 삶은 잘 삶 이외의 다른 목적을 가지고 있지 않다. 봄(see-ing)은 다른 어떤 것, 예를 들어 생각함을 위한 것일 수도 있지만 또한자기 자신의 목적이다. 현실태는 항상 자기 자신의 목적을 성취하므로 그것은 말하자면 시간 밖에 있다. 이 말은 그것이 영원하다는 뜻이 아니다. 그것은 있지 않을 수도 있다. 하지만 그것은 생성의 과정을 거치지는 않는다. 그것은 있거나 없거나이다.

현실태 자체는 불변하는 반면에, 그것은 복합체 안에서 질료와 함께있게 된다. 이 현실태가 형상이다. Z권 7-9장에서 보았듯이 형상은 복합체가 생성하는 동안 불변한다. 복합체는 운동하고 운동은 형상, 즉현실태를 얻는 것이다. 하지만 현실태는 변하지 않고 남는다.

그래서 운동은 존재론적으로 현실태와 구별된다. 운동과 현실태는다른 종류의 존재이다. 이미 말했듯이 현실태는 어떤 특정한 종류의운동, 약해지지도 변하지도 않고 자신과 다른 목적을 향해 움직이지도않는 운동으로 생각하는 것이 가장 좋다. 반면에 아리스토텔레스가"운동"이라고 부르는 것은 능동적으로 가능적인 과정이고, 가능태는오직 그것이 현실화되는 중에만, 즉 질료가 형상을 입는 중에만 가능태로서 존재한다. 그래서 현실태는 항상 바로 자기 자신이고, 운동은 절대 자기 자신이 아니며 항상 다른 어떤 것이 되는 것이다.

그렇더라도 현실태는 운동을 통해 있게 되는데, 그 이유는 운동하는어떤 것이 획득하는 형상은 현실태이고, 운동하는 것은 구체적으로 그현실태를 위한 가능태이기 때문이다. 아리스토텔레스가 Θ권 7장에서설명하듯이 아무 질료나 가능적으로 인간인 것은 아니다. 흙도 물도 아니고 심지어는 씨앗(정액)도 아니다. 씨앗은 어떤 것에 심어져 변화를거쳐야 한다. 가장 정당하게 "가능태"라고 불리는 것은 방해받지 않으면 그 스스로 실현될 어떤 것이다. 그래서 제대로 심어진 씨앗은 그것이 자신을 현실화할 때, 즉 그것이 형상을 획득하는 과정에 있을 때 가능태이다. 식물이나 동물이 다 자라 있을 때는 스스로를 유지한다. 그 말은 동물의 형상이 그것에 독특한 기능, 동물을 계속 존재하도록 유지하는 기능이라는 것이다. 다시 말하자면 씨앗의 동물로의 발전은 생성이고 운동이지만, 동물은 현실태로서 자신을 유지하는 기능을 함으로서 존재한다.

Θ권 8장에서 아리스토텔레스는 가능적인 것과 현실적인 것 어느 쪽이 선차적인지 묻는다. 닭과 달걀 어느 쪽이 먼저인가 하는 질문으로, 우리가 보통 묻는 질문이다. 종종 이 질문은 대답할 수 없는 질문의 예로 언급되는데, 놀랍게도 아리스토텔레스는 닭이 먼저라고 논증한다. 그가 모든 닭은 닭이 되기 전에 달걀이었다는 사실을 잊어버린 것은 아니다. 그는 또한 달걀이 다른 닭으로부터 왔고 그 닭도 또한 달걀이었다는 것도 안다. 그래서 어떤 의미에서 이 과정은 무한히 계속되는데, 이것이 **우리가** 주목하는 측면이다. 하지만 시간적 선차성의 문제를 다르게 바라보는 방식이 있다. 우리는 가능태가 항상 가능적인 현실태를 통해 이해된다는 것을 보았다. 현실태는 정의에 있어 선차적이다. 하지만 그것은 운동인으로서도 선차적인데, 그 이유는 가능적인 어떤 것이 그 가능성을 실현하려면 실제로 존재하는 것이 그것에 영향을 끼쳐야 하기 때문이다. 실제의 불이 종이에 영향을 끼쳐 불을 붙인다. 마음속에 탁자의 상(像)을 가진 목수가 나무에 영향을 끼쳐 탁자를 만든다. 그 스스로 자라는 것처럼 보이는 씨앗조차도 그것을 생산해서 적절한 장소에 심을 현실태가 필요하다. 그 (인과의) 계열은 시간상 무한히 거슬러 올라갈 수 있겠지만 인과적 효력은 닭으로부터 오지 달걀로부터 오지 않는다. 그러므로 닭이 선차적이어야만 한다. 달걀은 다른 어떤

것이 방해하지 않으면 닭으로 자라날 것이다. 하지만 달걀은 재료이고 먼저 존재하는 닭은 원인이므로 닭은 달걀에 비해 시간적인 면에서 선차적이다.

다른 유형의 선차성 측면에서는 닭이 앞선다는 것이 더더욱 명백하다. 앞서 이야기했듯 닭은 규정(logos)의 면에서 선차적인데, 그 이유는 달걀이 닭의 본질의 규정을 통해 이해되기 때문이다. 닭은 실체의 면에서 선차적인데, 그 이유는 달걀, 그리고 그 성장의 전체 과정은 닭이 나오도록 질서 잡히고 구조화되기 때문이다. 다시 말하면 달걀이 실제로 자라는 바로 그런 방식으로 자라는 것은 그 성장의 과정의 목적 때문이다. 씨앗이 닭이 되는 것을 향해 가는 길을 조종하는 것은 닭이다.

Θ권의 앞부분에서 아리스토텔레스가 논의하는 모든 가능태는 운동과 연관되어 있고 운동은 일종의 현실태이지만 그것이 획득하거나 상실하는 현실태를 통해 정의된다. 운동의 끝이 되는 현실태가 형상이다. 많은 범주적 유(질, 양, 장소)에 운동이 있기 때문에 이 각각의 유에 운동의 목적으로 기능하는 형상이 있어야만 하는데, 이 형상들이 현실태들이다. 다른 범주적 유 안의 현실태들은 그들이 속하는 실체들에 의존한다. 그리고 이 실체들은 다시금 그들의 형상들, 그것들이 현실태라는 것을 우리가 알고 있는 형상들에 의존한다. 그러므로 다른 모든 현실태는 실체의 형상인 현실태로 다시 돌아온다. 형상, 더 구체적으로는 실체의 형상은 그것이 범주의 측면에서 일차적인 것처럼 존재의 현실태/가능태 측면에서 명백히 일차적이다.

Θ권 9장에서 아리스토텔레스는 작도에 의존한 수학적 증명에 대해 이야기한다. 이 작도는 애초의 도형에 가능적으로 존재하지만 기하학자가 그 작도를 현실화하는 것이 필요하다. 아리스토텔레스는 그 작도의 원인은 현실태인 기하학자의 지성이라고 말한다(1051a29-33). 그

러므로 양의 범주에서조차 현실태는 선차적이다. 하지만 이 현실태들
과 다른 범주에서의 그것들은 항상 어떤 실체에 속한다. 그러므로 실체
의 현실태들, 즉 실체의 형상들은 이 존재의 틀 안에서 다른 모든 것에
선차적이다.

연구를 위한 물음들

1. 당신은 아리스토텔레스가 닭이 먼저냐 달걀이 먼저냐라는 질문을
   성공적으로 해결했다고 생각하는가?
2. 현대의 사고에서 먼저 존재하는 현실태의 행위 없이 현실화되는 가
   능성의 예를 생각할 수 있는가?

참: Θ권 10장

아리스토텔레스는 사고와 언어에서의 참에 대해 E권 4장에서 논의했
고, 이런 종류의 참은 있는 것이 아니기에 제쳐 놓았었다. Θ권 10장은
있는 것인 참을 다룬다. 만약 객관적인 참이라는 생각이 낯설다면 신은
진리라는 아우구스티누스의 주장을 떠올리면 된다. 객관적 참에 대한
아리스토텔레스의 생각은 아우구스티누스의 생각과는 다르다. 아리스
토텔레스의 생각은 만약 사고와 진술에서의 참이 사물의 결합과 분리
에 의존한다면 그 사물들은 참의 원인이라는 것이다. 원인으로서 그것
들은 그것들이 야기하는 것을 어떻게든 가져야만 한다. 특별히 아리스
토텔레스는 이등변 직각삼각형의 빗변과 다른 변의 불가통약성이나 실
체와 그 본질적 속성과 같이 항상 결합되어 있거나 항상 분리되어 있는
것들을 생각하고 있다. 참인 것은 단지 그것들의 결합에 대한 **주장**이

아니라 그 **결합 자체**이고, 이 본성들의 분리가 거짓이다. 결합은 하나의 존재이고 분리는 비존재이다.

하지만 복합되지 않은 것은 어떤가? 아리스토텔레스는 참은 단순히 그것들과의 접촉이라고 주장한다. 그것들은 단순히 하나이므로 그것들의 구성요소는 분리될 수도 없고, 그러므로 거짓이 될 수도 없다. 더욱이 그것을 파악하는 것은 그것을 아는 것이고 그것에 대해서는 실수를 저지를 수 없다. 복합되지 않은 것이 현실태로서 존재한다는 것은 중요하다. 만약 그것이 가능태를 가진다면 그것은 형상(현실태)과 질료(가능태) 둘이 될 것이고, 따라서 비복합체는 아닐 것이다.

단순하게 이해되는 비복합체는 실체의 형상 또는 본질임에 틀림없다. 아리스토텔레스는 H권에서 어떻게 실체의 본질이 하나인지를 길게 설명했다. 그것은 질료의 현실태인데, 이것은 우리가 보았듯이 어떤 면에서 질료와 하나이다. 이 형상은 우리가 Λ권에서 보게 될 순수한 현실태는 아니다. 그것은 어떤 면에서 비복합체이지 절대적으로 비복합체인 것은 아니다. 그 구성요소가 항상 통일되어 있기 때문에 참인 복합체들은 실체와 그 본질적 본성들의 복합체이다. 반면에 그 구성요소가 전혀 통일되어 있지 않기 때문에 거짓인 것들은 실체와 그것에 속할 수 **없는** 속성의 복합체이다. 아리스토텔레스가 그렇게 말하고 있지는 않지만, 우리는 이 항상 참이거나 항상 거짓인 복합체들이 각각 비복합체인 실체적 본성들에 의존하고 있다는 것을 알 수 있다.

일차적으로 있는 것의 수렴

존재의 다양한 방식에 대한 논의로부터 드러나는 가장 놀라운 결과는 동일한 존재가 모든 존재의 방식에서 일차적이라는 것이다. 즉 범주적 존재 사이에서 일차적인 것은 현실태/가능태들 중에서 일차적이고 또한 참/거짓 가운데에서도 일차적이다. 동일한 존재가 우연적인 존재에 의해서도 전제된다는 것은 명백하다. 이 존재는 실체의 형상 또는 본질이다. 이것은 현실태이며 비복합체라고 아리스토텔레스는 논증한다.

아리스토텔레스는 "무엇이 실체인가?"를 탐구하지만 그는 사물들이 "실체"라고 불리게 해 주는 제일 본성을 발견함으로 통해서 이 질문에 대답한다. 그래서 복합체가 실체인 것도 동물과 같은 보편자가 실체인 것도 그 형상의 측면에서이다. 실체인 모든 것이 이 제일 실체와 관련됨을 통한 실체이므로, 그리고 모든 있는 것은 어떤 종류의 실체와 관련됨을 통해 있는 것이므로 모든 있는 것은 직접적으로든 간접적으로든 이 제일 실체와 관련되어 있다. 이것이 아리스토텔레스가 Γ권에서 그것이 무슨 뜻인지 밝히지 않고 "있는 것으로서의 있는 것"이라고 지칭하는 존재의 본성이다. 이제 모든 있는 것의 본성은 그 자신의 형상/본질/현실태라는 것은 명백하다. 또한 모든 있는 것은, 그것이 수와 규정에 있어 하나이기 때문에, 실체를 정의하는 형상/본질/현실태를 통해 정의된다는 것도 명백하다. 다르게 말하면 "있는 것은 무엇인가?"라는 질문에 대한 대답은 실체를 실체이게끔 만들어 주는 형상/본질/현실태라는 것이다.

언뜻 보기에 이 대답은 무의미해 보인다. 왜냐하면 아리스토텔레스는 사실상 있는 것을 "그것인 바 그것"(what it is)으로 만들어 주는 것은 그 있는 것의 "있는 것이 무엇인지"(보통 "본질"로 번역되는 그리스어 표현의 글자 그대로의 의미)라고 대답하고 있기 때문이다. 이 대답은 재귀적이지만 두 가지 이유에서 무의미하지 않다. 첫 번째는 아리스토텔레스가 본질이 형상이고 현실태라고 밝히고 있다는 것이다. 형상은 질료적 부분들을 하나로 만들고, 질료적 부분들은 함께 기능할 능력을 가지는 한에서만 하나이다. 한 사물은 그 기능에 의해 정의되고 그 본성은 그것에 가장 특징적인 기능, 즉 그 기능을 수행할 때 그 부분들이 함께 움직이는 기능이다. 따라서 한 사물의 질료의 형상은 그 질료가 단일한 존재자로 기능할 수 있는 능력이다. 이 대답이 무의미하지 않은 두 번째 이유는 있는 것의 본성이 **어떤 구체적인** 있는 것이기 때문이다. 아리스토텔레스에게 있음은 무엇으로 있음이라고 종종 이야기되는데, 독자들이 왜 그런지를 항상 알고 있는 것은 아니다. 있는 것의 본성은 그것의 내부적 부분, 즉 그 자신의 형상이다. 우리는 Γ권에서 있는 것에 대해 묻는 "그것이 있는가?"라는 질문에 대한 대답이 실제로 있는 것이 있다는 것, 즉 있는 것 각각이 본성을 가지는 한 있는 것의 유사류(類)가 있다는 것을 보았다. 이 본성은 존재의 실체이다. 그로부터 있는 것 각각은 실체를 **가지고**, 더 강하게는 그 자신의 실체**라는** 것이 따라 나온다. 그것이 있다는 것은 그것이 그것인 바라는 것(to be what it is)이다. 하지만 우리가 있는 것에 대해 "그것이 무엇인가?" 물을 때 우리는 모든 있는 것에 의해 공유되는 단일한 본성을 발견할 수는 없다. 그러므로 아리스토텔레스는 사물들이 있는 것으로 불리게 하는 제일 본성을 찾는다. 어떤 복합체도 일차적일 수 없는데, 그것은 복합체는 다수이고 모든 복합체는 하나인 어떤 것을 전제하기 때문이다. 하양과 길이처럼 우리가 비복합체라고 생각했을 법한 어떤 것들은 그것들이 항상 다른 어떤 것, 실체에 내속하기 때문에 복합체라고 할 수 있다. 오직 독립적인 것 또는 독립적인 것의 원리만이 일차적일 수 있다. 실체는 독립적인 존재이다. 그래서 그 원리가 일차적이라는 것은 오직 실체에만 적용된다. 그 원리는 그것이 실체인 바, 즉 그 특징적인 기능이기 때문에 일차적이다.

이 일차적인 본성은 질료와 함께 존재한다. 그러는 한 그것은 사고에서가 아니라면 분리되어 존재하거나 독립적이지 않다. 어떤 사람은 아리스토텔레스가 H권 6장에서 본성을 그 최종 질료와 동일시하고 있다는 것을 근거로 이 주장을 반박하려 할지도 모르겠다. 만약 복합체가 분리되어 있고 형상이 복합체라면 형상은 분리된다. 하지만 아리스토텔레스는 형상과 최종 질료를 단지 "어떤 방식으로"만, 즉 그 둘 각각이 모든 부분에서 기능할 능력인 한에서만 동일시한다. (기관들[질료]은 각각 기능할 능력들이고, 형상은 모든 기관이 함께 기능할 능력이다.) 다른 방식으로는 형상이 질료 안에 있게 되므로 형상은 질료와 계속 구별되어야만 한다. 더욱이 동일한 형상이 **많은** 구별된 질료 안에 있다. 만약 형상이 많은 구별된 복합체에 속한다면 어떻게 형상은 수적으로 하나일 수 있는가? 형상은 복합체가 하나임의 원인이다. 실체를 단일한 실체로 만들어 주는 실체의 그 부분이 어떻게 다수의 실체들에 속할 수 있는가? 나는 아리스토텔레스가 이 질문들에 대답할 수 있다고 생각하지 않지만, 그는 이것들이 자신의 결론을 약화시킨다고 생각하지 않는다. 반대로 그것들은 그의 결론을 강화시킨다. 지각될 수 있는 실체들에서 아리스토텔레스가 확인하는 형상들은 이해하는 데 한계가 있다. 그것은 그 자체로 존재하지 않고 그 자체에 의해서 파악될 수 있는 것도 아니다. 그것이 질료와 내적으로 연결되어 있음은 그것이 제일 현실태이지만 순수하고 완전한 현실태는 아니라는 점에서 명백히 드러난다. 그로부터 지각될 수 있는 실체의 형상은 최상위의 원리가 아니라는 것이 따라 나온다. 최상위의 원리는 단지 사고에서만 분리되는 것이 아니라 절대적으로 분리되어 있을 것이다. 그것을 찾는 것이 『형이상학』의 세 번째 부분이 해야 할 일이다.

B권 아포리아의 두 번째 그룹은 있는 것의 원리의 통일성(하나임)에

관한 것이었다. 『형이상학』의 중심 권들은 이 원리가 형상/본질/현실
태라는 것을 확인한다. 그것이 형상이고 본질인 한, 그것은 규정에 있
어 하나이다. 그것이 현실태인 한에서 그것은 수적으로 하나이다. 형상
은 원리가 되기 위해 필요한 종류의 통일성(하나임)을 가지기는 하지
만, 그것은 오직 어떤 면에서만이다. 다시 더 상위의 원리가 있어야만
한다.

하나: I권

I권은 거의 안 읽힌다. 그 주제인 하나임은 『형이상학』의 논증의 중심
줄기에서 멀어 보인다. 하지만 그것은 중심 권들에 대한 이해에, 그리
고 『형이상학』의 세 번째 부분을 차지하는 최상위의 원인에 대한 탐구
에 결정적이다.

　먼저 I권은 중심 권들과 평행하게 진행된다. 후자가 있는 것의 본성
을 살펴보는 것처럼 전자는 하나의 본성을 살펴본다. "있는 것"이 이
야기되는 각각의 방식에서 일차적인 있는 것은 동일한 것으로 밝혀지
는 반면에, 일차적인 하나들 간에는 수렴이 일어나지 않는다. 이 사실
은 중심 권들을 설명하는 데에 큰 도움이 된다. I권 1장은 "하나"가 이
야기되는 4개의 주요한 방식을 기술하면서 시작한다. 비슷한 설명이
Δ권 6장에도 등장하지만, I권 1장의 설명은 거기에 등장하는 것 중 몇
몇, 즉 유적 기체와 질료적 기체는 제외한다. 이것들은 Z권이 논증하
기에는 정당한 의미에서 실체가 아닌 하나들이다. I권 1장에 등장하는
하나들은 실체이다. 그것들은 두 그룹, 즉 운동에서의 불가분성에 의
해 정의되는 하나들과 사고에서의 불가분성에 의해 정의되는 하나들

로 나뉜다. 이 그룹은 운동에 의해 정의되는 하나들이 질료를 가지고, 사고에 의해 정의되는 일차적인 하나들은 그렇지 않기 때문에 서로 구별된다.

이로부터 당장 양쪽 그룹에서 또는 그래서 모든 하나들 사이에서 일차적인 단일한 하나는 없다는 것이 따라 나온다. 그래서 아리스토텔레스는 "하나의 본질"은 때로는 일차적인 방식으로 하나인 어떤 것이고, 때로는 "말에 가까운" 어떤 것이라고 말한다. 이 주장을 설명하면서 그는 하나의 본질을 요소의 본질에 비유한다. 후자는 흙 또는 공기와 같은 어떤 요소를 지칭할 수도 있고, 또는 요소의 규정, 즉 "근본적인 조성물"을 지칭할 수도 있다. 이 규정은 요소라는 것이 무엇인지를 표현하는 것이지만, 그 자체로 어떤 사물은 아니며 어떤 요소의 본질적 본성도 아니다. 하나의 규정 — (a) 불가분하다, 또는 (b) 유의 일차적인 척도이다, 또는 (c) 양의 척도이다—도 마찬가지이다. 이것들 중 어느 것도 본질적 본성의 규정이 아니다. 이것들은 우리가 보겠지만 색깔, 음(音), 그리고 본질적 본성이 하나임으로 정의되지 않는 다른 존재자들을 특징짓는 언어상의 규정이다. 어떤 것을 하나로 만드는 것은 그것을 자기 자신으로 만드는 것과 같은 것이 아니다.

그러므로 있는 것의 본질, 즉 있는 것으로서의 있는 것이 단지 언어상의 규정이 **아니라** 어떤 것이라는 것은 놀라운 일이다. 본질은 형상이고 현실태이다. 동물과 같은 어떤 특수한 있는 것을 생각해 보라. 한 동물의 본질, 즉 "동물이 있다는 것이 무엇인지"는 우리가 보았듯이 그 질료적 구성요소의 현실태가 됨으로써 그것들을 통일하는 형상이다. 일반적으로 있는 것의 본질은 본질이고, 본질은 그 사물이다. 반면에 하나(임)의 본질은 사물이 아닌 언어상의 규정이다. 이 주장은 단지 말장난이 아니다. 있는 것의 본성에는 하나(임)의 본성에는 없는 내적 재

귀성이 있다. 물론 있는 것도 하나임을 가지며, 사실 있는 것의 하나임
은 하나이다. 하지만 있는 것의 하나임은 실체이고, 실체는 그것이 현
실태, 있는 것이기에 하나이다. 요약하면 하나임은 항상 존재에 의존
한다.

있는 것이 무엇인지에 대한 중심 권의 탐구는 다른 모든 있는 것들이
의존하는 일차적으로 있는 것에 대한 탐구가 되는 것을 보았다. 하나가
무엇인지를 탐구하는 것은 "하나"라고 불리는 여러 가지 것과 그것들
을 그렇게 불리게 하는 다양한 규정을 조사하는 것이다. 어떤 것을 정
의하는 규정은 그것의 존재를 나타내는 규정이다. 그 하나임을 나타내
는 규정은 사물을 정의하지 않는다. 오히려 그것은 그것의 존재의 측면
에서 그 사물에 속한다. 우리는 하나 혹은 통일성이 존재에 편승한다고
말할 수 있을 것이다. 사실 여러 다양한 하나가 단일한 학문에 포섭되
는 이유는 모든 있는 것에 대한 학문이 있기 때문이다.

A권에서의 아리스토텔레스의 설명에 따르면 소크라테스 이전의 형
이상학은 하나와 다자의 문제를 중심으로 삼았다. 이 문제는 형이상학
에 핵심적인데, 그 이유는 형이상학 그 자체도 많은 개별 학문 사이에
있는 하나의 학문이기 때문이다. 하지만 그것은 아리스토텔레스가 "우
리에게 선차적"이라고 부를 만한 것이다. 존재의 문제는 "본성에서 선
차적"이고 하나와 다자의 문제 혹은 **문제들**은 존재의 문제를 해결함을
통해 해결된다. 하나와 다자의 문제는 개별 학문들에 중요한 문제로 남
는다. 각 학문이 존재의 문제를 어떻게 해결하는지를 추적함으로써 아
리스토텔레스는 개별 학문들이 어떻게 형이상학에 의존하는지 이해하
는 데에 근거를 놓았다. 다시 말하자면 있는 것의 본질은 어떤 것인 반
면, 하나의 본질은 여러 것이거나 하나의 언어상의 규정이다.

I권 2-9장: 하나가 무엇인가?

하나의 본질에 대해 설명했으므로, 아리스토텔레스는 "하나가 무엇인가?"를 묻는 11번째 아포리아의 질문에 대답을 한 것으로 보인다. 하지만 그 아포리아를 해결한 것은 아닌데, 그 이유는 그가 그 아포리아를 생겨나게 하는 전제를 무너뜨리지 않았기 때문이다. B권은 두 개의 대답, 즉 하나는 실체이고 하나는 기체라는 대답을 언급한다. 우리는 하나가 실체일 수 없다는 것을 아는데, 하나가 보편자이고 보편자는 제일 실체가 될 수 없기 때문이다(Z권 13-16장). 하나가 기체일 수도 없는데, 그 이유는 **많은** 기체 — 예를 들어 요소들인 흙, 공기, 불, 물 — 가 있기 때문이다. 아리스토텔레스는 이 요소들 **각각이** 그 자체로 하나라는 것은 부인한다. Z권 16장은 각각이 오직 어떤 것이 그것으로부터 만들어질 수 있는 한에서 하나라고 말한다. 그것은 단지 가능적으로만 하나이고, 그래서 제일 원리가 아니다. 11번째 아포리아는 하나가 제일 원리라는 전제에서 생긴다. 아리스토텔레스는 하나가 수학적 원리라는 것을 인지한다. 그것은 수의 원리이고 수는 다시금 선, 평면 도형, 입체의 원리이다. 하지만 우리가 보았듯이 한 사물의 본성은 그 통일성보다 선차적이다. 실체가 규정에서 불가분하다는 것은 그 본성의 측면에서인데, 왜냐하면 각각의 실체는 동일한 것이나 다른 어떤 것의 규정인 부분으로 나누어질 수 없기 때문이다(Δ권 6장 1016a32-b6; Z권 4장 1030a28-b6을 보라). 그 사물의 규정이 나타내는 본질적 본성은 이 불가분성에 앞선다. 다시금 존재는 하나임에 앞선다.

 그렇더라도 있는 것이 하나이기 때문에 원리가 되는 어떤 방식이 있다. 그것은 먼저 셈의 원리이다. 우리가 의자의 수를 셀 수 있는 것은 어떤 의자가 같은 종류의 다른 것을 셀 수 있는 단위로 기능하기 때문이다. 이것은 **양적** 척도의 유형이다. 더 중요하고 놀랍게는 각각의 유는 그 유의 **질적** 척도로서 기능하는 하나의 존재를 가진다. 아리스토텔레스의 예는 색깔의 유이다. 하양은 다른 모든 색깔이 그것과 그것의 결여―검정―로 이루어져 있기 때문에 색깔의 척도이다. 그가 하얀 페인트와 검정 페인트를 섞는 것에 대해 말하고 있는 것은 아니다. 오히려 I권 후반부에서 알게 되듯 하양과 검정의 차이는 두 반대자, 즉 압박과 투과이다. 말하자면 다른 색깔들은 하양과 검정 사이에 있는데, 그것들의 차이가 압박과 투과의 비율이라는 의미에서 그렇다. 어떤 것이 더 하얗게 될 때 그것은 하양의 종차를 더 많은 비율로 얻는다. 그렇다면 다른 모든 색깔이 하양으로 구성된다고 말하는 것은 그 종차가 그것들을 정의하는 데에 도움을 준다고 말하는 것이다. 그것들은 모두 방금 설명한 그런 의미에서 서로 다른 정도로 일종의 하양이다.

　이 유-내부적(intra-generic) 구조는 개별 학문들에 중요한데, 그것은 개별 학문들이 각각 어떤 하나의 유에 대한 앎에 관련되기 때문이다. 여기서 형이상학에 대한 우리의 관심은 단일한 유의 여러 종을 "종에 있어서 다르다"고 구별해 내는 반대자가 있다는 것을 이해하는 것이다. 색깔 등의 유에는 동일한 유 안의 서로 다른 종들 사이에 최대의 다름이 있다. 반면에 유 밖으로 벗어나는 다름, "유에서의 다름"도 있다. 유에서 다른 것들은 서로 구별된 유에 속하고 그것들 사이에는 중간이 없다. 실체와 양과 같은 범주적 유는 유에서 다르고, 우리가 보게 되듯이 소멸할 수 있는 것과 소멸할 수 없는 것도 그렇다. 그것들은 어떤 하나의 유에 포섭되지 않는다.

소멸할 수 있는 것과 소멸할 수 없는 것: I권 10장

I권 2-9장은 따로 떨어져 있는 텍스트를 모아 붙인 것이라고 종종 생각된다. 하지만 아리스토텔레스가 이 장들에서 하고 있는 구별들은 같은

유에 속하는 다른 종들에 대한 질적인 척도인 종이라는 개념을 설명해 주고, 소멸할 수 있는 것과 소멸할 수 없는 것이 하나의 유에 포섭되지 않는다는 I권 10장의 논증을 이해할 수 있도록 준비시킨다. 아리스토텔레스는 대립의 네 유형 중 세 가지를 유의 구성요소로 위치시킴으로써 설명한다: (1) 가짐과 가지지 않음은 유에 있어 일차적인 반대이고, 그것은 (2) 반대 종들을 정의해 주는 종차로서 기능한다. 가짐은 유 안에서 하나로 기능하는 종, 즉 그 종을 통해 다른 종들이 정의되는 그 종의 종차이다. 이 다른 종들은 따라서 (3) 그들의 척도인 하나의 종의 측면에서 관계적이다. 이 다른 종들을 유 안에서 하나인 유로부터 구별하는 것은 그들의 차이, 우리가 보통 부르기로는 종차이다. 다시 말하면 유 안의 반대자들은 그 종을 정의하는 역할을 한다.

유 안의 구조적 구성요소를 설명함으로써 아리스토텔레스는 소멸할 수 있는 존재자와 소멸할 수 없는 존재자가 같은 유에 속하지 않는다는 것을 논증할 수 있게 된다. 이 결론은 중요한데, 이 결론이 플라톤이 시도했듯이 소멸할 수 있는 존재자들을 그들의 소멸할 수 없는 패러다임을 통해 정의할 수는 없다는 것을 뜻하기 때문이다. 또한 이것은 B권의 10번째 아포리아, 소멸할 수 있는 것의 원리가 소멸할 수 없는 것일 수 있는지에 대한 부분적인 대답이기도 하다.

I권 10장에서의 아리스토텔레스의 논증은 간단하다. 하나의 단일한 것이 어느 때에는 검고 다른 때에는 흴 수 있는데, 그 이유는 그것이 이들 중 하나인 한 다른 것이 될 가능성을 가지고 있기 때문이다. 어떤 것이 소멸될 **능력**을 가지고 있지 않다면 그것은 소멸 불가능하다. 만약 그것이 어떻게든 소멸 가능하게 된다면 그것은 쭉 소멸될 수 있는 능력을 가지고 있었던 것이고, 그래서 소멸 가능한 것이었을 것이다. 마찬가지로 만약 소멸 가능한 어떤 것이 소멸 불가능하게 된다면 하나의 동

일한 것이 소멸될 수 있으면서 소멸될 수 없을 것이다. 이로부터 소멸 가능함과 소멸 불가능함은 우연한 속성, 즉 한 사물에 속할 수도 있고 속하지 않을 수도 있는 속성이 아니라 그것이 무엇에 속하든지 본질적 속성이라는 것이 따라 나온다. 그것들은 또한 모순자, 대립의 네 번째 유형이다. 그러므로 소멸할 수 있는 것과 소멸할 수 없는 것에 공통인 것은 없고 그것들은 유에 있어서 다르다. 그로부터 예를 들어 인간은 소멸할 수 없는 인간, 인간의 형상과 같은 유에 속할 수 없다는 것이 따라 나온다. 지각될 수 있는 인간은 플라톤이 생각하듯 인간의 형상에 의해 알려지거나 재어질 수 없다.

이 결론은 의미심장한데, 그 이유는 아리스토텔레스 자신도 분리된 원리가 필요하기 때문이다. 『형이상학』의 중심 권들은 형상이 다른 것들을 실체이자 있는 것으로 만들어 주는 것이기 때문에 제일 실체라는 것을 보여 준다. 형상은 개별 식물이나 동물의 구조화된 질료와 어떤 면에서 동일한 내적 원인이다(H권 6장). 하지만 형상은 또한 개별자 안에서 실현되고, 따라서 외적 원인을 필요로 한다. 이 외적 원인은 다른 개별 실체, 부모에 존재하는 같은 종류의 또 다른 형상이다. 이 인과의 사슬이 끊임없이 진행되기 위해서는 다른 어떤 그 스스로 영원한 원인이 있어야만 한다. 이 원인은 생성되는 실체로부터 어떻게든 **분리되어** 존재해야만 한다. 우리는 I권 10장에서 그 원인은 동일한 실체의 단지 영원한 버전일 수는 없다는 것을 안다. 우리는 또한 이 원인이 하나 그 자체일 수 없다는 것을 아는데, 그 이유는 I권이 한 사물의 하나임은 그 존재에 귀속된다는 것을 보이기 때문이다. 『형이상학』의 나머지는 이 원인이 무엇이고 무엇이 아닌지를 보이는 데 전념한다.

K권: 문제의 재정식화

K권은 B-E권과 『자연학』의 내용의 또 다른 버전인 것으로 보인다. 그 것은 종종 『형이상학』이 단일한 하나의 작품으로 저술되지 않았다는 증거로 제시된다. 학자들은 어떻게인지는 모르겠지만 학생의 강의 필기가 아리스토텔레스의 글에 포함되게 된 것으로 추정한다. 물론 우리는 K권이 『형이상학』의 일부분이었다는 것을 증명할 수는 없다. 하지만 우리는 그 내용이 형이상학의 목적을 위해 필요하고 이 책이 있는 자리에서 아주 잘 이해된다는 것을 볼 수 있다.

K권이 이해되지 못한 이유는 독자들이 『형이상학』의 앞 책들을 제대로 음미하지 않았기 때문이다. 나는 K권이 앞 책에서 제시한 현안 문제들과 그 해결책들을 거기서 드러난 것의 관점에서 재해석한다고 제안한다. 우리는 B권에서 제기된 근본적 문제들이 셋임을 보았다: (a) 어떻게 형이상학이라는 하나의 학문이 있을 수 있는가? (b) 어떻게 그 원리가 하나인가? 그리고 (c) 그 제일 원리가 무엇인가? 이 문제들의 각각은 다수의 아포리아로 나누어진다. 첫 두 문제, (a)와 (b)는 Γ-Θ 권에서 해결된다. 하지만 그 책들이 하나라는 것을 보이는 원리는 복합체인 실체의 형상이다. 이 원리는 질료 안에 있게 되므로 그 자신 밖에 또 다른 원인을 필요로 한다. 만약 이 후자도 역시 질료 안에 있게 된다면 그것은 다시금 또 다른 원인을 필요로 할 것이다. 궁극적으로 질료로부터 분리되어 있는 최상위의 원인이 있어야만 한다. 이것은 분리되어 있고 영원한 실체임에 틀림없다. 계속해서 지각될 수 있는 실체를 다룬다고 이 원리에 도달할 수 있는 것은 아니다. 왜냐하면 영원하고 분리되어 있는 실체는 완전히 다른 유에 속하기 때문이다. 우리는 새 출발을 할 필요가 있고 그것은 우리가 해 온 일에 대한 재해석을 필요로 한다.

특별히 B권의 아포리아의 첫 번째 그룹은 모든 있는 것이 형이상학 안에 어떻게든 포함되어야 한다고 전제하고 있는데, 그 모든 있는 것을 다루는 학문에 대해서는 다양한 문제가 있다. 그것들은 확장된 유의 개념, 모든 있는 것을 **포함할** 수 있는 유의 개념을 도입함으로써 해결된다. 반면에 K권은 형이상학의 한계를 확정해서 그것을 특수한 학문들로부터 **분리하는** 것에 관심이 있다. 그래서 처음 4개의 아포리아는 B권에서와 같아 보이지만 아리스토텔레스는 "우리가 추구하는 학문", 즉 형이상학이 『자연학』에서 언급되는 원인들이나 수학의 대상들을 다루지 못한다는 것에 주목하여 다섯 번째 아포리아를 제시한다. 즉 형이상학은 감각될 수 있는 실체도 감각될 수 없는 것도 다룰 수 없다는 것이다. 그다음에 그는 이 그룹에 또 다른 아포리아, 즉 수학의 대상의 질료가 형이상학에 포섭되는지 아니면 다른 학문에 포섭되는지를 더한다 (1059b14-21). 아리스토텔레스는 형이상학이 다른 학문들과 다르면서도 어떻게 다른 학문의 대상을 다루는지를 설명함으로써 이 아포리아들을 해결한다. 자연학은 있는 것을 움직이는 한에서 다루고, 수학은 있는 것을 양인 한에서 다루며, 형이상학은 있는 것을 있는 것인 한에서 다룬다. 이 다른 학문들도 있는 것을 다루는 한 그들은 형이상학의 부분 또는 더 정확히는 형이상학의 종(種)이다(K권 4장). 하지만 아리스토텔레스는 여기서 각각의 학문은 기체와 그 속성을 다룬다는 것을 전제하고 기체로서의, 그리고 사실상 우연적 범주의 기체로서의 "있는 것인 한에서의 있는 것"("있는 것으로서의 있는 것")에 대해 말하고 있다. 우리는 "있는 것인 한에서의 있는 것"을 다룬다는 것이 실체 범주 안의 모든 실체와 그들의 속성인 다른 모든 있는 것들을 다루는 것이라는 것을 알 수 있다. 반면에 "움직이는 한에서의 있는 것"을 다루는 것은 실체 중 오직 일부, 감각될 수 있는 실체와 다른 있는 것의 일부, 즉 감각될 수 있는 실체가 획득하고 상실할 수 있는 속성들만을 다루는 것이다. 그 말은 K권이 어떻게 첫 번째 그룹의 아포리아가 해결되는지를 설명할 때 암묵적으로 앞선 책의 결과를 전제하고 있다는 것이다. K권이 Γ권의 해결을 포기하는 것이 아니라 "있는 것인 한에서의 있는 것"에 대한 더 정련된 이해를 사용하여 그것을 재해석하고 있는 것이다. 있는 것의 본질적 본성은 우리가 Γ권에서 보았던 극단적으로 넓은 의미의 실체, 모든 본질적 본성의 의미에서가 아니라 범주적 유의 의미에서 실체인 것으로 판명되었다. 마찬가지로 K권이 두 장(5-6)을 무모순율을 논증하는 데에 할애하고 있지만, 아리스토텔레스는 Γ권에서처럼 이 원리가 모든 있는 것에 적용되는지가 아니라 범주적 실체가 반대되는 속성을 가지는지에 관심이 있다.

　두 번째 그룹의 아포리아는 원리의 통일성에 관련된다. K권 7장은 앞에서 그에 대한 대답을 하기 시작하는 장인 E권 1장의 요약처럼 보이는 것으로 대답을 시작한다. 이 두 장 모두 형이상학을 자연학과 수학으로부터 구분하고, 둘 다 분리되고 불변하는 그리고 일차적이기에 보편적인 본성에 대해서 이야기한다. K권 8장은 E권 2-3장이 그랬듯, 우연적인 것에 대한 학문은 없음을 논증한다. 우리는 아리스토텔레스가 E권 4장-Θ권에 필적할 "있는 것"의 다른 방식에 대한 논의로 K권을 이어 갈 것이라고 기대할 수 있을 것이다. 대신에 그는 『자연학』에서 다루었던 주제인 운동의 원리에 대한 논의를 시작한다. 운동의 원리들은 형상, 질료, 그리고 형상의 결여이고, 형상은 현실태이다. 『형이상학』 Z-Θ권은 지각될 수 있는 실체의 원리가 (수적으로나 유적으로나) 하나이고 최소한 사고에서 분리된다는 것을 강조하는 반면, K권 9-12장은 이 원리들이 하나이지만 분리되지는 **않는다**는 것을 보인다. 이 차이의 근원은 명백하다. 중심 권들은 있는 것인 한에서의 실체의 원리에 대해 살펴보는 반면, K권 9–12장은 변화를 수용하는 **모든** 범주의 원리들을 밝힌다.

중심 권들에서 가장 정당한 의미에서 실체인 것, 실체적 형상은 움직임이 없는 존재자의 자족적인 원리이다. 형상과 질료가 하나인 한에서 이 존재자는 운동을 허용하지 않는다. 하지만 형상과 질료는 오직 "어떤 방식으로"만 하나이다. 다른 관점에서는 형상과 질료는 구별되는 것으로 남고 지각될 수 있는 존재자는 이 둘이 결합될 때 생성된다. 이 운동에 일차적인 원인이 있어야만 한다. 이 제일 원인의 본성은 무엇이고 어떻게 그것은 운동을 야기하는가? 이것이 Λ권의 주제이다. K권은 왜 이 질문을 물어야만 하는지를 보이고, 우리는 K권이 Λ권을 시작하는 장들과 밀접하게 관련되어 있다는 것을 볼 것이다.

연구를 위한 물음들

1. 아리스토텔레스는 논증들을 양쪽에서 무력화하는 단일한 이론을 발견함을 통해 아포리아를 해결한다. 이 과정 자체가 K권에 등장하는 원리들에 대한 대안적 설명에 의해 무력화되는가? 다시 말하면 두 번째 그룹의 아포리아에 대한 K권의 대안적 해결책은 중심 권에서의 첫 번째 해결책을 받아들일 근거를 약화시키는가?

Λ권: 아리스토텔레스의 제일 원리들

Λ권은 보통 독립된 논문으로 읽힌다. 하지만 실체의 선차성에 대한 시작 부분의 언명은 **모든** 범주에서의 변화의 원리에 대한 K권의 논의의 맥락에서 선뜻 이해될 수 있다. 이 유들 모두를 함께 모아 놓은 것, 즉

우주가 하나의 전체를 이루든 아니면 "계열"을 이루든 실체는 선차적
이다. 만약 우주가 하나의 전체라면 실체는 그 첫 번째 부분인데, 왜냐
하면 다른 모든 것은 그것과의 관계를 통해 존재하고 그것으로부터 떨
어져서는 어느 것도 존재하지 않기 때문이다. 만약 우주가 계열이라면
그것은 실체와 그다음에 따라오는 질과 양으로 이루어질 것이다. 실체
는 단순하기 때문에 첫째이고, 다른 있는 것들은 그로부터 따라온다.

　실체에는 세 종류 ― (1) 중심 권들과 K권의 마지막 부분, 그리고 Λ
권의 첫 다섯 장의 주제인 지각될 수 있고 소멸할 수 있는 것들, (2) 지
각될 수 있지만 소멸할 수 없는 것들, 즉 천구들 (3) 지각될 수도 소멸
할 수도 없는 것들 ― 가 있다.

　많은 독자는 Λ권 1-5장이 우리가 중심 권들과 『자연학』으로부터 이
미 알고 있는 것을 반복하고 있다고 생각한다. 이 장들은 제일 원인들
에 대한 탐구에 핵심적인 공헌을 한다. Λ권 1장의 마지막 몇 줄과 Λ권
2장 전체는 변화를 허용하는 모든 유에서의 변화의 원인은 셋 ― 사물
의 형상 혹은 본성, 그 결여, 그리고 그 질료 ― 이라고 논증한다. 이 마
지막 것은 어떤 구체적인 종류의 형상에 대한 가능태이다. Λ권 3장은
네 번째 원인을 첨가하는데, 그것은 동종의 다른 실체에 존재하는 형상
혹은 속성의 경우에는 장인의 정신에 존재하는 형상이다. 아리스토텔
레스는 각각의 유의 원리들 사이의 유비를 사용한다. 운동의 네 원리들
은 각각의 유 안에 존재하지만 서로 다른 본성으로서 존재한다. 그것들
중 셋은 하나의 단일한 개체에 속하지만, 네 번째 것은 그 개체에 어떤
방식으로든 영향을 주는 또 다른 개체에 속한다.

　아리스토텔레스가 Λ권 2-3장에서 대략적으로 그리는 유비는 I권에
서 하나를 정의할 때 사용하는 유비이다. 우리는 거기에서 각각의 유
안에 그 유 안에서 하나인 종이 있음을 보았는데, 그 이유는 그 유에 속

하는 다른 종들은 그 차이의 어떤 비율 혹은 결여로서 정의되기 때문이다. 변화는 어떤 것이 이 차이의 더 많거나 더 적은 비율을 가지게 될 때 발생한다. 그래서 검은 어떤 것은 그것이 하양을 정의하는 그 차이의 더 많은 비율을 획득할 때 하얗게 된다(I권 7장 참조). 아리스토텔레스는 실체의 유에도 하나가 있다고 주장하는데, 아마도 그가 뜻하는 바는 다른 실체적 종의 종차를 정의해 주는 원리로서 기능하는 그런 종차를 가지는 실체의 종이 있다는 것일 것이다. 하나의 실체는 다른 실체로 변하지 않지만 모든 개별 실체는 그 질료가 그 종을 정의해 주는 종차를 획득할 때 생성된다. 그래서 Λ권 2-3장의 세 원리들 — 형상, 결여, 질료 — 은 I권의 세 원리들 — 하나인 종의 차이, 그 결여, 그리고 유 — 이다. 외부적 원인은 형상이거나 종차인데, 그것이 같은 종에 속하는 다른 개체 안이나 행위자의 정신 안에 존재하는 한 그렇다.

　Λ권 4-5장은 중요한 질문을 던진다. 모든 있는 것에 대한 원인들과 원리들은 동일한가? 보편적으로 그리고 유비적으로 그것들은 동일하다. 형상, 질료, 결여, 그리고 외부적 원리이다. 다른 한편으로는 실체의 유와 관계의 유에 공통인 본성은 없고, 따라서 그 양쪽 모두를 야기할 본성도 없다. 어떤 요소도 어떤 하나의 범주에 속해야 할 것이고, 따라서 다른 범주의 존재자의 요소일 수 없을 것이다. 존재 또는 하나임이 요소일 수도 없는데, 그 이유는 그것들이 복합체 전체에도, 그것을 구성하는 부분들에도 똑같이 속하기 때문이다. 그로부터 서로 다른 것들의 원인은 서로 다르다는 것이 따라 나온다.

　보편적으로 그리고 유비적으로 동일한 원인은 하나임이다. 원인은 유에 따라 다른데, 그것은 각각의 것의 존재, 즉 그 본질적 본성이다. 만약 하나임이 제일 원리라면 우주의 유비적 구조가 근본적이기까지 할 것이고 모든 사물은 동일한 원인들을 가질 것이다.

하지만 하나임은 선차적일 수 없다. 우리는 앞에서 하나임은 어떤 사물의 형상, 즉 그 존재의 면에서 그것에 속한다는 것을 보았다. 한 사물의 본질적 본성은 그것이 하나임을 설명해 주지만 거꾸로는 아니다. 아리스토텔레스는 여기서 운동을 일으키는 것이 보편자가 아니라 복합체 안에 존재하는 개별적 형상이라고 논증하고 있다. 너의 원인은 보편적인 인간이 아니라 너의 아버지인데, 왜냐하면 오직 후자만이 현실태로서 존재하거나 존재했고 오직 현실태만이 질료에 영향을 미쳐 질료로 하여금 그 잠재력을 현실화시켜 형상을 획득하게 할 수 있기 때문이다. 보편자인 아버지는 현실태가 아니고, 따라서 인과적인 영향력을 가질 수도 없다. 반면에 속성이 실체에 의해 야기되는 한 실체는 모든 것의 원리이다. 그렇다면 만약 실체의 제일 원인이 있다면 모든 것의 제일 원인이 있을 것이다. Λ권 6-9장은 그런 원인이 있다는 것과 그것이 무엇인지를 보이는 일에 전념한다. Λ권 마지막 장은 이 원인이 어떻게 우주에 질서를 부여하는지를 보인다.

연구를 위한 물음들

1. 아리스토텔레스의 유비는 운동의 원리들에 기반을 두는데, 모든 유에 운동이 있는 것은 아니다. 이 사실이 그 유비를 약화시키는가?

부동의 원동자들

『자연학』에서 아리스토텔레스가 인간의 원인은 인간이지만 역시 태양이기도 하다고 말한 것은 유명하다. 이 말은 태양의 기울어진 운행이 인간이 생존할 수 있도록 하는 식물과 동물의 삶에 꼭 필요한 계절의 변화를 가져온다는 뜻이다. 태양은 아리스토텔레스의 실체의 두 번째 분류, 즉 영원하지만 지각될 수 있는 실체에 속한다. 그는 태양과 다른

천체를 포함하는 천구는 영원하다고 논증한다. 실체의 이 두 번째 그룹
은 제일 원인들을 이루는 그룹인 세 번째 그룹의 실체가 존재한다는 그
의 논증에서 매우 중요하다. 시간은 이 구체들의 운동의 척도이다. 일
년은 태양의 공전이고 한 달은 달의 완성된 운동이다. 시간은 생성되거
나 소멸될 수 없다. 만약 그것이 가능하다면 시간이 존재하기 전의 시
간과 시간이 소멸한 후의 시간이 있을 텐데, 이것은 둘 다 모순이기 때
문이다. 더욱이 시간이 구체 운동의 척도이므로 만약 그것이 생겨난다
면 구체의 운동을 일으킨 다른 어떤 운동이 있어야만 할 것이고, 이 선
행하는 운동의 척도는 시간일 것이다. 이 시작하는 운동은 더 선행하는
운동에 의해 야기되어야 할 것이고 이렇게 계속 나아간다. 만약 최초
의 시작하는 운동이 있을 수 없다면 운동은 언제나 존재했어야만 한
다. 만약 운동이 항상 존재했다면 그것이 없어질 것이라고 생각할 이
유가 없다. 만약 운동이 멈출 것이라면 이미 그랬어야 했을 것이다. 더
욱이 하늘의 운동은 원운동이다. 끝 점에 도달하지 않으므로 멈출 필요
가 없다.

　영원히 움직이는 천체의 존재는 운동에 대한 아리스토텔레스의 설명
과 상충되어 보인다. 운동은 가능태인 한에서의 가능태의 현실화이다
(『자연학』 3권 1-2장). 한 사물의 잠재력이 실현될 때 그 운동은 끝난
다. 집 짓는 운동은 판자와 벽돌이 가지고 있는 집이 될 가능성을 실현
한다. 그 가능성이 실현되었을 때, 집이 존재하게 되고 운동은 멈춘다.
물론 원운동에 명백한 끝 점이 있는 것은 아니지만 역시 그것이 무한정
계속되리라고 할 이유도 없다. 자기 자신을 완성하고 멈추는 운동의 본
성을 볼 때 영원한 운동의 존재에는 문제가 있다.

　그것은 오직 영원히 작용하는 원인에 의해서만 설명될 수 있다. 어떤
시점에만 작용하고 다른 시점에는 작용하지 않는 원인은 그것을 작용

하게 하는 또 다른 어떤 원인을 필요로 한다. 영원히 작용하는 원인은 어떤 가능태도 포함하지 않을 텐데, 왜냐하면 가능성을 현실화하는 것도 또 하나의 현실의 원인을 필요로 하기 때문이다. 접촉에 의해 어떤 것을 움직이는 원인은 그것이 움직이는 것에 의해 영향받고 변화하며, 영향받음은 가능태를 필요로 한다. 따라서 그로부터 영원한 운동은 가능태 없는, 그리고 영향받음 없이 영향을 끼치는 원인을 필요로 한다는 것이 따라 나온다. 그러한 원인은 순수하게 현실적이다. 그것이 천구에 의해 움직여지지 않으면서 천구를 움직이는 한 그것은 부동의 원동자이다.

이 논증은 그러한 원인이 있어야만 한다는 것을 보이지만, 그 원인의 본성이 무엇인지를 알려 주지 않는다. 인간의 정신이 어떤 것을 파악하는 것은 그것의 형상이 됨으로써 가능하다. 부동의 원동자의 형상은 질료 없는 현실태이지만, 인간의 정신이 형상을 파악할 수 있는 **가능태**인 한에서 그것은 완전히 현실적이지 않다. 그로부터 인간의 정신은 인간의 정신이기를 멈추지 않고서는 부동의 원동자의 형상을 파악할 수 없다는 결론이 따라 나온다. 하지만 우리는 이 실체가 어떠한지를 음미할 수는 있다. 그것은 아리스토텔레스가 주장하듯이 신적이다.

이 실체는 어떻게 천체를 움직이는가? 그것이 접촉을 통해 운동을 부여하지는 않으므로 그것은 운동을 다른 방식으로 일으켜야만 한다. 아리스토텔레스는 부동의 원동자가 사랑의 대상으로서 운동을 일으킨다고 제안한다. 사랑의 대상이 그것을 사랑하는 것으로 하여금 어떤 행동을 하도록 하는 것처럼, 부동의 원동자도 다른 실체들이 그것에 닮아가려고 하는 한 운동을 야기한다. 그래서 식물과 동물은 부동의 원동자의 영원성과 비슷한 것을 그들의 종을 통해 성취하기 위해 번식한다. 천구들은 불변하는 것의 영원성과 비슷한 것을 운동을 통해 획득하기 위해 원운동을 계속한다. 항상 같은 방식으로 운동함으로써 그것들은 항상 같은 방식으로 있는 것을 흉내 낸다. 그래서 최상위의 원인은 목적인이다. 목적인은 운동인이 그렇듯 정지해 있는 것을 움직이게 함으로써 운동을 일으키지 않는다. 목적인이 운동을 일으키는 것은 이미 움직이고 있는 것이 그것(목적인)을 흉내 냄을 통해서이다. 무엇이 운동을 시작하게 했는지 궁금할 수밖에 없지만, 이 질문은 만약 우주가 영원하다면 말이 안 되는 질문이다. 운동은 항상 존재해 왔다. 운동의 원인은 우주의 질서를 설명한다.

천구의 영원한 운동에 의해 그러한 원인이 존재한다는 것이 증명되므로 천구의 수만큼이나 많은 원인이 있을 것이다. 천구가 몇 개나 되는가는 천문학의 문제이고 아리스토텔레스는 어떤 설명이 올바른지에 대해서는 단정하지 않는다. 한 계산에 의하면 47개의 서로 구별되는 천구가 있고, 다른 계산에 의하면 55개가 있다. 그만큼 많은 부동의 원동자가 있을 것이다.

부동의 원동자는 그 자체로 사유될 수 있다. 왜냐하면 그것은 현실태, 질료 없는 형상이고 질료는 사유될 수 없기 때문이다. 따라서 질료가 없으므로 부동의 원동자는 가장 사유될 수 있어야 한다. 비록 우리가 보았듯이 부동의 원동자가 인간의 사고에 의해서는 이해될 수 없다고 하더라도 그것은 순수하게 이해 가능한 존재이다. 더욱이 부동의 원동자는 순수하게 현실적이고, 질료 없이 존재하는 현실태는 사유이다. 그렇다면 부동의 원동자가 지성이라는 것은 그럴듯해 보인다. 여기서 말하는 것이 인간의 지성은 아니다. 비록 우리의 능력이 이것에 참여하고 있기는 하지만 말이다. 이 지성이 더 상위의 존재, 예를 들면 신의 능력인 것도 아니다. 대신에 아리스토텔레스는 지성을 실체라고 간주한다. 지성은 가장 사유될 만하고 가장 사유될 가치가 있는 것을 사유한다. 따라서 지성은 자기 자신을 사유한다. 『영혼론』에서 아리스토텔레스는 우리가 한 사물을 알게 되는 것은 그 형상이 우리의 정신에 생길 때, 혹은 더 정확히는 우리의 정신이 이 형상이 될 때라고 논증한다. 지각될 수 있는 것의 경우에 형상은 질료와 함께 존재하지만 우리의 정신에서는 질료 없이 존재한다. 아리스토텔레스가 부동의 원동자와 동일시하는 지성도 질료 없는 대상을 사유한다. 가장 사유될 가치가 있는 대상은 모든 질료를 결여한 대상, 즉 자기 자신이다. 따라서 스스로 움직여짐이 없이 움직이는 신적인 지성은 사유 그 자체이다. 그런 한에서 그것은 진실로 자족적이고, 그러므로 실체이다.

　아리스토텔레스가 Λ권 9장에서 논증하듯이 만약 신적인 지성이 자신보다 더 나은 것에 대해 사유한다면 그것은 가장 신적이지 않다. 만약 그것이 자신보다 덜한 어떤 것에 대해 사유한다면 그것은 자신을 더 못한(나쁜) 것으로 만드는 것이다. 만약 그것이 변화한다면 그것은 가능태를 가지고 있어야만 할 텐데, 그것은 순수히 현실적이다. 따라서 신적인 지성은 오직 그 자신에 대해 사유할 수 있을 뿐이다. 사유하는 주체가 사유되는 대상과 동일하게 된다. 주체와 대상 간의 이 구분조차 신적인 지성 안에서는 존재하지 않는다. 왜냐하면 만약 존재한다면 이 지성은 복합체일 것이고 사유가 한 부분에서 다른 부분으로 옮겨 갈 때 변화할 것이기 때문이다.

　아리스토텔레스는 부동의 원동자들 중에서 자신을 사유하는 지성이 어떤 것인지 설명하지 않는다. 중세의 독자들은 이것이 최하위의 천체를 움직이는 부동의 원동자라고 생각했다. 어떤 더 최근의 독자들은 부동의 원동자가 다수가 있다는 것이 자기 자신을 사유하는 지성에 대한 아리스토텔레스의 설명과 상충된다고 생각했다. 각각의 부동의 원동자들이 자기 자신을 사유하는 사유라고 생각하는 것이 더 그럴듯해 보인다. 부동의 원동자의 본질에 대해 우리가 알지 못하므로 우리는 각각이 사유하는 것이 무엇인지를 말할 수 없다. 서로 다른 천구가 서로 다른 원운동을 한다는 사실로부터 각각의 부동의 원동자는 서로 다르다고 추정할 수 있다. 따라서 아리스토텔레스는 각각이 자기 자신을 사유하는 다수의 부동의 원동자를 인정하는 것으로 보인다.

우리는 어떤 부동의 원동자가 자기 자신과 더불어 다른 부동의 원동자를 사유하지는 않는지 물을 수도 있을 것이다. 이것은 우주의 질서 잡힌 구조를 설명하는 그럴듯한 하나의 방식이다. 첫 번째 부동의 원동자는 자기 자신만을 사유할 것이고, 두 번째 것은 자기 자신과 첫 번째 것을 사유할 것이고 등등 말이다. 하지만 이 말은 **첫 번째** 부동의 원동자를 빼고는 모두 다수를 사유한다는 것을 뜻하고, 이것은 운동을 내포할 것이다. 하지만 제일 바깥의 천구를 움직이는 첫 번째 부동의 원동자가 있고, 이 천구는 그 밑에 위치한 다른 천구들을 움직인다. 따라서 다른 천구들 각각은 그 자신의 부동의 원동자와 더 상위의 천구들 양쪽에 의해 움직여지는 것이다.

이런 방식으로 부동의 원동자들은 하늘에 질서를 부여하고, 하늘은 다시금 월하세계에 질서를 부여한다. Λ권의 마지막 장은 마치 군대의 좋음이 그 지도자와 그가 가져오는 질서에 있듯이, 우주의 좋음은 그 질서와 원인 양쪽에 있다고 주장한다. 언뜻 보기에 이 유비는 약해 보이는데, 그 이유는 장군은 운동인이고 부동의 원동자는 목적인이기 때문이다. 하지만 아리스토텔레스는 아마도 자신 『니코마코스 윤리학』의 첫 장에서 드러낸 생각, 즉 다양한 하위의 기술들(기마술, 안장 제작술 등)이 그것을 위해 공헌하는 궁극의 목적, 즉 승리를 목적으로 하는 것이 장군이라는 생각을 염두에 두고 있는 것 같다. 마찬가지로 부동의 운동자도 다른 실체들이 그것을 향해 공헌하는 목적을 내놓는다. 그 궁극의 목적은 영원함인 것으로 보인다. 각각의 실체는 자신인 바 그것이 됨으로써 자신의 고유한 방식으로 이 목적에 공헌한다. 아리스토텔레스가 설명하듯이 실체가 더 상위의 것일수록 그것은 더욱더 궁극의 목적으로부터 빗나갈 수 없게 된다. 자유민이 노예보다 더욱더 가정의 목적을 제쳐 놓을 수 없듯이, 영원한 실체들은 그것들의 목적으로부터 벗어날 수 없다. 우리는 다른 곳에서 이미 소멸될 수 있는 실체들은 번식을 통해 우주의 목적에 공헌한다는 것을 알고 있다. 개체보다 종이 영원하다.

이 목적에 초점을 맞춘 질서는 우주를 요소로부터 생겨난 것으로 설명하는 이론의 암묵적인 결과인 시작점에 초점을 맞춘 질서와는 강하게 대립된다. 후자에 속하는 모든 이론들은 하나의 반대 작용을 다른 반대 작용 위에 놓는데, 이것은 아리스토텔레스가 주장하기로는 불가능하다. 왜냐하면 반대자는 그 자체가 변하지 않고 다른 어떤 것, 즉 그 반대자들이 영향을 미치는 질료가 변하기 때문이다. 나쁨의 형상이 좋게 변하는 것은 아니고 나쁜 어떤 것이 좋게 변하는 것이다. 다른 철학자들은 **모든 것을 생기게** 하려고 하기 때문에 한 사물이 그것의 반대자에 영향을 준다고 말하는 것처럼 보인다. 모든 것을 생기게 하려면 그들은 질료가 생기도록 해야 한다. 반대로 아리스토텔레스는 질료는 어떤 생성보다도 먼저 존재한다고 전제한다. 따라서 그는 모든 것을 생기게 할 수 없다.

더욱이 만약 다른 철학자들이 생각하듯이 좋음이 운동인이라면 그것이 질료를 생기게 하거나 움직이게 해서 무엇을 얻는지 의문이다. 왜냐하면 그것은 이미 좋음이기 때문이다. 좋음은 물질적 존재자의 존재를 설명할 수 없다. 만약 대신에 어떤 철학자들이 생각하듯이 원리가 수라면 그것은 어떻게 선을 생성하는가? 더욱이 원리인 수들은 마치 수가 선의 원리이고 선이 평면의 원리인 것처럼, 한 단계 다음에 다른 단계가 따라오는 "단속적인" 우주를 만들 것이다. 그런 우주는 통일성을 결여할 것이고, 그래서 아리스토텔레스가 이 우주 안에 존재한다는 것을 보이는 좋음을 결여할 것이다. 이러한 이유로 아리스토텔레스는 좋음이 우주의 운동인이라는 주장을 거부한다.

연구를 위한 물음들

1. 아리스토텔레스는 우주의 제일 원리들이 있다고 논증하지만, 이 원리들이 설명하는 것이 정확히 무엇이며 설명할 수 없는 것은 무엇인가?

2. 최상위의 원인들이 모든 것을 설명할 수 없는 한 자연학이나 수학과 같은, 있는 것의 개별 유에 대한 학문을 위한 여지가 있다. 개별 학문들과 최상의 학문은 모든 것을 설명하는가, 아니면 아직도 설명되지 않는 무언가가 있는가?

M권: 수학적인 것들과 형상

M, N권은 좀처럼 안 읽힌다. 이 책은 원래 그 입장을 제시했던 작품은 남아 있지 않고 현대에 그 입장을 옹호하는 사람도 없는, 별로 그럴듯하지 않은 입장들에 대한 반론을 제시한다. 더욱이 아리스토텔레스가 Λ권에서 자신의 제일 원인들을 제시하였으므로 이후의 책들은 김이 빠진다. 혹은 그렇게 보였다. 우리는 이 책들이 아리스토텔레스의 형이상학적 설계에 대한 중요한 공헌이라는 것을 볼 것이다. 특히 이 책들은 수학적인 것과 형상이 제일 원리라는 주장을 반박할 뿐 아니라, 이

것들이 어떻게 아리스토텔레스 자신의 제일 원리들에 의존하는지를 보인다. 논증들은 여기서 충분히 살펴보기에는 너무 복잡하지만, 이 책들의 간단한 밑그림은 전체 계획을 이해하는 데에 도움이 될 것이다. M권은 플라톤과 아카데미아의 추종자들이 실체라고 생각했던 두 존재자인 수학적인 것과 형상을 자세히 살펴본다. 아리스토텔레스는 M권 1장에서 연구 주제 세 가지를 제시한다. 그것은 (1) 수학적 대상들이 존재하는지, 존재한다면 어떻게 존재하는지, (2) 형상들, (3) 형상과 수가 실체이고 있는 것의 원리들인지이다. 어디에서 각각의 주제가 다루어지는지는 항상 명확하지는 않다. M권 1장의 마지막 행들은 M권 2-3장과 함께 첫 번째 주제를 다룬다. M권 4-5장은 명백히 두 번째 주제와 관련이 있다. M권 6-10장은 형상이 수라는 것에 반론을 펼친다. 하지만 나는 이 장들이 세 주제 모두에 관련 있다고 제안한다. 첫째로, 이 장들은 수에 대해 상술하는데, 그럼으로써 M권 2-3장에 등장하는 기하학의 대상에 대한 설명에 산수의 대상에 대한 설명을 덧붙인다. 둘째로, 이 장들은 형상들, 구체적으로는 형상 수들을 살펴본다. 셋째로, M권 6-10장은 왜 형상이 존재의 원리가 아닌지를 보이고, M권 10장에서는 형상이 어떻게 존재하는지를 보인다. 세 번째 탐구의 나머지 부분, 즉 수가 실체이고 존재의 원리인지는 N권에서 다룬다.

수학적인 것들

수학적인 것들은 분리되어 존재하는가? 그렇다고 생각할 좋은 이유가 있다. 아리스토텔레스는 먼저 그것들이 분리되어 존재하지 않는다고 생각하면 모순에 봉착한다고 논증한다. 우선 둘 혹은 그 이상의 현실의 존재자, 즉 그 사물과 그 사물의 경계를 형성하는 기하학적 입체 — 그런데 둘 다 입체이다 — 가 동일한 사물에 존재할 것이다. 하지만 두 입체적 존재자가 동일한 시간, 동일한 장소에 있을 수는 없다. 더욱이 모든 입체는 선에서 나누어지고 모든 선은 점에서 나누어지지만, 모든 점은 나누어질 수 없기 때문에 각각의 사물은 불가분할 것이다. 사물의 어떤 분할도 어떤 점에서의 분할일 것이고, 점은 분할될 수 없기 때문에 사물은 분할될 수 없다.

반면에 수학적인 것들이 지각될 수 있는 실체들 안에 존재한다고 생각할 좋은 이유도 있다. 만약 그것들이 분리되어 있다면 지각될 수 있는 것 외에 또 다른 입체가 있을 텐데, 그 입체 스스로도 평면에 의해 한계 지워지니 지각될 수 있는 평면 외에도 평면이 있을 것이다. 지각될 수 있는 입체 외에 또 다른 입체가 있는 이유와 같은 이유로 지각될 수 있는 평면 외에 또 다른 평면이 있을 것이다. 이 두 분리되어 있는 평면들 중 어떤 것을 수학이 취급할 것인가? 평면은 선에 의해 그리고 선은 점에 의해 한계 지워지니, 그러므로 같은 사고에 따르면 다수의 분리된 선과 점도 있다고 해야 한다. 다수의 분리된 수학적 존재자들이 있을 뿐 아니라 그것들 중 어느 것이 수학의 주제인지를 결정할 수 없을 것이다. 더욱이 만약 수학적 존재자들이 분리되어 존재하면 지각될 수 있는 우주와 분리되어 존재하는 우주가 있을 것이고 지각될 수 있는 동물과 분리된 동물도 있을 텐데, 이건 말이 안 된다. 분리된 수학적인 것들에 대한 또 다른 반론은 수학적인 것들이 지각될 수 있는 것들에 한계를 제공하므로, 후자는 전자로부터 구성된다는 생각에서 나온다. 지각될 수 있는 존재자들이 어떻게든 선과 점으로 구성될 수 있다 하더라도 지각될 수 있는 입체는 존재에 있어 선차적일 텐데, 그 이유는 생성에 있어 후차적인 것이 존재에 있어 선차적이기 때문이다. 마지막으로 수학적인 것들이 지각될 수 있는 실체들의 정의에 포함되고, 따라서 그것들에 비해 정의에 있어 선차적이라고 하더라도 그것들이 존재에 있어 선차적이지는 않다. 복합체로서의 하얀 사람의 정의를 생각해 보라. 그것은 하양의 정의와 사람의 정의를 포함하지만 하양은 사람 안에 혹은 다른 어떤 실체 안에 말고는 존재할 수 없기 때문에 존재에서는 역시 후차적이다. 실체가 그 모양에 의해 정의된다고 하더라도 수학적 모양은 이것 혹은 다른 어떤 실체의 한계로서가 아니면 존재할 수 없다. 따라서 모양은 인간에 비해 존재에 있어 후차적이다. 반면에 만약 모양이 분리된다면 그것은 그것이 한계 지우는 실체보다 존재에 있어 선차적일 것이다. 따라서 그것은 분리될 수 없다.

요약하면 M권 2장은 아포리아를 제시한다. 수학적 존재자들은 지각될 수 있는 것들 안에 존재할 수 없지만 또한 지각될 수 있는 것들로부터 분리되어 존재할 수도 없다. 다른 아포리아들처럼 이 아포리아도 이 아포리아를 생기게 하는 전제를 폐기하거나 수정함을 통해 해결된다. 아리스토텔레스가 그렇게 말하지는 않지만 여기에서의 핵심적인 전제는 수학적 존재자들이 오직 현실태로서만 있다는 것이다. 오직 그것들이 현실로 존재하는 실체인 경우에만 지각될 수 있는 입체와 동시에 같은 장소를 점유하는 수학적 입체가 모순이 된다. 또한 오직 수학적인 것들이 현실의 실체인 경우에만 분리된 수학적 우주가 자신의 장소를 차지할 것이고, 수학적 평면이 그것이 정의하는 지각될 수 있는 실체보다 존재에서 선차적일 것이다.

수학적인 것들이 현실태로서 있다는 전제가 핵심적이라는 사실을 우리는 M권 3장에 나오는 수학적인 것들에 대한 아리스토텔레스의 설명에서 알 수 있다. 그는 운동을 움직이는 것의 본성으로부터 분리해서 이야기하는 것이 가능하다고 적고 있는데, 이 말은 운동이 분리되어 있지 않음에도 분리된 것으로 취급한다는 것에 필적하는 말이다. 마찬가지로 수학자는 입체, 선 등이 분리되어 있지 않음에도 마치 분리되어 존재하는 것**처럼** 다룬다. 아리스토텔레스는 수학자는 지각될 수 있는 것을 그것이 입체이거나 평면인 **한에서** 다룬다고 말한다. 라틴어 번역을 사용하자면 수학자는 지각될 수 있는 것을 *qua* 입체 혹은 *qua* 평면(입체로서 혹은 평면으로서) 다룬다. 어떤 학자들은 이 *"qua"*를 사용해 말하는 것은 지각될 수 있는 것이 입체 혹은 평면인 한에서 그것에 속하지 않는 술어를 걸러 내고, 오직 그것이 입체이거나 평면이라서 가지는 그런 속성만을 다루기 위한 것이라고 말한다. 하지만 이런 이해는 M권 2장의 아포리아가 어떻게 해결되는지를 설명하지 못한다. 있는 것은 현실태("완전한 상태")이거나 또는 "질료의 상태로" 있기 때문에 기하학자들이 그들의 주제에 대해서 있는 것이라고 말할 때 그들은 옳게 말하는 것이라고 아리스토텔레스가 주장하는 것은, 아리스토텔레스가 아포리아에 대한 해결책을 제안하고 있는 것이다(1078a21-31). 만약 기하학적 대상들이 현실태로서 있다면 그는 이렇게 이야기할 필요가 없다. 그의 요지는 기하학적 대상들은 비록 그것들이 "질료의 상태로", 즉 가능태로서 존재하지만 그럼에도 있는 것들이라는 것이다. 여기서 아리스토텔레스가 주목하듯이 기하학자는 입체와 다른 기하학적 대상들이 사실은 분리되어 있지 않지만 분리되어 있는 것처럼 취급한다. 만약 입체가 분리되어 존재한다면 그것들은 현실태이어야만 할 것이다. 따라서 아리스토텔레스가 말하는 바는 기하학자는 그가 다루는 대상이 가능적인 것으로 존재함에도 현실태로서 다룬다는 것이다. 가능적 입체는 지각될 수 있는 것 안에 "질료의 상태로" 존재한다.

만약 수학적 존재자들이 지각될 수 있는 것들 안에 가능적으로 존재한다면 M권 2장의 아포리아의 양쪽 주장이 없어져 버린다. 분리를 지지하는 논증들은 수학적 존재자들이 지각될 수 있는 것 안에 있다는 것에 대한 반대 논증들이다. 첫째 논증은 만약 수학적인 것들이 지각될 수 있는 것 안에 있다면 두 개의 입체가 동일한 장소를 차지할 것이라고 반론을 폈는데, 이 주장은 만약 한 입체가 현실적이고 다른 것은 가능적으로 존재한다면 더 이상 문제가 안 된다. 두 번째 논증은 점들이 불가분하니 지각될 수 있는 것들도 불가분하다는 것이었는데, 만약 점이 입체 안에서는 가능적으로 존재하고 분할된 후에는 (실제로) 존재하게 되는 것이라면 지각될 수 있는 입체를 한 점에서 나누는 것에 대해서는 반론이 있을 수 없다. 다른 한 편, 만약 기하학적 대상들이 분리되지 **않고** 지각될 수 있는 것 안에 가능적 존재로 있다면 아포리아의 다른 쪽을 지지하는, 수학적인 것을 분리해서 존재하는 것으로 놓으면 생기는 받아들일 수 없는 귀결들은 아예 생기지 않는다.

수학적인 것들이 가능적으로 존재한다는 생각은 『자연학』에도 등장한다. 아리스토텔레스는 선이 점들로 이루어진다는 생각에 반론을 제기한다. 오히려 선을 나눔으로써 점이 생긴다는 것이다. 분할 전에 점은 선 안에 가능적으로 존재한다. 선 그 자체도 평면의 분할에서 생기는 것이고, 평면은 수학적 입체의 분할이다. 요약하면 모든 기하학적 존재자는 지각될 수 있는 실체 안에 가능적으로 존재한다. M권 3장은 비록 기하학적 대상들이 가능적 존재자들임에도 수학자들은 그것들은 현실태로서 다룬다고 설명한다. 수학자는 자신의 지성을 통해 수학적 존재자들을 현실화한다.

수학적 존재자들이 가능태인 한 그것들은 제일 원리일 수 없다. 명백히 그것들은 지각될 수 있는 실체들이 의존하는 원리들에 의존한다.

연구를 위한 물음들

1. 아리스토텔레스는 주로 기하학적 대상에 대해 이야기한다. 수를 비슷한 방식으로 질료적으로 존재하는 것으로 다루기 위해 그가 논의

해야 할 어려운 점은 어떤 것인가? 그는 적절한 설명을 할 수 있을
까?
2. 현대의 수학자들은 선이나 입체보다 훨씬 복잡한 존재자들을 다룬
다. 수학적인 것들에 대한 아리스토텔레스의 설명은 그것들에도 적
용되는가?
3. 아리스토텔레스의 논증들은 **다수의** 수학적 존재자들이 동일한 지각
가능한 것에 가능적으로 존재한다는 것을 함축한다. 이 귀결이 아포
리아에 대한 아리스토텔레스의 해결책을 약화시키는가?

M권 4-5장: 형상들

다음 부분은 플라톤의 형상에 대한 반론으로 이루어져 있다. 이 논증들
혹은 비슷한 논증들이 A권 9장에 등장한다. 여기에 등장하는 소크라테
스가 모든 지각될 수 있는 것들은 변화한다는 헤라클레이토스의 주장
을 받아들였고, 그래서 덕을 정의하기 위해 덕을 불변하는 형상으로 놓
아서 그것이 앎의 대상이 될 수 있도록 했다는 아리스토텔레스의 말은
유명하다. 비록 소크라테스가 이 덕의 형상들을 분리하지는 않았지만
그를 따르던 사람들, 즉 플라톤과 아카데미아는 형상들을 분리했다. 아
리스토텔레스는 소크라테스가 예들로부터 귀납적으로 보편적인 정의
에 도달하려고 했다고 주장한다.
　아리스토텔레스는 소크라테스의 형상이 자신의 형상과 마찬가지로,
지각될 수 있는 것에 내재적이지만 불변하는 형상이라고 말하고 있는
것인가? 아니다. 왜냐하면 아리스토텔레스는 소크라테스의 형상이 보
편자라고 생각하고, 자신의 형상은 보편자가 아니라고 논증하기 때문
이다(Z권 M-16장). 소크라테스의 형상과 플라톤의 형상이 보편자라
는 것에는 문제가 있는데, 왜냐하면 그 둘 다 개별자이기도 하기 때문

이다. 아리스토텔레스는 자신의 형상에 대해서는 이 개념들의 확장된 의미를 통해 이 어려움을 피해 간다. 그의 형상은 규정에 있어 하나이고, 그래서 앎의 대상이 될 수 있다. 따라서 그것은 확장된 의미에서 보편자이다. 마찬가지로 그의 형상은 그것이 현실태인 한, 수에 있어 하나이고, 따라서 비록 다시금 확장된 의미에서이지만 개별자이다.

아리스토텔레스는 소크라테스가 개별적인 덕에 대해 알기 위해서 지각될 수 있는 것들 **안에** 존재하는 보편자를 추구하는 것으로 설명한다. 반면에 플라톤과 그의 학파는 형상을 보편적이면서도 **분리되는** 것으로 놓는다. 아리스토텔레스는 분리된 형상을 위한 논증 중 어느 것도 성공적이지 못하고 형상은 지각될 수 있는 것들에 대한 설명에 아무런 도움도 주지 못한다고 논증한다. 형상은 우리가 지각될 수 있는 것들에 대해 알도록 해 주지도 못하고 운동인이 아니므로 지각될 수 있는 것들 안에 운동을 일으키지도 못한다.

형상이 지각될 수 있는 것들 안에 있는 보편자이건 지각될 수 있는 것들로부터 분리된 보편자이건, 형상은 지각될 수 있는 것들이 알려질 수 있도록 해 주는 원인이 아니다. 여기에는 우리가 M권 2-3장에서 본 아포리아와 평행한 아포리아가 숨어 있다.

형상 수들: M권 6-9장

플라톤을 따르는 사람들과 어쩌면 플라톤 자신도 형상을 수(數)로 만들었다. 우리는 B권 6장에서 아리스토텔레스가 대략적으로 그리는 논증에서 왜 그들이 그렇게 했는지에 대한 아리스토텔레스의 생각을 살짝 엿볼 수 있다. 지각될 수 있는 쌍들이 여럿이 있다. 따라서 각각이 쌍이 되게 하는 어떤 특성이 있어야 한다. 이 특성이 2라는 수이다. 각각의 지각될 수 있는 쌍은 이 수의 예이다. 하지만 숫자 2의 다른 예들도 많다. 그것들은 2 + 2와 같은 계산을 할 때 필요하다. 동일한 특징을 가지는 다수가 있는 곳 어디서나 그 다수가 동일하도록 해 주는 어떤 하나임이 있어야만 하므로, 각각의 숫자 2가 2이도록 해 주는 어떤 형상이 있어야만 한다. 다수의 숫자 2가 모두 동일한 종류의 것이므로 규정에서 오직 하나인 형상은 그것들과 다르지 않을 것이다. 이 형상은 2 자체이다. 이것이 아리스토텔레스가 M권 6-10장에서 다루는 종류의 형상 수인 것으로 보인다. 수 2 안의 단위들은 함께 더해질 수 있지만, 2 자체 안의 단위는 그럴 수 없고 다른 것에 더해질 수도 없다.

이 마지막 구분이 아마도 그가 M권 6장에서, 단위가 비교 가능한 수와 단위가 비교 가능하지 않은 수를 구분할 때 염두에 둔 것일 것이다. 두 개의 단위로 된 2와 세 개의 단위로 된 3이 있어서 그 둘이 더해지면 함께 다섯 개의 단위로 된 수를 만든다. 이 2와 3에서 모든 단위는 비교 가능하다. 또 다른 2와 3, 즉 2 자체와 3 자체가 있는데, 이들의 각각의 단위는 비교 가능하지 않고, 그래서 함께 더해질 수 없다. 그런데 2 자체 안에 있는 단위들은 서로와 비교 가능하든지 비교 가능하지 않든지 할 것이다. 후자의 경우라면 아마도 어떤 형상 수의 단위도 서로 비교 가능하지 않을 것이다. 이러한 가능성들의 범위에 덧붙여서 비록 플라톤은 형상과 수학적인 것을 모두 인정했지만 아카데미아의 어떤 사람은 수학적인 것은 포기하고 오직 형상 수만, 어떤 사람은 형상은 포기하고 오직 수만 인정한다고 아리스토텔레스는 말한다.

이 설명들 중 어느 것도 그럴듯해 보이지 않는다. 비교 가능한 단위를 가진 수들은 단지 단위의 집합들일 뿐이다. 그것들은 통일성을 가지지 않고, 따라서 정당한 형상일 수 없다. 반면에 비교 가능하지 않은 단위를 가진 수들도 여전히 그들이 가진 단위의 숫자에 의해 정의된다. 만약 수 안의 단위들이 비교 가능하지 않다면 그것들은 세어질 수 없고 수를 정의할 수도 없다. 만약 그것들이 서로는 비교 가능하지만 다른 수로부터의 단위와는 비교 가능하지 않다면 플라톤주의자들은 한 종류의 단위와 다른 종류의 단위를 구별해야 하는 문제에 봉착하는데, 이것은 단위들이 단순하다는 점에서 불가능하다. 긴 논의를 지나치게 빠르게라도 요약하자면 아리스토텔레스는 왜 형상 수가 있을 수 없는지를 자세히 보여 준다. 따라서 이 버전의 형상 이론도 역시 폐기되어야 한다.

보편자들: M권 10장

형상들이 있다는 생각에 대한 광범위한 반론 후에 아리스토텔레스가 M권 9장에서 형상이 지각될 수 있는 것들의 원인일 수 있는지를 묻는다는 것은 놀라워 보인다. 이 질문은 모든 논증에도 불구하고 형상이 존재한다는 것을 인정하고 있다. 아리스토텔레스가 하려고 하는 일은 이 형상들이 무엇인지를 결정하는 것, 즉 자기 자신의 형이상학 안에서 플라톤의 형상을 위한 적절한 장소를 찾는 것이다. 그는 이것을 M권 10장에서 한다.

이 장은 실체가 분리되는지 그렇지 않은지를 물으면서 시작한다. 만약 (1) 그것이 분리되지 않는다면 그것은 더 이상의 원리를 필요로 하지 않는 원리일 수 없다. 하지만 만약 (2) 그것이 분리된다면 그것이 원리를 가지는 것은 불가능해 보인다. 왜냐하면 이 원리들은 개별적이지도 보편적이지도 않기 때문이다. 이 마지막 주장을 뒷받침하기 위해 아리스토텔레스는 B권의 마지막 아포리아의 한 버전을 내놓는다: (A) 개별적인 원리들은 요소이고 만약 이것들이 유일한 원리라면 요소 외에는 아무것도 있을 수 없다. 더욱이 앎은 보편자에 대한 것이므로 이 원리들은 알 수 없다. 반면에 (B) 만약 원리들이 보편적이라면 (a) 실체가 보편자이거나 (b) 실체가 아닌 어떤 것이 실체보다 선차적일 것이다. 실체는 (Z권 13-16장에서 논증되었듯이) 보편자가 아니므로 보편자가 실체보다 선차적일 것이다. 하지만 우리는 다른 모든 있는 것은 실체에 의존한다는 것을 보았다.

우리는 Z-H권에서 이 마지막 아포리아에 대한 하나의 해결책을 보았다. 규정에 있어 하나이고 수에 있어 하나인 형상이 있고, 이 형상은 확장된 의미에서 보편적이자 개별적이다. 하지만 Z-H권에서 논의된 형상은 분리되지 **않은** 실체이다. 그러므로 그것은 위의 선택지 (1)에 해당하고 제일 원리일 수 없다. 분리된 실체는 개별적인 복합체인데, 여기서 문제는 만약 앎은 보편자에 대한 것이고 보편자는 분리된 실체의 원리가 아니라면 어떻게 분리된 실체가 알려질 수 있는가이다. 보편자는 개별자 안에 존재하지 않으므로 개별자를 보편자를 통해 파악하는 것은— 심지어 보편자의 예로서라도— 그것을 그것인 한에서 파악하지 못하는 것이다.

아리스토텔레스는 M권 10장에서 앎에는 두 가지 의미— 하나는 실제적이고 다른 하나는 가능적— 가 있다고 말하는데, 이것은 M권 3장에 나오는 수학적인 것들에 대한 자신의 설명을 연상시킨다. 보편자를 아는 것은 가능적인 앎을 가지는 것이고, 이 보편자의 예를 인지하는 것은 실제적인 앎을 가지는 것이다. 그래서 색깔을 보편적으로 파악하는 사람은 한 색깔을 인지할 능력을 가지고 있고 어떤 구체적인 색깔, 예를 들어 파랑을 보편적으로 파악하는 사람은 파랑을 인지할 능력을 가지고 있다. 색깔을 보고 파랑이라고 인지하는 사람은 이 능력들을 실현하는 것이다. 그가 파란 어떤 것을 보고 그것을 어떤 색깔로 인지할 때, 그는 이 가능성을 현실화해서 실체의 대상을 파악한 것이다. 이 개별 대상은 보편적으로 어떤 색깔을 가진 어떤 것으로 알려질 수도 있

고, 실제적으로 이 색깔을 가진 이 대상으로 알려질 수도 있다. 보편자
만을 통해서 아는 것은 가능적으로 아는 것이다. 개별자를 실제로 파악
하는 것은 그것의 형상인 현실태를 파악하는 것을 필요로 한다.

『영혼론』(3권 4장)에서 아리스토텔레스는 우리가 어떤 것을 아는 것
은 그 형상이 우리의 정신 안에 있게 될 때라고 말한다. 이것은 실제의
개별자에 대한 실제의 직접적인 파악이다. 사실상 M권 10장은 그것이
어떤 **종류**의 것인지를 알기 위해서 우리는 한 단계 낮추어서 그것을 가
능적으로 확정된 것으로 즉, 보편자로서 파악한다고 덧붙인다. 비슷한
것이 비슷한 것을 알기 때문에 내가 내 정신 안에 보편자를 가짐으로써
개별자를 파악할 수 있다는 사실은 그 보편자가 내가 파악하는 그 개별
자 **안에**도 어떻게든 존재해야만 한다는 것을 함축한다. 그것이 가능태
로서 정신에 존재하는 것처럼, 그것은 내가 파악하는 개별 대상 안에
가능태로서 존재한다. 그것은 우리가 Z권 12장에서 보았듯이 형상의
질료, 즉 유로서 존재하거나 또는 그 개별자의 형상인 현실태의 질료로
서 존재한다.

만약 이러한 해석이 옳다면 M권 10장은 보편자가 어떻게 지각될 수
있는 것들 안에 있는지에 대한 설명이다. 그것은 질료 안에 가능태로서
있다. 플라톤의 형상은 형상 수가 그렇듯이 보편자이고, 아리스토텔레
스는 그것이 사물의 원리로서 존재한다는 것에 대해 반론을 펼쳤다. 그
럼에도 앎의 원리인 보편자들이 있고 아리스토텔레스는 여전히 그것들
을 설명할 필요가 있다. 수학적인 것들과 마찬가지로 보편자는 개별 실
체 안에 가능태로서 존재한다. 이 가능태는 존재하는 개별 대상 안에서
그 사물의 존재로서 현실화한다. 그 개별자는 그 형상이 현실태이기 때
문에 존재한다. 그럼에도 개별자는 자신 안에 이 현실태를 위한 가능
태, 즉 보편적 종 혹은 유를 포함하는데, 이것은 그 개별자가 더 일반적

인 사유에 의해 파악될 수 있도록 해 준다. 우리는 수학적인 것들이 실체 안에 가능적으로 존재하지만 사유에 의해 현실화된다는 것을 보았다. 마찬가지로 보편자도 실체 안에서 가능적으로 존재한다. 하지만 이 경우에는 어떤 종류의 사유가 보편자의 가능태를 유지한다. 보편자가 대상에 대한 직접적인 파악에서 현실화될 때 그 가능성은 현실태 안에서 실현된다. 비유적으로 기타리스트의 음악에 대한 앎은 그가 악기를 연주하기 전까지는 가능적이다.

어떻게 보편자가 존재하는지는 많은 철학자를 곤혹스럽게 한 문제이다. 보편자는 많은 것에 공통인 단일한 특질이다. 그것이 모두에게 속하기 때문에 다수의 것 중 어느 것에도 속하지 않고, 그것이 개별자가 가져야만 하는 본질적 특징이기 때문에 분리되어 존재할 수는 없다고 보통 말한다. 아리스토텔레스의 해결책은 보편자가 각각의 개체 안에 가능태로서 존재한다는 것이다. 이 후자는 개별자 안에 존재하는 **실제**의 특징이 아니고 그것을 위한 능력이다. 따라서 보편자는 그 안에 포섭되는 다수 중 어느 것과도 동일시될 수 없지만 가능적으로는 그들 모두이다.

Θ권 10장에서 아리스토텔레스가 단순한 것과의 직접적인 지성적 접촉에 대해서 말하고 그것을 증명적 지식과 구별할 때, 그는 실제의 앎을 염두에 두고 있다. 증명적 지식은 보편적이고, 그러므로 가능적 지식이다. 그것은 적법하며 중요하지만 실제의 지식에 의존한다. 중세의 스콜라 철학자들에 의하면 보편자는 단지 정신에 의해 파악되는 형상이다. 하지만 우리는 M권 10장이 실제로 알려질 수도 있는 대상을 아는 가능적인 방식으로 보편자를 구분하고 있음을 보았다. 이러한 방식으로 아는 것은 그 형상을 파악하는 것이다. 다시 말하지만 대상이 보편적으로 알려질 수 있는 것은 보편자가 그 안에 존재하기 때문이다.

소크라테스는 보편적으로 인간으로서 파악될 수도 있고, 실제로 바로 그인 그 인간으로 파악될 수도 있다. 둘의 차이는 후자의 경우 형상이 활동하고 있다는 것뿐이다.

연구를 위한 물음들

1. 아리스토텔레스에게서 영향받은 철학자들을 포함한 많은 철학자는 보편자가 무엇인지를 이해하려고 노력했고, 보편자를 이름이라고 아니면 정신 안의 생각이라고 아니면 실제로 있는 것이라고 생각했는지에 따라 그들의 대답은 종종 유명론, 개념론, 실재론으로 나뉜다. 아리스토텔레스의 설명이 이 틀 안에 어느 것에라도 잘 맞는가? 보편자 문제에 대한 그의 해결책을 다른 철학자들에 의해 제시된 해결책들과 비교해 보라.

N권: 원리로서의 수학적인 것들

N권은 M권의 초입에서 제기된 세 번째 질문, 즉 형상 또는 수학적인 것이 사물의 원리인지에 대한 논의를 마무리한다. 우리는 형상들 혹은 더 정확히는 보편자들이 앎의 원리이면서도 아리스토텔레스의 형상에 귀속된다는 것을 보았다. 수학적인 것들이 정말로 사물의 원리라고 생각할 좋은 이유가 있지만, 우리는 또한 M권 2-3장으로부터 아리스토텔레스가 그것들이 실체에 귀속되고, 따라서 원리가 **아니라고** 혹은 최소한 제일 원리가 아니라고 생각한다는 것을 안다. 우리는 왜 아리스토텔레스가 이 문제를 다시 제기하는지 궁금해할 만하다. 사실 많은 독자는 N권이 형이상학에 공헌할 새로운 것이 별로 없다고 생각한다. 이

태도는 옳지 않다. 아리스토텔레스가 수학적인 것들이 제일 원리라는 생각은 반박했지만, 그것들은 명백히 어떤 종류의 원리들이다. 각각의 유에는 하나⁶가 하나씩 있다는 I권에서의 아리스토텔레스의 주장을 기억해 보라. 우리는 이 하나가 종이고 그 유 안의 다른 종들은 그것과 때때로 그것의 결여인 종으로 구성된다는 것을 보았다. 아리스토텔레스는 하나인 종의 차이와 그 결여인 종의 차이 사이에는 그 유에서의 중간 종들의 차이를 정의하는 확정된 **비율**이 있다고 생각한다. 그가 검정과 하양 사이에 5개의 색깔이 있고, 다른 지각될 수 있는 종류에도 같은 수의 종들이 있다고 하는 것은 우연적인 것이 아니다. 이 각각의 유들에 동일한 수학적 비율이 작용한다. 이 유들을 아는 학문들은 그 유들의 정의들 안에 작동하는 수학적 원리들을 파악해야만 한다. 그래서 수학적인 것들은 제일 원리들은 아니지만 원리들이다. N권에서 다루어지는 문제는 수학적인 것들이 어떻게 자연적 존재자들의 원리일 수 있는가이고, 이것이 문제가 되는 것은 어떤 유에서도 **제일** 원리는 그 유의 본질적 본성이라는 것을 우리가 알고 있기 때문이다. 수학적인 것들이 또 다른 유, 즉 양이라는 유에 속하므로 수학적인 것들이 실체의 유나 질의 유를 다루는 학문에서 어떻게 아무 역할이라도 할 수 있는지 알기는 어렵다. 수학적인 것들의 원리가 무엇인지도 N권에서 논의거리이다.

　N권 1장은 모든 것이 반대자로부터 오지만, 반대자는 어떤 밑에 깔려 있는 기체 안에 있다고 논증하면서 시작한다. 이 기체가 필요한 이유는 플라톤주의자들이 생각하는 것처럼 하나의 반대자가 다른 반대자에 영향을 줄 수 없기 때문이다. 반대자들은 형상의 소유와 결여를 통

6　역주: 그 유 안의 종들을 세는 단위로서의 하나를 말한다.

해 정의된다. 그들의 정의는 변하지 않는다. 만약 나쁨이 좋게 된다면 변한 것은 나쁜 **어떤 것**이지 나쁨이 아니다. 반대자가 그들이 내속하는 기체에 의존하는 한 그것들은 제일 원리일 수 없다.

아카데미아의 플라톤주의자들은 하나 그 자체가 그 반대자에 영향을 준다고 생각했지만, 그들은 이 반대자가 다수성인지 비동일성인지 무규정적 이자(二者)인지 다름인지 아니면 그 밖의 또 다른 어떤 것인지 의견의 일치를 보지 못한다. 반대자가 그 안에 존재하는 기체를 고려하지 않는 것 말고도 아카데미아가 단일한 생성의 계열이 모든 것을 산출할 것이라고 생각한 것도 잘못이다. N권 1장에서 아리스토텔레스가 우리를 상기시키듯이 하나는 음이나 색깔과 같이 기체를 전제하는 단위이다. 따라서 서로 다른 유에 대해 서로 다른 하나들이 있다. 만약 그 하나가 각각의 유에서 다르다면 그 반대자도 마찬가지이다. 단일한 하나가 없기 때문에 그 하나에 대한 단일한 반대자도 없다.

아카데미아에서 하나의 반대자를 무규정적 이자라고 하는 사람들조차 다수의 이자에 대해 이야기하고 그들로부터 서로 다른 존재자들을 생성시킨다. 많음과 적음으로부터 그들은 수를 이끌어 내고, 긺과 짧음으로부터 선이, 넓음과 좁음으로부터 평면이, 깊음과 얕음으로부터 입체가 나온다(N권 2장 1089b9-15).

N권 2장의 첫머리에서 아리스토텔레스는 수와 같은 영원한 존재자는 생성되거나 부분으로 이루어지지 않는다고 논증한다. 만약 그것들이 생겨난다면 그것들은 역시 없어질 수도 있을 것이고, 그렇다면 영원하지 않을 것이다. 마찬가지로 부분으로 이루어진 영원한 존재는 부분은 가능적으로 분리되므로 존재하지 않을 가능성을 가진다. 존재하지 않을 가능성을 가지는 것은 소멸할 수 있는 것이고, 따라서 영원하지 않다. 아카데미아는 수가 영원하다고 생각하면서도 수가 생성되고 부

분을 가진다고 주장하는데, 이것은 일관성이 없다.

수는 그 스스로 생성되지 않을 뿐 아니라 다른 것들의 생성에 어떤 역할을 할 수도 없다. 수는 사물을 움직이게 할 수 없다. 수가 운동의 목적이 아니므로 그것이 좋음일 수도 없다. 수는 형상인일 수도 없다. 실체의 경계는 수가 아니라 선이나 평면이다. 실체가 비율에 의해 정의된다 하더라도 수는 단지 비율의 질료이고 한 요소와 다른 요소의 상대적인 양 — 예를 들어 불 3에 흙 2의 비율 — 을 나타낼 뿐이다(N권 5장 1092b16-23). 따라서 실체의 진정한 질료는 요소들이다. 일정한 수의 어떤 요소는 그 요소의 본성을 전제로 하고 실체의 요소의 본성들이 그것들의 수보다 이 실체가 어떠한지를 더 잘 설명한다. (그리스 사상가들은 비율이나 분수를 수로 인정하지 않는다.) 요약하면 수는 네 가지 원인 중 어떤 의미로도 원인이 아니다.

그렇다면 수란 무엇인가? 아리스토텔레스의 대답은 못 보고 지나치기 쉽다. 각각의 유에서의 하나는 그 유의 어떤 종이나 예이다. 그로부터 각각의 유에는 수가 있다는 것이 따라 나온다. 그 본성이 하나가 여럿이 모인 것인 한에서 각각의 다른 종은 수이거나 최소한 수에 의해 정의된다. 유의 예들의 수도 그 유의 단위의 역할을 하는 하나의 예와의 관계를 통해 정의된다. 요약하면 각각의 유에서 하나가 다르듯이 수도 각각의 유에서 서로 다르다. 색깔에서의 수는 음에서의 수와는 다르다. 그로부터 유들을 아우르는 수는 없다는 것이 따라 나온다. 즉 수들이 유를 통해 정의되는 것이지 유가 수들을 통해 정의되는 것이 아니다. N권의 마지막 장이 7개의 모음, 한 음계의 7음, 플레이아데스 성단의 7개의 별, 테베를 공격하는 7용사에 대해서 이야기하는 것은 단지 유비일 뿐이다. 각각의 원인은 그 유에서부터 온다. 각각의 유에 있어서의 7은 서로 같지 않다.

그럼에도 7은 각각의 유 안에서는 하나의 원리이다. 7음이 있는 것에는 이유가 있지만, 그 이유는 그 유 안에서 찾아져야 하고 7개의 모음이 있는 이유와 같지 않다. 플라톤주의자들의 실수는 수들로부터 지각될 수 있는 것들을 구성하려고 한 것이다. 반대로 아리스토텔레스는 지각될 수 있는 것들로부터 수들을 추출한다. 그는 N권 1장에서 아카데미아가 하나와 그 반대자로부터 수를 만들어 내는 것을 비판하는 맥락에서 추출의 한 방법에 대해 언급한다. 그것은 가장 쉽게 떠오르는 방법이다. 어떤 대상의 집합, 예를 들어 한 방 안에 있는 사람들을 생각해 보라. 그중 어떤 한 사람도 그 사람들을 세는 단위로 기능할 수 있다. 하지만 방 안에 있는 사람의 수는 그 단위에 상대적이다. 그로부터 이 숫자는 관계라는 것이 따라 나온다. 관계는 아리스토텔레스의 존재의 범주적 유 중 하나이다. 아리스토텔레스는 관계와 마찬가지로 수도 속성이고 각각의 속성은 어떤 **하나의** 실체에 속해야 한다고 생각한다. 이 경우에 속성은 방 안에 있는 이만큼의 사람의 집합 안에 있음이다. 이 속성은 방 안의 각각의 사람에게 속한다. 이것은 관계이지만 또한 아주 피상적인 속성이기도 한데, 그 이유는 다른 사람이 그 방에 들어오거나 나가면 변하기 때문이다. 달리 말하면 한 사람의 속성은 그가 전혀 변하지 않더라도 다른 것이 변함에 의해서도 달라질 수 있다. 수에 대한 플라톤의 설명에 대한 아리스토텔레스의 반론 중 하나는 플라톤의 설명에 따르면 후차적인 관계가 원리가 된다는 것이다. 요약하면 구별되는 대상들을 세는 수는 원리인 수가 아니다.

아리스토텔레스에게는 지각될 수 있는 것으로부터 수를 추출하는 또 다른 방법이 있는데, 이 방법은 수가 지각될 수 있는 것의 원리라는 것과 어울리는 방법이다. 우리는 M권 3장에서 기하학적인 존재자는 지각될 수 있는 실체 안에 가능적으로 존재한다는 것을 보았다. 그것들은 우리의 정신이 실체의 다른 속성들은 무시하고 그 본성을 오직 입체로서만 간주함에 의해서 현실화된다. 이 입체는 정신적으로 분할되어 다른 더 일반적인 입체가 된다. 그 표면들만 따로 생각할 수도 있고, 그 표면들을 한정하는 선들만 고찰할 수도 있으며, 그 선들을 한정하고 선들의 분할의 결과인 점들만 그럴 수도 있다. 지각될 수 있는 실체 안에 역시 가능적으로 존재하는 수라는 생각에 도달하려면 한 단계를 더 밟으면 된다. 선을 한정하고 선의 분할의 결과인 점은 선의 부분들이 그럴 수 있듯이 세어질 수 있다. 이 수는 실체에 속한다. 우리가 앞에서 보았던 기하학적 대상들처럼 이 수는 실체 안에 가능적으로 존재하지만 수학자의 지성에 의해 현실화된다. 만약 이 수가 인간의 발의 수인 2나 손가락의 수인 10처럼 실체의 본성에 내재적으로 속한다면 이 수는 원리이다. 대안적으로 한 유에는 다른 종을 재는 어떤 종이 있으므로 다른 종들은 하나인 종의 차이의 어떤 숫자로[7] 혹은 이 차이와 그 유에서 이 차이의 결여인 종 사이의 비율을 통해 정의된다. 요지는 그 유에 속한 종의 본질적 본성을 통해 **정의되는** 수가 있다는 것이다. 이것은 그 유에 대한 앎을 가능하게 해 주는 원리인 수이고 또한 그 유에 속하는 개별자들 안에 가능적으로 존재한다.

이 설명과 아카데미아의 설명 간에는 어떤 유사점이 있다. 유 그리고, 특히 선은 이자(二者)이다. 양쪽 모두에 더함과 덜함이 있다. 선에는 길고 짧음이 있고(N권 1장 1088b9-15), 유 안에는 운동을 한정하는 반대종의 더함과 덜함이 있다(I권 7장 1053b23-27). 아마도 반복적으로 이 연속체에 부과되는 하나는 아카데미아가 하나 그 자체가 이자에 영향을 준다고 생각한 그 방식과 비슷한 방식으로 여러 부분을 쪼갤

7　역주: 이 문장의 이해를 위해 "하나"에 대한 앞의(I권 2-9장, 152~4쪽) 논의를 참조하시오.

것이다. 유와 선은 사유의 행위를 통해 특정한 종과 길이가 되게 하는 확정되지 않은 질료이다. 중요한 차이는 아리스토텔레스가 영향을 주는 단일한 하나와 영향을 받는 단일한 이자가 있다는 것을 부인한다는 것이다. 하나는 각각의 유에서 서로 다르고, 하나로부터의 생성이란 없으며, 하나는 유에 의존한다. 실체는 수보다 선차적이다. 수가 실체의 원인이 아니고 실체가 수의 원인이다.

이로부터 모든 학문은 연구의 대상 안의 수적인 관계를 찾을 수 있다는 것이 따라 나온다. 수들이 그 주제를 한정해 주는 것이기 때문에 그것들은 우리가 그 주제에 대해 알게 되는 데에 도움을 준다. 서로 다른 주제에 연관된 수들이 동일해 보일 수도 있지만, 음악과 문법학에서 작동하는 수는 양의 범주에서의 수가 아니라 그들 각각의 주제에 고유한 수이다. 동일한 숫자가 서로 다른 유에서 작동한다는 사실은 수의 본성에서 나오는 것이 아니라 주제의 본성에서 나오는 것이다. 그렇지 않다고 생각하면, 즉 중요한 것이 숫자라고 생각하면 플레이아데스 성단의 7과 테베의 7명의 적들을 하나의 학문 안에 포함하는 잘못을 범할 수 있다. 요약하면 개별 학문들에 수학이 담당하는 적절한 역할이 있지만, 그 사실은 이 학문들을 수학의 분과로 만드는 것은 아니다. 개별 학문 안에 수학이 들어간다는 것은 존재하는 것이 실제로 존재한다는 것이라는 아리스토텔레스의 주장을 약화시키지 않는다. 왜냐하면 수학적인 것은 그것들이 한정되지 않은 주제 안에 있는 실제 가능성을 우리의 정신이 현실화시킴에 의해 존재하는 한 그 자체로 현실태이기 때문이다.

철학자들은 전통적으로 최상위의 학문, 형이상학이 개별 학문에 기반을 제공할 것으로 기대했다. 아리스토텔레스는 개별 학문들 각각은 지각될 수 있는 실체를 다루거나 양과 같이 실체에 따라오는 것들(accidents)을 다룬다고 생각한다. 수학은 양을 취급하지만 그것들이 마치 분리되어 있는 것처럼, 즉 그것들이 실체인 것처럼 그것들을 취급한다. 수학에서 양은 원인이지만 그것들은 수학에 속하지 않는 더욱 선차적인 원인, 즉 양이 그 안에 속하는 지각될 수 있는 실체들에 의존한다. 그 자체로 다른 개별 학문의 주제인 지각될 수 있는 실체들은 다시금 지각을 초월하는 실체들에 의존하므로, 모든 존재는 이 후자인 제일 원인들로 거슬러 올라갈 수 있다. 이로부터 제일 원인들에 전념하는 학문인 형이상학은 모든 존재의 제일 원인들을 앎으로써 모든 있는 것을 안다는 것이 따라 나온다. 하지만 우리는 이 제일 원인들에 대해서 그것들이 순수한 현실태라는 것 말고는 별로 알지 못하고 이 제일 원인들이 개별 학문의 주제에 대해서 말해 주는 것도 거의 없다. 우리는 수학의 대상들이 어떤 종류의 현실태들이라는 것을 보았다. 우리는 또한 개별 학문의 주제를 구성하는 유는 그 학문이 알기를 원하는 현실태에 대한 가능태라는 것을 보았다. 개별 학문의 대상은 그 학문에 근본적인 중요성을 가지는 현실태이다. 형이상학은 개별 학문의 대상들이 현실태이어야 한다는 것을 보임으로써 이 학문들에 기초를 놓는다. 『형이상학』은 형이상학의 제일 원인들이 순수한 현실태라는 것을 논증할 뿐 아니라 존재한다는 것이 어떤 종류의 현실태라는 것, 즉 자신을 정의해 주는 기능을 가지는 것이라고 또한 논증한다. 어떤 것을 그것으로서 정의하는 것은 사물의 기능이거나 아주 많은 경우 어떤 기능을 위한 **능력**이다. 지각될 수 있는 것들 안에서 이 기능은 어떤 질료가 가지는 것이지만, 기능은 그것을 떠맡는 질료와 구별됨에 틀림없다. 만약 질료가 기능할 수 있는 이 능력을 잃어버리면 그 사물은 더 이상 그것이 아니게 된다. 삽은 땅을 파는 데 사용되는 한에서 삽이고, 그렇게 사용될 수 없으면 더 이상 삽이 아니다. 각각의 개별 학문은 그 주제가 되는 유의 본질적 본성을 이해하려고 하고, 이 본성은 어떤 종류의 현실태이므로 개별 학문은 현실태를 추구하는 것이다. 이 본질적 본성이 현실태라는 것을 보여 주는 것이 형이상학이므로, 형이상학은 개별 학문들을 위한 기초를 놓는 것이다. 더욱이 형이상학에 의해 알려지는 순수한 현실태들은 지각될 수 있는 실체들의 목적이고 다른 모든 지각될 수 있는 존재들이 지각될 수 있는 실체에 의존하므로, 순수한 현실태들은 모든 존재의 목적이 되고 이러한 방식으로 개별 학문들을 위한 기초를 놓는다.

다른 존재들이 부동의 원동자들에 의존한다는 것은 중요하지만, 이 사실은 삼각형이나 혹은 어떤 다른 본성이 가지는 특수한 기능에 대해 아무것도 말해 주지 않는다. 주제가 되는 유의 본성을 구성하는 특수한 기능과 이 유에서 하나와 다른 존재자들을 정의하는 기능들을 살피는 것은 개별 학문의 일이다. 이 일은 제일 원인들이나 주제가 되는 유와 다른 모든 유 사이의 명백한 평행 관계에 대한 참조 없이 수행될 수 있다. 각각의 유에 하나가 있다는 사실, 다른 종들은 그 종차로 구성된다는 사실, 동일한 비율이 이 다른 종들을 정의하고, 따라서 동일한 수가 다수의 유를 이해하는 데 눈에 띄게 등장한다는 사실은 모두 동일한 궁극의 원인이 있다는 것과 각각의 유가 서로에 대해 가지는 유사성을 시사하는 증거이다. 따라서 이것만큼은 형이상학의 영역이다. 하지만 그 유를 정의하는 특수한 현실태와 그 때문에 그 유에 속하는 속성들은 제일 원리들로부터 독립되어 있고, 따라서 개별 학문에 의해 발견되어야 한다.

우리는 형이상학과 개별 학문 사이의 관계를 또 다른 구별을 통해서 이해할 수 있다. 제일 철학은 존재를 다루는 학문이라고 아리스토텔레스는 Γ권 초입에서 선언한다. 중심 권들은 존재가 현실태라는 것을 보인다. 하지만 많은 종류의 현실태가 있고 한 존재자를 정의하는 현실태는 다른 본성을 정의하는 현실태와 다르다. 『형이상학』의 마지막 부분은 움직여지지 않으면서 움직이게 하는 순수한 현실태에 모든 존재가 의존한다는 것을 보인다. 그것은 또한 하나와 수가 유 안의 특수한 현실태에 의존한다는 것을 보인다. 요약하면 형이상학은 존재가 하나임에 대해 선차적이라는 것을 보인다. 개별 학문들은 어떤 유적 본성을 전제하고 그 본질과 현실태를 추구한다(E권 1장). 하지만 그것들은 그 유 안의 다양한 종을 설명하고 그 종들 간에 성립하는 관계를 설명하려고 한다. 개별 학문들은 존재가 하나에 대해 선차적이라는 것을 인정하지만, 동시에 하나, 수, 비율이 그 주제에 속하는 한 그것들을 살펴본다. 그래서 적절한 조건을 붙이면 우리는 형이상학은 있는 것으로서의 있는 것에 대한 학문인 반면, 개별 학문들은 각각 어떤 개별적인 있는 것을 통해 정의되는 하나와 다자를 연구한다고 말할 수 있다.

연구를 위한 물음들

1. 개별 학문에서 수학을 사용하는 것에 대한 아리스토텔레스의 정당화는 서로 다른 유에 서로 다른 종류의 수가 있다는 것을 함축한다. 이것은 수에 대한 일관적인 이론인가? 혹시 너무 많은 대가를 치르는 것은 아닌가?
2. 왜 학문들에서 수학을 사용하는 것이 정당화되어야 하는가? 당신은 이 사용을 정당화할 다른 방법을 생각할 수 있는가?

요약

『형이상학』처럼 복잡한 작품에 대한 짧은 요약은 그 작품을 절대 제대로 다룰 수 없지만, 그럼에도 그 작품의 의의를 이해하기 위해 중요하

다. 아리스토텔레스는 형이상학을 제일 원리들과 모든 있는 것들의 최
상위 원인들에 대한 학문이라고 이해한다. 이 원리들과 원인들은 무엇
인가?

최상위 원인들 둘과 원인이 아닌 하나의 제일 원리가 있다. 모든 원
인은 어떤 종류의 사물이다. 대부분의 원리는 원인이고, 따라서 사물
또는 본성들이다. 하지만 무모순율의 원리는 사물이 아니다. 그것은 그
원리가 성립하지 않으면 앎이 있을 수 없다는 점에서 앎의 최상위 원리
이다. 어떤 것이라도 옳게 주장되면서 동시에 동일한 방식으로 옳게 부
정되는 것은 알려질 수 없다. 그것은 이 본성도 저 본성도 아니다. 반면
에 앎이 있다는 것에 대해서는 의심할 수 없다. 의사들은 의사가 아닌
사람들보다 훨씬 성공적으로 병자들을 다시 건강하게 해 주는 특별한
훈련을 받는다. 문제는 어떤 있는 것들이 알려질 수 있는가이다. 이 문
제는 플라톤이 지각될 수 있는 존재자들은 알려질 수 없다고 논증하기
때문에 특히 중요하다. 반면에 아리스토텔레스는 이 원리가 모든 있는
것에 보편적으로 적용된다고 논증한다. 이 원리는 본성을 가진 것에 적
용되므로 그로부터 모든 있는 것은 그 자신의 본질적 본성을 가진다는
것이 따라 나온다. 이 본성은 있는 것의 본성, 모든 있는 것이 공유하는
본성이 아니다. 왜냐하면 있는 것이 아닌 것들도 이 본성을 공유하기
때문이다. 따라서 한 사물이 있는 것의 본성을 가진다는 것은 그 사물
이 동시에 있으면서 있지 않을 수가 없다는 것을 보증하지는 않는다.
그것이 가져야만 하는 본성은 그것을 다른 있는 것들과 대비해서 그것
으로 만들어 주는 개별 본성이다. 있다는 것은 어떤 것이라는 것이고,
존재는 한 사물을 그것으로 만들어 주는 개별 본성을 넘어서는 특성이
아니다.

최상위의 원인들 중 첫째는 지각될 수 있는 실체의 형상이다. 아리스

토텔레스는 실체 안의 다른 모든 것이 형상을 통해 존재하고 알려지기 때문에 형상이 일차적이라고 논증한다. 중심 권들에서 아리스토텔레스는 실체를 다수로 만들 만한 모든 것을 벗겨 낸다. 남는 것은 복합 실체가 하나가 되게 하는 원인이다. 이것이 형상인데 왜냐하면 형상이 질료적 요소들을 하나로 만들기 때문이다. "질료적 요소"라는 말로 아리스토텔레스가 뜻하는 것은 땅, 공기, 불, 물, 즉 일차적인 요소가 아니고 동물이나 식물의 기관들, 즉 그가 "최종 질료"라고 부르는 것이다. 이 요소들이 함께 움직일 능력을 가지는 한에서 그것들은 하나이기 때문에 형상은 이 요소들을 하나로 만들고, 운동 혹은 기능을 위한 이 능력이 그것들을 그것들로 만들어 주는 활동 혹은 현실태이다. 다시금 질료적 요소들은 그것들이 함께 움직이거나 기능할 수 있는 한에서 하나이다. 요소들의 함께 기능할 수 있는 능력이 바로 형상이다. 질료와 형상 둘 다 질료의 함께 기능할 수 있는 능력이므로 형상과 질료는 하나이다. 하지만 그것들은 오직 "어떤 방식으로만" 하나이다. 형상과 질료는 복합체가 영원하지 않으므로 완전히 하나일 수 없다. 오히려 복합체는 형상이 질료 안에 있게 될 때 생성되고, 이 질료 안에 더 이상 없게 될 때 소멸된다. 복합체와 그 질료가 하나인 한에서 실체의 형상은 최상위의 원인이다. 반면에 이 복합체가 생겨나는 한 다른 어떤 원인이 있어야만 한다.

이 다른 최상위의 원인을 찾는 길은 하나임이 아니라 운동을 통하는 것이다. 하나의 운동은 어떤 다른 것의 운동에 의해 야기되고 후자의 운동은 다시금 또 다른 것에 의해 야기된다. 하지만 이 계열은 무한정하게 계속될 수 없다. 어떤 제일 원인이 있어야만 한다. 이 제일 원인은 시간적 시초가 아니다. 모든 인과적 계열은 제일 원인에서 끝나지만 동일한 제일 원인에서 혹은 동일한 시간에 끝나야만 하는 것은 아니다.

더욱이 우리가 상상할 수 있는 모든 시간적 시초에 그것이 존재하지 않았던 시간, 시간 전의 시간이 앞서 있을 것이다. 이 명백한 모순은 우리로 하여금 시간적 시초가 있다는 전제를 폐기하도록 한다. 시간은 영원하다. 시간이 운동의 단위이니 운동은 영원해야 한다. 운동의 영원성으로부터 아리스토텔레스는 영원한 운동을 하는 **어떤 것**의 존재를 추론한다. 이것이 천구이다. 원운동은 자연적인 끝 점이 없지만, 계속해서 새롭게 되지 않는 모든 운동은 결국에는 멈추어야 하므로 원운동도 영원히 자신을 유지할 수 없다. 천구를 영원히 운동하도록 유지하기 위해 아리스토텔레스는 영원히 활동하는 인과적인 힘, 순수한 현실태이자 사랑의 대상이 됨으로써 다른 것을 움직이게 하는 부동의 원동자가 있다고 놓는다. 이것이 진정으로 최상의 원인이다. 이것은 제일 실체이다. 이것은 운동의 원천일 뿐 아니라 자연학이 움직이는 있는 것에 대한 학문이고, 수학은 지각될 수 있는 것 안에 질료적으로, 즉 가능적으로 존재하는 것들을 다루므로 개별 학문이 있을 수 있도록 하는 원리이다. 이 두 학문 모두 중심 권들에서 탐구된 현실태들과는 다르게 질료와 형상이 동일하지 않아야만 성립한다.

　최상위의 원인들 둘은 직접적으로 연결되어 있지 않다. 우주는 하나가 아니다. 하지만 그 부분들 간의 조화가 있는데, 그것은 아리스토텔레스가 Λ권 10장에서 염두에 두고 있을 그런 조화이다. 각각의 실체는 부동의 원동자를 닮기 위해 노력하는데, 그 형상을 흉내 내는 것이 아니라 가능한 한 그 영원성을 흉내 냄으로써 그렇게 한다. 아리스토텔레스는 종의 번식이 부동의 원동자에 의해 야기되고, 또한 『형이상학』의 첫 문장이 언급하는 앎의 추구도 역시 그러하다고 생각한다. 각각의 개별자는 자신을 같은 종의 다른 개체 안에서 지속시킴을 통해 혹은 지성으로 영원한 원리를 이해함을 통해 자신으로 존재하기를 추구하면서 부동의 원동자를 향해 노력을 경주하고 있는 것이다. 의도하지 않았지만 각각의 있는 것은 자신이 됨으로써 우주를 있는 그대로의 모습으로 유지하는 바로 그 기능을 수행하고 있는 것으로 보인다. 이러한 방식으로 우주 안에 있는 소멸될 수 있는 존재자들은 그들의 제일 원인들인 영원한 원리들과 어느 정도의 연속성과 조화를 보여 주고 있는 것이다.

철학에서 어떤 작품도 아리스토텔레스의 『형이상학』보다 더 영향력이 있지는 않았다. 그 중요성을 드러내 주는 하나의 사실은 종종 『형이상학』의 주된 비판 대상이 플라톤임에도 이후의 플라톤주의자들 — 소위 "신플라톤주의자"들 — 은 『형이상학』에 엄청난 주의를 기울였다는 것이다. 예를 들어 플로티노스는 플라톤의 사상을 종종 아리스토텔레스적 용어로 재구성한다. 그래서 그는 플라톤에서의 만물의 근본 원리들과 그 원리가 지배하는 것들, 즉 원리들로부터 유출된 것들과의 관계를 설명하기 위해 플라톤의 원리들에 현실태를 부여한다. 그리고 그는 부동의 원동자는 자신을 관조하는 사유라는 아리스토텔레스의 견해에 플라톤의 정신(*nous*)을 일치시킨다. 아리스토텔레스가 부동의 원동자가 일자라고 주장하는 반면에, 플로티노스는 그것을 이중적인 것으로, 즉 사유하는 주체와 사유되는 객체로 본다. 이중적인 것은 어떤 일자(一者) 없이는 존재할 수 없다고 생각해서 플로티노스는 더 상위의 것으로 일자 자체를 놓는다.

현대의 독자는 플로티노스가 플라톤과 아리스토텔레스가 실제적으로는 같은 철학을 내놓고 있다고 생각한다는 것을 발견하고는 종종 놀라워한다. 물론 플라톤, 아리스토텔레스 둘 다 만물의 근본 원리로 질료적인 것을 내세우는 다른 그리스 철학자들과는 달리 형상을 근본 원리로 내세우고 있다는 면에서 둘 사이에 어떤 근본적인 유사성이 있다는 것은 사실이다. 하지만 아리스토텔레스는 플라톤이 생각했듯이 질료로부터 분리된 형상은 있을 수 없다고 길게 논증한다. 플로티노스는 어떻게 아리스토텔레스의 비판을 피해 플라톤의 형상을 받아들일 수 있는가? 그에게 형상은 **분리된** 개체로서 존재하는 것이 아니므로 자신의 입장은 이러한 반론에 영향받지 않는다고 그는 생각할 수도 있을 것이다. 각각의 형상은 다른 모든 형상들과 함께 정신계에 존재한다. 정신과는 달리 플로티노스의 최상의 근본 원리인 일자에는 부분이 없다. 그것은 지각될 수 있는 것과 너무나 완전히 달라서 플라톤에서의 형상은 지각될 수 있는 것의 영원한 버전이라는 아리스토텔레스의 주장은 거기에 적용될 수 없고, 또한 각각의 형상이 다른 모든 형상을 내포하고 있는 정신계에 적용될 수도 없다. 어쨌든 플로티노스가 새롭게 도입한 생각 중 어떤 것은 플라톤주의에 대한 『형이상학』의 도전에 대한 답변이다.

아우구스티누스와 같은 기독교 신플라톤주의자는 최상의 근본 원리를 지성으로부터 분리하는 것을 받아들일 수 없었다. 그래서 그는 형상들을 신의 정신으로 옮긴다. 그러면 이제 최상의 근본 원리가 어떻게 일자일 수 있는지는 불가사의하게 된다. 사실 아우구스티누스는 그것이 셋이면서 동시에 하나라고 주장한다. 그래서 아우구스티누스는 아리스토텔레스에 대해서는 할 말이 별로 없지만 분리되어 존재하는 형상에 대한 아리스토텔레스의 비판 혹은 그 비판에 대한 플로티노스의 답변을 깊이 명심한 것으로 보인다. 왜냐하면 그의 형상은 분리된 개체로서 존재하지 않기 때문이다.

이후 중세의 아리스토텔레스 사상의 전유(專有)의 주된 추동력은 완전히 다른 방향에서 시작한다. 앞에서 보았듯이 아리스토텔레스에서 '…이다/있다'(to be)는 것은 무언가로서 존재한다는 것, 즉 어떤 형상이라는 것이다. 그로부터 형상은 곧 있는 것이라는 것이 따라 나온다. 하지만 중세의 사상가들은 '…임/있음'(being)을 존재로 이해한다. 이제 형상이 존재하는 이유를 물을 수 있고 또한 물을 수밖에 없는데, 이러한 질문은 아리스토텔레스에서는 말이 안 되는 질문이다. 아리스토텔레스에서 지각될 수 있는 실체의 형상은 질료 안에 혹은 실제로 많은 질료 안에 있을 수 있다. 일반적으로 그러한 형상은 질료 안에 있게 되기도 하고 또 그러기를 멈추게 되기도 한다. 그렇기 때문에 형상은 영원하지만 형상과 질료의 복합물은 없어질 수 있다. 복합물 안에 존재하는 것이 형상의 본성이지만, 어떤 개체이든 그것의 존재는 언제나 우연적이다. 이 존재는 형상의 본성으로부터 도출될 수 없다. 자신만을 관조하는 사유인 아리스토텔레스의 부동의 원동자는 복합체가 존재하는지를 알 수도 없다. 그렇기에 형상은 그저 존재하지만 복합체는 존재할 수도 아닐 수도 있다.

하지만 중세의 사상가들은 아리스토텔레스가 그토록 생생하게 증명한 처음의 부동의 원동자가 신임에 틀림없다고 확신했다. 이후의 부동의 원동자들은 천사일 수도 있을 것이지만, 신은 아우구스티누스가 주장했듯이 형상뿐 아니라 형상의 개별적인 실례들도 알고 있어야 한다. 왜냐하면 가호와 구원을 받거나 받지 못하는 것은 후자이기 때문이다. 어느 쪽이든 간에 신은 개체가 있음을 알아야 한다. 이 용법에서 "있음"은 "존재함"을 의미한다. 더욱이 세상을 창조한 신은 세상의, 그리고 궁극적으로 세상 안에 있는 개별자들의 존재의 원인이어야만 한다. 이렇게 생각할 때 질문은 "'존재'란 무엇을 의미하는가?"가 된다. 그것은 형상에 무엇을 덧씌우는가? 그래서 중세 철학자들은 '…임/있음'(being)에 대한 아리스토텔레스의 관심을 단어도 바꾸지 않은 채 존재에 대한 관심으로 변형시켰다.

다른 말로 하자면 중세 철학자들은 아리스토텔레스의 있음의 관념을 개체가 앎의 대상이 될 수 있도록 개별 복합체를 특징짓는 개념으로 발전시켰다. 예를 들자면 형상이 질료 안에 있게 된다는 것은 일반적인 형상의 특징이다. 이 특수한 형상이 어떤 질료 안에 있게 되었다는 것, 즉 그것이 지금 존재한다는 것은 형상을 넘어서는 부가적인 지식이다. 이것이 개체에 대한 지식이다.

존재의 질문은 아주 강력해서 아리스토텔레스가 '...임/있음'을 형상과 구별되는 것으로 보지 않는다는 것을 인지한 독자는 아리스토텔레스가 복합적 개체의 존재를 다루지 않았다는 것에서 그의 철학에 구멍이 있다고 생각할 수밖에 없을 것이다. 아리스토텔레스가 존재에 대한 설명을 가지고 있다는 것을 보는 것이 중요하다. 앞에서 말했듯이 그는 감각적 실체의 형상, 즉 본질들이 어쨌든 그 감각적 실체 안에 존재한다고 논증한다. 본질은 많은 개체 안에 있(어야한)다는 것은 각각의 그런 본질에 속하는 속성이다. 예를 들어 인간의 본질은 많은 인간이 있기 때문에 면면히 이어진다. 하지만 하나의 개별 인간은 어느 누구든 우연적이다. 이 개별자가 존재하게 된 사실과 그것이 존재하게 되는 일반적인 방식은 인간의 본질의 결과이지만 어떤 특수한 개별자도 앎의 대상이 될 수는 없다. 중세의 존재 개념의 도입은 초점을 본질에서 개인으로 바꾼다. 아리스토텔레스에서 앎의 대상이 되는 것은 가능적으로 보편자로서이건 현실적으로 개별자로서이건 본질이고, 개별자는 개별자인 한 알 수 없는 것이다. 대부분의 중세의 사상가는 개별자의 알 수 없음을 신에 대한 지식의 한계로 본다.

중세의 질문은 "존재하고, 그래서 앎의 대상이 되기 위해 개별자가 본질에 더해 무엇이 필요한가?"이다. 중요한 한 대답은 페르시아 철학자 아비센나(Avicenna; 980-1037)가 제시했는데, "존재는 본질에 부가되는 단순한 성질"이라는 것이다. 이 부가의 원인은 이미 존재를 가지고 있는 또 다른 있는 것이다. 이 또 다른 있는 것이 그 자신으로부터 존재하는 것이 아니라면 이것도 다시금 또 다른 원인으로부터 존재를 얻었을 수밖에 없고 그 또 다른 원인도 마찬가지일 것이다. 그런데 무한한 원인의 계열은 있을 수 없으므로 필연적으로 존재하는 본질이 (최소한) 하나 있을 수밖에 없다. 이 본질은 존재를 포함한다. 이 본질은 최초의 원인이고 여럿인 어떤 것도 최초의 원인이 될 수 없으므로, 이 본질은 하나임에 틀림없으며 그것이 존재일 수밖에 없다. 이 필연적 존재자는 명백히 신이다. 아비센나는 신을 최초의 부동의 원동자와 동일시했고 다른 부동의 원동자는 천사들이라고 했다. 존재하는 모든 다른 것은 이 최초의 원인으로부터 존재를 얻고 일어나는 모든 일은 이 원인에 의해 야기되서 필연적으로 일어나기 때문에, 아비센나는 적절히 변형된 아리스토텔레스 형이상학을 이슬람 신앙의 원리에 대한 이성적으로 정당화된 설명으로 보았다.

아리스토텔레스 저작에 대한 주석으로 널리 알려진 또 하나의 중요한 이슬람 철학자 아베로에스(Averroes; 1126-1198)는 '...임/있음'은 형상에 속한다는 아리스토텔레스의 견해에 더 가까운 입장을 취하는 것으로 보인다. 어떤 형상은 본성상 모든 질료로부터 떨어져 존재하고 다른 형상들, 감각 가능한 것들의 형상은 질료 안에 있게 되지만 그 실례의 다양성은 우연적이다. 창조를 부인하면서도 아베로에스는 세계의 존재가 신에 의존한다고 주장하고, 이에 대한 증거는 이 세계가 인간 및 이 세계에 사는 다른 실체의 존재에 적합하다는 사실에 있다(*Faith and Reason in Islam*을 보라)고 말한다. 다시 말하자면 다양한 유형의 감각 가능한 존재자들은 그 존재에서 세계 전체의 질서와 조화에 의해 유지되고, 이것은 다시금 신적인 원인에 의해 유지된다. 이런 식으로 존재는 그 실례와 다른 형상의 실례 간의 관계에 의해 각각의 형상에 속한다. 이로부터 아베로에스는 최소한 감각될 수 있는 형상의 경우에서는 존재를 형상 그 자체를 넘어서는 어떤 것으로 보고 있다는 것이 따라 나온다. 더욱이 이 후자의 존재는 원인에 의존하고 만약 이 원인이 다른 원인에 의존하고 이 후자의 원인이 또 다른 원인에 의존하고, 이렇게 무한정하게 계속되지 않으려면 자신의 고유한 본성으로부터 존재하는, 즉 필연적으로 존재하는 제일 원인이 있어야만 한다. 이 마지막 결론은 아비센나를 기억하게 함에도 불구하고 아베로에스는 물질로 된 개별자들은 우연적이고, 따라서 원인도 없고 앎의 대상도 아니라고 생각한다. 그래서 아베로에스는 존재를 다루지만 개별적 존재를 설명하지는 않는다.

개별적 존재를 설명하는 명백한 아리스토텔레스적 방식은 그것을 질료에 돌리는 것이다. 개별적인 말[馬]은 그 형상 혹은 본질이 질료 안에 있게 될 때 생성된다. 본질은 존재하고 있는 실체적 본질이 자신을 재생산할 때 질료 안에 있게 되고, 그것이 재생산하는 것은 부동의 원동자를 모방함으로써 영원에 참여하기 위한 것이다. 부동의 원동자는 존재의 원인이지만, 모든 본질의 존재의 더 직접적인 원인은 그 자신의 질료이다. 지각될 수 있는 것의 본질에게 존재한다는 것은 질료 안에 있다는 것이다.

아리스토텔레스와 그를 따른 중세의 전통에서의 "질료"는 우리가 이 단어를 사용할 때 생각하는 명확한 물질이 아니다. 아리스토텔레스는 가능적으로 다른 어떤 것인 것을 가리키기 위해 "질료"라는 단어를 사용한다. 나무는 탁자를 위한 질료이고 반면에 물이나 양털은 아니다. 질료는 그 자신의 형상을 가질 수도 있지만 질료가 그것을 위한 가능태인 형상과의 관련해서는 언제나 **질료로서** 이해된다. 그로부터 질료는 형상에 종속되고 그 자체로는 불확정적이라는 것이 따라 나온다. 이제 우리는 질료의 현존이 본질에 존재를 더한다고 주장하는 것이 얼마나 불합리한지 이해할 수 있다. 질료는 그 특성을 자신이 받아들이는 본질로부터 취하기 때문에 이차적이다. 만약 질료가 형상에게 존재를 부여한다면 그것은 형상보다 선차적일 것이다. 존재의 면에서 질료는 아리스토텔레스가 논증했던 본질과 형상의 선차성에 반대되는 중요성을 가질 것이다.

다른 한편으로 존재가 아비센나가 주장하듯이 본질에 어떻게든 더해진 어떤 단순한 것이라는 생각은 그 자체의 문제들을 가진다. (I) 비물질적인 본질은 단순해야 하므로(N권 2장 참조), 만약 그것이 존재를 얻었다면 그것은 다수가 될 것이고, 그래서 존재하지 않을 가능성을 가진 어떤 것이 될 것이다. 그런 한 그것은 아리스토텔레스가 주장하는 순수한 현실태일 수는 없을 것이다. 차라리 (II) 질료 안에 존재하는 본질은 존재를 획득한다고 주장하는 것이 더 그럴듯하다. 사실 그러한 본질은 그것이 질료 안에 있게 될 때에 존재를 획득한다. 우리는 이 본질이 복합체를 구성하는 물질적 부분들이 통일성을 갖는 원인이라는 것을 보았다(Z권 17장). 하지만 만약 존재가 본질에 더해지는 어떤 것이라면 어떻게 그것은 통일된 복합체와 관계되는가? 만약 그것이 복합체에 속하지 않는다면 **존재하는** 복합체는 통일되지 않을 것이고, 존재의 첨가는 그 복합체가 존재하기 위해 필요로 하는 통일성을 갉아먹을 것이다. 만약 그것이 복합체에 속한다고 한다면 (a) 형상이 아니라 그것이 복합체의 통일성에 원인이 되거나 (b) 형상이 물질적 부분들뿐 아니라 이 부분들과 존재도 하나로 만들거나 둘 중 하나이다. 선택지 (a)는 아리스토텔레스의 분석과 반대되고 (b)는 형상이 존재를 통제하도록 하기는 하지만, 존재가 형상에 더해지는 어떤 것으로 가정되는 것은 형상이 존재의 원인이 **아니기** 때문이었다. 요약하면 복합체를 하나로 만드는 형상에다 존재를 더하는 것은 이 형상의 기능과 어울리지 않아 보인다. 더욱이 존재를 획득하는 본질은 개별자로서 존재하는 것으로 가정되지만, 무엇이 이 존재하는 본질을 다수로 만들고 그 예들을 서로로부터 구별해 줄 수 있을지는 당혹스럽다. 질료가 보통 이 둘을 한다고 이야기되지만, 아비센나는 질료가 그 자신의 형상이 불확정한 차원성을 가진다고 생각한다. 개별성의 유일한 그럴듯한 원천은 인과의 계열인데, 그 인과의 계열을 통해 필연적인 존재자가 질료와 함께 본질이 존재할 수 있도록 본질에 존재를 부여한다. 하지만 이 계열은 필연적이고 그로부터 나오는 것도 필연적이다. 따라서 제일 원리가 창조하는 개별자, 제일 원리가 그것에 대한 앎을 가지는 개별자는 자유의지가 없다.

토마스 아퀴나스(1225-1274)는 존재의 문제에 대해 영구적인 해답을 제시하기 위해 아리스토텔레스의 현실태와 가능태의 구분을 끌어들인다. 아리스토텔레스는 질료가 형상 또는 본질을 위한 가능태이고, 형상 또는 본질은 질료의 현실태라고 논증한다. 반면에 아퀴나스는 형상이 실체의 현실의 존재를 위한 가능태라고 주장한다. 말하자면 그는 아리스토텔레스의 위계 위에 또 하나의 층을 더하는 것이다. 형상이 질료의 현실태이기도 하지만 더 상위의 현실태를 위한 가능태이다. 존재하는 것 안에 있는 본질은 내가 그것을 이해할 때 내 정신 안에도 존재한다. 말[馬] 안에 있는 형상과 내 정신 안에 있는 형상은 동일하다고 아리스토텔레스는 주장한다. 하지만 내 정신 안에 있는 말의 형상은 빨리 달리거나 히힝거릴 수 없다. 빨리 달리거나 히힝거리는 것은 현실태인 말에 속한다. 본질이 존재하기 위해 그것은 기능할 수 있어야 한다. 이 존재하는 본질은 개별 말 안에 구체적으로 실현되는 현실태이다. 그렇다면 있다는 것은 본질이 그것을 위한 단지 가능태인 그런 현실태를 가지는 것이다.

이 이론에 따르면 본질은 질료 안에 있게 됨으로써 실현되지만, 그 현실태가 질료는 아니다. 그것은 실제로 움직이는 형상의 실현이다. 존재는 본질의 한 단계 더 나아간 실현이므로, 그는 아비센나가 그랬듯이 존재를 단순히 본질에 첨가되는 어떤 것으로 만들지 않는다. 아퀴나스의 아리스토텔레스 해석과 그의 존재에 대한 이론은 이후의 스콜라 철학자들에 의해 더 상세히 설명되고 다듬어졌다.

요약하면 본질의 개별 예의 존재가 우연적이라는 아리스토텔레스의 생각과 우연자에 대해서는 앎이 있을 수 없다는 그의 주장은 최상위의 원인인 신이 자신으로부터 나온 모든 것을 알고 있음에 틀림없다는 중세적 사상에 도전한다. 아비센나는 존재를 본질에 더해지는 어떤 것으로 만듦으로서 이 문제에 대답한다. 아베로에스는 존재를 형상의 결과로 만들고, 토마스 아퀴나스는 한 발 더 나아가 존재가 형상의 실현이라고 논증한다. 이 세 철학자 모두 아리스토텔레스의 형이상학으로부터 출발해 자신의 형이상학을 펼친다. 중세 사상가들이 아리스토텔레스를 "그 철학자"라고 부른 것에는 이유가 있다. 그의 철학, 특별히 『형이상학』은 중세 후기의 형이상학의 발전의 시작점이자 출발점이었다.

* * *

아리스토텔레스 형이상학의 지속적인 중요성은 17세기 근대 철학의 창시자들이 아리스토텔레스를 반박해야 한다고 느꼈다는 사실에서도 볼 수 있다. 갈릴레오는 자기 시대의 물리학자와 아리스토텔레스주의자

사이의 논쟁을 상상한다. 데카르트는 자신의 형이상학을 다룬 『성찰』을 감각이 제공하는 증거를 폐기하면서 시작하는데, 이것은 『형이상학』 A권 1장에서의 아리스토텔레스의 주장, 앎은 감각으로부터 생긴다는 주장을 생각나게 한다. 그다음에 데카르트는 형이상학과 개별 학문들의 관계를 뿌리와 가지의 관계로 묘사하는데, 이것은 형이상학이 앎의 최고점이라는 아리스토텔레스의 생각을 눈에 확 띄는 방식으로 반대하는 것이다. 데카르트는 형이상학적 반성은 감각의 주장을 평가하기 위한 전제 조건이라고 논증한다. 그가 증명하는 신은 우리의 의심할수 없는 지각의 참을, 즉 우리의 명석판명한 관념의 참을 보증해 주는 존재이지 아리스토텔레스와 아퀴나스가 생각하듯이 모든 운동의 궁극의 원천이자 목적이 아니다.

근대 철학에 의해 도입된 새로운 패러다임은 자신에 영향을 주는 외부의 힘에 의해 변화되는 운동하는 물체이다. 개별 실체들이 설명에서 빠지는 것처럼 보이지만, 근대 철학자들은 자족적인 개체가 아니라 많은 것을 포괄하는 전체로서 실체를 재도입한다. 그래서 데카르트는 세개의 실체, 즉 신, 질료, 그리고 영혼을 보는 것 같다. 스피노자는 이것들은 두 개의 속성을 가진 하나의 실체로 환원하고, 라이프니츠는 그런 실체가 무한개로, 서로서로 조화되고 각각이 모든 자연법칙을 자신 안에 포함한 채 존재한다고 말한다. 즉 17, 18세기의 대륙 합리론자들은 아리스토텔레스의 실체 개념을 거부하는 것이 아니라 재적용하는 것이다. 보통의 개별자들 대신에 그들은 더 크고 더 많은 것을 포괄하는 실체들이 있다고 하는 것인데, 이 실체들은 상호 작용하는 많은 물체와 그 상호 작용을 지배하는 법칙들을 포함한다.

경험주의자들은 실체의 존재에 대해 더 회의적인 관점을 취한다. 로크는 속성의 주체는 본래적으로 알 수 없다고 하고, 흄은 인간의 정신에 대해 같은 결론을 내린다. 버클리는 과학이 개별 실체 혹은 심지어 실체적 본성에 대한 것이 아니라, 오히려 현상적인 속성의 흐름에 대한 것이라는 것을 명확히 인식한다.

요약하면 근대 철학자들의 중심 프로젝트는 아리스토텔레스적/스콜라 철학적인 실체 개념에 대한 반박이었다. 그들은 다른 존재자들을 실체로 도입하거나 아예 실체를 없애 버린다. 근대 과학, 즉 17세기 뉴턴 물리학은 양적으로 측정 가능한 속성에서는 서로 다르지만, 그 실체에서는 서로 다르지 않은 물체들의 장 안에서의 상호 작용에 기반해 있다.

물체들의 물리학을 물체에 대한 힘을 통해 이해하려는 애초의 시도는 부적절한 것으로 판명되었다는 것은 주목할 만하다. 과학자들은 금방 에너지의 개념을 도입한다. 운동 에너지는 질량 곱하기 속도의 제곱으로 주어진다. 하지만 물체가 그 새로운 위치에 머무를 때 에너지는 위치 에너지(영어로는 potential energy; 잠재적 또는 가능적 에너지)로 보존된다. "에너지"라는 단어는 현실태를 가르키는 아리스토텔레스의 단어 *energeia*에서 나왔다. 따라서 현실태(또는 활동)와 가능태를 구별하는 아리스토텔레스의 구별이 근대 과학에서 중심 구분으로 다시 등장하는 것이다. 그럼에도 실체의 개념은 현대 물리학에서 아무런 역할도 하지 않는다.

하지만 이 개념은 지금 시대의 형이상학에서 부활했다고 할 수 있다. 많은 현대 철학자는 우주가 개별 대상과 그 속성으로 이루어져 있다고 계속해서 보고 있다. 하지만 현대 철학자들은 아리스토텔레스의 제일 원인으로서 완전히 자족적인 개별자의 개념을 인정하지 않는다. 그들은 법칙들에 의해 지배되는 개별자가 아리스토텔레스적인 실체와 같은 어떤 것이라고 생각하면서도 법칙이 속성들의 관계를 묘사한다는 자연

과학의 관점을 그대로 견지한다. 요약하면 전체로서 아리스토텔레스의
철학이 더 이상 주도적이지는 않지만, 아리스토텔레스의 형이상학적인
구별들은 다양한 방식으로 아직도 계속 영향력을 미치고 있다.

더 읽어야 할 책들

1. 『형이상학』 번역서

Apostle, Hippocrates George, trans. *Aristotle's Metaphysics*. Grinnell, Iowa: Peripatetic Press, 1979.

Barnes, Jonathan, ed. *The Complete Works of Aristotle*. 2 vols. Princeton: Princeton University Press, 1984.

Furth, Montgomery, trans. *Aristotle's Metaphysics*. Zeta, Eta, Theta, Iota. Indianapolis, Ind.: Hackett Pub. Co. 1985.

Hope, Richard, trans. *Aristotle, Metaphysics*. Ann Arbor: University of Michigan Press, 1960.

Lawson-Tancred, Hugh, trans. *Aristotle. Metaphysics*. London, England: Penguin Books, 1998.

Ross, W. D., trans. *The Works of Aristotle*. Vol. 8. *Metaphysica*, 2nd ed. Oxford: Clarendon Press, 1972.

Sachs, Joe, trans. *Aristotle's Metaphysics*. Santa Fe: Green Lion Press, 1999.

Tredennick, Hugh, trans. *Aristotle. The Metaphysics*. The Loeb Classical Library. Cambridge, Mass.: Harvard University Press, 1956.

Warrington, John, trans. *Aristotle. Metaphysics*. Everyman's Library. London: Dent Dutton, 1966.

김진성 역, 『형이상학』, 서울: 이제이북스, 2007.

조대호 역, 『아리스토텔레스의 형이상학』, 파주: 나남, 2012.

2. 아리스토텔레스에 대한 일반 주석서

Ackrill, J. L. *Aristotle the Philosopher*. New York: Oxford University Press, 1981.

Barnes, Jonathan. *Aristotle*. Past Masters. Oxford: Oxford University Press, 1982.

_____ ed. *The Cambridge Companion to Aristotle*. Cambridge: Cambridge University Press, 1987.

Evans, J. D. G. *Aristotle*. Philosophers in Context. Brighton: Harvester Press, 1987.

Jaeger, Werner Wilhelm. *Aristotle: Fundamentals of the History of His Development*. 2nd ed. Translated by Richard Robinson. Oxford: Oxford Univerisity Press, 1967.

Lear, Jonathan. *Aristotle: The Desire to Understand*. Cambridge: Cambridge University Press, 1988.

Robinson, Timothy A. *Aristotle in Outline*. Indianapolis: Hackett, 1995.

Ross, W. D. *Aristotle*, London: Methuen, 1966.

3. 『형이상학』에 대한 고대 중세 주석서

Alexander of Aphrodisias. *On Aristotle's Metaphysics 2 & 3*. Translated by W. E. Dooley, and Arthur Madigan. Ithaca, N. Y.: Cornell University Press, 1989.

_____ *On Aristotle's Metaphysics 4*. Translated by Arthur Madigan. Ithaca, N. Y.: Cornell University Press, 1993.

_____ *On Aristotle's Metaphysics 5*. Translated by W. E. Dooley. Ithaca, N. Y.: Cornell University Press, 1993.

Aquinas, Thomas. *Commentary on the Metaphysics of Aristotle*. Translated by John Patrick Rowan. Chicago: H. Regnery Co., 1961.

Averroës. *Ibn Rushd's Metaphysics: A Translation with Introduction of Ibn Rushd's Commentary on Aristotle's Metaphysics, Book Lām*. Translated by C. F. Genequand. Islamic Philosophy and Theology. Leiden: E. J. Brill, 1986.

Suárez, Francisco. *A Commentary on Aristotle's Metaphysics: A Most Ample Index to The Metaphysics of Aristotle*. Translated with an introduction and notes by John P. Doyle. mediaeval Philosophical Texts in Translation. Milwaukee, Wis.: Marquette University Press, 2004.

Syrianus. *On Aristotle's Metaphysics 13-14*. Translated by John Dillon and Dominic O'Meara. Ithaca, N. Y.: Cornell University Press, 2006.

4. 『형이상학』에 대한 현대 주석 및 연구서

Annas, Julia. *Aristotle's Metaphysics: Books M and N*. Clarendon Aristotle Series. Oxford: Clarendon Press, 1976.

Barnes, Jonathan, Malcolm Schofield, and Richard Sorabji, (eds.) *Articles on Aristotle: 3. Metaphysics*. New York: St. Martin's Press, 1978.

Bell, Ian Hamilton. *Metaphysics as an Aristotelian Science*, International Aristotle Studies. Sankt Augustin: Academia Verlag, 2004.

Bostock, David. *Aristotle. Metaphysics: Books Z and H*. Clarendon Aristotle Series. Oxford: Clarendon Press, 2003.

Brenntano, Franz Clemens. *On the Several Senses of Being in Aristotle*.

Translated by Rolf George. Berkeley: University of California Press, 1975.

Broadie, Sarah. *Aristotle and Beyond: Essays on Metaphysics and Ethics*. Cambridge: Cambridge University Press, 2007.

Burnyeat, Myles. *A Map of Metaphysics Zeta*. Pittsburgh: Mathesis Publications. 2001.

Cherniss, Harold F. *The Riddle of the Early Academy*. New York: Russell & Russell, 1962.

Frede, Michael and David Charles, (eds.) *Aristotle's Metaphysics Lambda: Symposium Aristotelicum*. Oxford: Clarendon Press, 2000.

Gill, Mary Louise. *Aristotle on Substance: the Paradox of Unity*. Princeton, N. J.: Princeton University Press, 1989.

Graeser, Andreas. *Mathematics and Metaphysics in Aristotle*, Bern: Paul Haupt, 1987.

Halper, Edward C. *One and Many in Aristotle's Metaphysics: Books A-Δ*. Las Vegas: Parmenides Press, 2009.

_____. *One and Many in Aristotle's Metaphysics: The Central Books*. 2nd ed. Las Vegas: Parmenides Press, 2005.

_____. *One and Many in Aristotle's Metaphysics: Books I-N*. Las Vegas: Parmenides Press, 2013.

Irwin, Terence. *Aristotle's First Principles*. Oxford: Clarendon Press, 1988.

Katayama, Errol G. *Aristotle on Artifacts: A Metaphysical Puzzle*. SUNY Series in Ancient Greek Philosophy. Albany: State University of New York Press, 1999.

Kirwan, Christopher. *Aristotle's Metaphysics: Books Γ, Δ, and E*. Clarendon

Aristotle Series. Oxford: Clarendon Press, 1971.

Krämer, Hans Joachim. *Plato and the Foundations of Metaphysics*. Albany: State University of New York Press, 1990.

Loux, Michael J. *Primary Ousia: An Essay on Aristotle's Metaphysics Z and H*. Ithaca: Cornell University Press, 1991.

Madigan, Arthur. *Aristotle. Metaphysics: Books B and K 1-2*. Clarendon Aristotle Series. Oxford: Clarendon Press, 1999.

Moravcsik, J. M. E. *Aristotle: A Collection of Critical Essays*. Modern Studies in Philosophy. Notre Dame London: University of Notre Dame Press, 1968.

Owens, Joseph. *Aristotle's Gradations of Being in Metaphysics E-Z*. Edited with a preface by Lloyd P. Gerson. South Bend, Ind.: St. Augustine's Press, 2007.

_____. *The Doctrine of Being in the Aristotelian 'Metaphysics': A Study in the Greek Background of Mediaeval Thought*. Toronto: Pontifical Institute of Mediaeval Studies, 1978.

Politis, Vasilis. *Aristotle and the Metaphysics*. London: Routledge, 2004.

Reale, Giovanni. *The Concept of First Philosophy and the Unity of the Metaphysics of Aristotle*. Translated by John R. Catan. Albany: State University of New York Press, 1980.

Reeve, C. D. C. *Substantial Knowledge: Aristotle's Metaphysics*. Indianapolis, Ind.: Hackett Pub., 2000.

Shields, Christopher. *Order in Multiplicity: Homonymy in the Philosophy of Aristotle*. Oxford Aristotle Studies. Oxford: Clarendon Press, 1999.

Sorabji, Richard. *Necessity, Cause, and Blame: Perspectives on Aristotle's*

Theory. Ithaca, N. Y.: Cornell University Press, 1979.

Witt, Charlotte. *Substance and Essence in Aristotle: An interpretation of Metaphysics VII-IX.* Ithaca, N. Y.: Cornell University Press, 1989.

Yu, Jiyuan. *The Structure of Being in Aristotle's Metaphysics.* Dordrecht: Kluwer, 2003.

5. 선별된 논문들

Albritton, Rogers. "Forms of Particular Substances in Aristotle's *Metaphysics.*" *Journal of Philosophy* 54 (1957): 699-708.

Halper, Edward C. "Aristotle's Paradigmatism: *Metaphysics* I and the Difference It Makes." *Proceedings of the Boston Area Colloquium in Ancient Philosophy* 22 (2007): 69-103.

Klein, Jacob. "The Aristotelian Critique and the Possibility of a Theoretical Logistic." In *Greek Mathematical Thought and the Origin of Algebra.* Translated by Eva Brann. Cambridge, Mass.: MIT Press, 1968.

Kosman, L. A. "Substance, Being, and Energeia." *Oxford Studies in Ancient Philosophy* 2 (1984): 121-49.

Lang, Helen S. "The Structure and Subject of *Metaphysics* Λ." *Phronesis: A Journal of Ancient Philosophy* 38 (1993): 257-80.

Lear, Jonathan. "Aristotle's Philosophy of Mathematics." *Philosophical Review* 91 (1982): 162-91.

Nussbaum, Martha Craven. "Saving Aristotle's Appearances." In *Language and Logos: Studies in Ancient Greek Philosophy Presented to G. E. L. Owen,* edited by Malcolm Schofield and Martha Craven Nussbaum, 267-93. Cambridge: Cambridge University Press, 1982.

Owen, G. E. L. "Logic and Metaphysics in Some Earlier Works of Aristotle."
In *Aristotle and Plato in the Mid-Fourth Century: Papers of the Sympo-
sium Aristotelicum Held at Oxford in August 1957*, vol. 11, edited by
Ingemar Düring and G. E. L. Owen. Studia Graeca et Latina Gotho-
burgensia, 163-90. Göteborg: Elanders Boktryckeri, 1960.

Rorty, Richard. "Genus as Matter: A Reading of *Metaphysics* Z-H." In *Exe-
gesis and Argument: Studies in Greek Philosophy Presented to Gregory
Vlastos*, edited by E. N. Lee, A. P. D. Mourelatos, and R. M. Rorty,
393-420. Assen: Van Gorcum, 1973.

6. 플라톤적 배경

Fine, Gail. *Plato on Knowledge and Forms: Selected Essays*. Oxford: Claren-
don Press, 2003.

Miller, Mitchell H. *Plato's Parmenides: The Conversion of the Soul*. Prince-
ton: Princeton University Press, 1986.

Sayre, Kenneth M. *Plato's Late Ontology: A Riddle Resolved*. Las Vegas, Ne-
vada: Parmenides Press, 2005.

Sprague, Rosamond Kent. *Plato's Philosopher-King: A Study of the Theoreti-
cal Background*. Columbia, South Carolina: University of South Caro-
lina Press, 1976.

7. 영향

Aquina, Thomas. *On Being and Essence (De Ente et Essentia)*. Translated by
Armand Maurer. Toronto: Pontifical Institute of Mediaeval Studies,
1968.

Augustine, *Eighty-three Different Questions*. Fathers of the Church, vol. 70.
Washington, D. C.: Catholic University Press, 1982.

Averroes. *Faith and Reason in Islam: Averroes' Exposition of Religious Argu-
ments*. Translated by Ibrahim Y. Najjar. Oxford: Oneworld, 2001.

Avicenna. *The Metaphysics of The Healing*. Translated by Michael Marmura.
Brigham Young University Press, 2005.

Plotinus, *Enneads*. Translated by A. H. Armstrong. Loeb Classical Library.
Cambridge, Mass.: Harvard University Press, 1966-88. 7 vols. See
esp. 5.3, 6.1, 6.2, 6.7.

찾아보기